VENEZUELA,
EN LA ANTESALA DE LA HISTORIA

Asdrúbal Aguiar-Aranguren

VENEZUELA, EN LA ANTESALA DE LA HISTORIA

Liminar de José Rodríguez Iturbe
y Epílogo de José Ángel Ocanto

COLECCIÓN HISTORIA

**EDICIONES EJV
INTERNATIONAL
2024**

©   Asdrúbal Aguiar

Todos los derechos reservados

ISBN: 979-8-89342-863-6

Impreso por: Lightning Source, an INGRAM Content company
para Editorial Jurídica Venezolana International Inc.
Panamá, República de Panamá.
Email: ejvinternational@gmail.com

Portada: Alexander Cano

Imagen: Fotografía (Generación de 1928, Fundación Andrés Mata)

Diagramación, composición y montaje por:
Mirna Pinto de Naranjo
en letra Book Antiqua 14, Interlineado 15,
mancha 11.5x18, (6X9 Inch)

A Bolivia (Trujillo) y Río Tocuyo, a la Villa de Quíbor y Siquisique,
Tierras de mis Mayores

A mi patria cotidiana:
Mariela, nuestros hijos, nuestros nietos, nuestros hermanos

A los venezolanos en diáspora, los de afuera, los de adentro

"Libertad en todo: pero yo no veo libertad, sino embriaguez licenciosa, en las orgías de la imaginación".

Andrés Bello, 1843

"Nuestra república, con todo su hierro y su petróleo y con todo su progreso, resulta, en último análisis, una república sin huertas".

Mario Briceño Iragorry, 1953

"No hemos podido trasponer el límite histórico que debía conducirnos al reencuentro de nosotros bajo una nueva conciencia colectiva".

Eddie Morales Crespo, 1976

ÍNDICE

— Liminar de José Rodríguez Iturbe 15

¿El último gran guerrero? 21

    Conciencia de crecer y de ser 23

    Más allá de la Constitución 30

    Más allá del gendarme necesario 35

    Comprender a Venezuela 41

    Nuestro librito amarillo 49

    La desmaterialización de la Republica 55

    Génesis de un narcoestado y su derrumbe 63

El espíritu del 5 de julio de 1811: tiempo civil y
de civilidad en venezuela 73

Nace la república, en 1830 99

El problema de Venezuela 123

    Los académicos venezolanos de inicios del siglo XX 125

    Entre civilización y barbarie 134

    Génesis y regreso del gendarme necesario 141

    Entre la fuerza y la razón, una transacción constitucional 151

    La construcción de la república civil, obra de orfebrería 163

    El optimismo de la voluntad o el mito de Sísifo 176

El ser que somos los venezolanos 181

La conciencia jurídica del venezolano 201

Las posibles limitantes de una cultura jurídica "encarnada" 207

Hacia un acervo ideológico del Derecho nacional 211

Entre la codificación y el Estado social de Derecho 216

El igualitarismo ¿fuente extranormativa del Derecho nacional 223

CRÓNICA DE «PUNTOFIJO» Ó EL ESPÍRITU DEL 23 DE ENERO 231

Un gobierno respetado, hasta que dejó de serlo 233

La iglesia del 23 de enero 239

Un estado del alma 243

Una sola gran verdad, Venezuela 247

El tiempo de las ideas y de los partidos 251

Llegan los padres de "Puntofijo" 259

Un militar demócrata 262

El clima de unidad no cesa 265

A los que la presente vieren, ¡salud! 267

El debut de Fidel Castro Ruz 272

La saña cainita de los venezolanos 276

Domeñar a los militares y ganarse a la Iglesia 280

¡Ese señor sí que ha repartido agua! 284

Ni la derecha ni la izquierda 288

Ni renuncio ni me renuncian 295

«LIMINALIDAD» CONSTITUYENTE DE LO VENEZOLANO 303

VENEZUELA, EN LA ANTESALA DE LA HISTORIA

Carta de un venezolano 305

La nación por constituir 309

Una transición sin destino 314

La incomprensión de lo venezolano 323

La traición de los mejores 329

«Tras la disolución, el rito de paso 334

Transición a la venezolana 339

La represión, ¿final del «quiebre epocal»? 348

RECUPERAR A VENEZUELA 355

— EPÍLOGO DE JOSÉ ÁNGEL OCANTO 371

ÍNDICE ONOMÁSTICO 379

ANEXO: VENEZUELA EN CIFRAS (1945-2019) 391

OTROS LIBROS DEL AUTOR SOBRE VENEZUELA 399

LIMINAR

Escribir sobre la historia no es labor de un día. Escribir sobre la historia patria es reflexionar sobre la propia vida y su inserción en la existencia atormentada y compleja de la patria de todos.

Quien escribe sobre la historia en la madurez suele haberlo hecho desde la perspectiva crítica y esperanzada que le ha acompañado desde la juventud. Para escribir sobre la historia hay que conocer la historia. Y conocer la historia significa haber madurado un juicio valorativo sobre las personas y sus circunstancias. Porque la historia es la aventura de la libertad humana en el tiempo. Y como tal tiene algo o mucho de heraclitiana, en cuanto su decurso es como el río, que fluye y cambia, sin que podamos decir que sean las aguas de su cauce, aunque el río sea el mismo, las mismas en las cuales nadábamos ayer.

Para un país el fluir de la historia, sus procesos disímiles, sus aparentes avances o retrocesos, son la manifestación, mientras la nación subsista, que siempre su vida no está hecha, sino en perpetuo hacerse. Y ese hacerse no es otra cosa, cada vez y siempre, que el reto de escribir la página del tiempo que le es dada a cada generación. Para tal tarea quienes piensan a la patria, cada uno en su tiempo, no parten de cero. Su pensar es un diálogo compartido, nutrido de crítica racional, con quienes les han precedido.

El estado del arte en la reflexión histórica supone, así, el conocimiento del pensamiento de quienes han abierto caminos en esa reflexión. Ningún historiador, y menos quien cultive la historia política, tiene complejo de Adán. Para coincidir o desarrollar vetas interpretativas o para disentir de enfoques que se consideran errados o poco anclados en la realidad analizada, siempre el historiador debe amueblar su visión del conjunto sobre el cual opina o juzga con la consideración ajustada de la tarea de quienes han observado y juzgado las circunstancias antes que él.

Lo anterior viene a cuento porque Asdrúbal Aguiar en su *Venezuela, en la antesala de la historia* nos deja en las manos un texto en el cual recoge su apasionado y constante pensar y repensar la patria.

Lo que allí se encuentra no es solamente una sumatoria de ensayos académicos. Es mucho más. Es el testimonio intelectual de alguien que ha sido no sólo estudioso de la historia de su patria, sino que ha figurado desde temprana edad como protagonista de ella, ocupando posiciones de alta responsabilidad en el Estado.

Como protagonista, Asdrúbal Aguiar ha tenido un desempeño que, sin haber estado manchado nunca por alguna de las falencias malignas que degradan moralmente la vida pública y sus actores, le ha permitido conocer y enriquecerse de la poliforme realidad vital y política de personalidades sin cuyo conocimiento y valoración no podría escribirse la historia contemporánea de Venezuela.

Venezuela, en la antesala de la historia, además, es un sincero y apasionado testimonio de cómo el dar vueltas y vueltas con el pensamiento a nuestro proceso nacional y a la actuación de sus principales figuras en las etapas y coyunturas relevantes, no sólo mostrando la comprensión de la patria por Asdrúbal Aguiar, sino como concibe él, como autor, el fruto de su constante consideración no exenta, por otra parte, de angustia.

El testimonio que recoge *Venezuela, en la antesala de la historia* es un testimonio pedagógico. Porque la vida académica, que da un entorno particular a la vida de Aguiar, hace de las páginas de su obra una cátedra que alimenta la discusión sobre la percepción de lo que hemos sido, de lo que somos y de lo que debemos ser los venezolanos. El libro resulta, por tanto, fuente de educación cívica en una profunda lección de quien, no sin esfuerzo, pero siempre con constancia, madurez y honestidad, ha sabido dar lecciones de vida vivida, mientras el amor a Venezuela le llevaba a no dar nunca como concluida su tarea de pensador, de creativo pensador, en la siempre necesaria búsqueda de caminos.

Venezuela, en la antesala de la historia resulta, por ello, no solo la visión subjetiva de un autor adornado de capacidad intelectual sino un ejemplo de la recta función política de un intelectual comprometido en la tarea, siempre presente, de contribuir a la mejor forma de hacer y rehacer la patria.

Venezuela, en la antesala de la historia es un texto que interpela desde su mismo índice. Que mueve al compromiso. En sus páginas late el amor a lo propio que lleva a buscar lo mejor para lo amado. Y lo amado allí es Venezuela. En sus páginas se llega al amor de patria por el dolor de patria. No es algo simplemente especulativo. Su lectura mueve no a un simple, cómodo y distante amor platónico. Mueve al compromiso existencial; mueve a la acción. A la acción intelectual y a la praxis política propiamente dicha.

Desde la dedicatoria a la última página está presente la tierra natal, con sus regiones de origen, que hablan a cada uno no solo de cuáles son las del autor, sino cuáles son las propias de cada quien. Están presentes la familia y sus raíces. Está presente el amor de hogar. Y ello es lógico, porque la patria, vista en su amplia comprensión existencial, es el marco existencial de todo lo que da un peculiar sentido inescindible a todo el existir comunitario. Porque la patria es la familia de todos; es el hogar donde todos somos la patria y nos sentimos hermanados por un legado que va más allá, mucho más allá, de las existencias singulares, coyunturales, anecdóticas de sus personajes individuales, por más relevantes que estos hayan sido.

Patriotismo no es nacionalismo. El patriotismo es virtud. El nacionalismo, que pretendiendo exaltar lo propio se ceba en el desconocimiento de las virtudes y méritos ajenos, es un vicio que descompone la razón, la voluntad y el sentimiento de quien lo padece. El patriotismo es el amor a la patria, que como amor limpio y sincero lleva al servicio y al sacrificio que todo amor honesto supone y exige. En las páginas de *Venezuela, en la antesala de la historia* se encuentra y se proyecta ese patriotismo auténtico que toda conciencia ciudadana requiere para la defensa de la dignidad personal y colectiva.

Se encuentra en sus páginas el patriotismo que se exige para pasar de la simple condición de súbdito a la de ciudadano capaz de aportar en la permanente tarea de los alfareros de la libertad.

Hay que dar las gracias a Asdrúbal Aguiar porque nos presente agrupados en este valioso volumen de *Venezuela, en la antesala de la historia* una selección de su valiosa, extensa y meritoria obra en la cual siempre la dignidad de la persona humana y de la patria que Dios nos concedió como un don maravilloso ha sido el motor de toda su vida de intelectual militante y en pro del bien común de sus compatriotas, nosotros, los venezolanos.

Bogotá, 11 de abril de 2024

José RODRÍGUEZ ITURBE
Profesor de Historia de las Ideas y Antropología Filosófica
Universidad de La Sabana

¿EL ÚLTIMO GRAN GUERRERO?

Conciencia de crecer y de ser

Mariano Picón Salas fue un insigne venezolano, fundador de la Facultad de Humanidades y Educación de nuestra antigua universidad de Caracas – la de Santa Rosa de Lima y el Beato Tomás de Aquino – quien cubre, con su hacer intelectual, la primera mitad de nuestro siglo XX y el tiempo inaugural de nuestra democracia civil a partir de 1959.

Para entender a Venezuela nos lega dos imágenes o metáforas que acaso puedan explicarnos su actual desenlace, una tragedia que lleva algo más de 30 años de maceración sin opciones inmediatas a la vista, a partir de 1989. Mas no me atrevería, ni a partir de aquellas ni de las trazas emborronadas del presente, a realizar un análisis sólo con vistas al pasado conocido o a su expresión renovada o perturbada, menos a otear el futuro. Y es que otra vez, como en una suerte de regreso a la hora germinal venezolana, se hace pendiente la tarea de encuadernar al país como cuando se nos descuadernó tras el sueño de la Independencia y a raíz de su guerra fratricida. Luego se repite con la Guerra Federal en procura de una libertad imaginaria y arbitraria que no alcanzamos y, al hacernos de ella como ocurriese durante el período de la democracia civil de partidos entre 1958 y 1998, mal pudimos consolidarla, reformándola a tiempo. No cesa, por ende, un complejo adánico que, aquí sí, nos es raizal y en cada tramo nos jugamos en el azar el único activo que es propio de cada venezolano: Estamos acostumbrados a vivir en libertad.

La primera imagen de Picón Salas es la del cuero seco rural, asimétrico, hecho por un cuchillo gastado. Así describe y nos presenta a nuestra diversa geografía. Pero le escuchaba decir a mis mayores que era Venezuela, justamente, ese cuero que se pisa por un lado y se levanta por el otro, es decir, la de un ser que busca ser sin alcanzar a serlo o que se encuentra condenado al mito de Sísifo. Y al resolver sobre nuestras cuestiones, por ende, las vemos siempre como cosas de circunstancia – eso han sido nuestras muchas revoluciones – y al término, quedamos como si nada hubiésemos hecho.

La otra imagen se refiere a los artesanos de nuestra historia, nuestras varias ilustraciones, la de 1810 o la de 1830, o la que se cuece en los años inaugurales de nuestro siglo XX sirviéndoles u oponiéndoseles al gendarme necesario, pero empeñadas todas en encontrar la conciencia y razón de nuestro presente, invocando al pasado. "La historia cumplió una urgente tarea de salvación", dice Picón Salas en su Comprensión de Venezuela, que publica en 1949, antes de agregar que, "en horas de prueba o desaliento colectivo se oponía al cuadro triste de lo contemporáneo, el estímulo y esperanza que se deducía del pasado heroico e idealizado".

Esa labor de escribanía o de orfebrería de nuestra memoria, acometida en una nación pendiente de amalgamarse – que nace descoyuntada y se forja en las localidades durante la colonia – y que es desmemoriada, por atada a la cultura de presente, explica que ese ser que no alcanzamos lo busquemos con obsesión, tras cada asonada y su traficante de ilusiones. Y la vida se nos ha reducido a lo épico.

Resalta Picón Salas la síntesis de lo que éramos y de allí nuestros repetidos reinicios, un "caliente almácigo de jefes". Tanto, que estos medran como capataces de sus ínsulas y, de conjunto sólo cuando lo ven útil y rendidor en lo personal; pero mediando, en todos, el ideal que reducen a simple táctica movilizadora de voluntades como en el canto monótono de vaquería que anima el corretear de las reses en el llano venezolano. Son los "hilos sutiles" de los que se dice sostienen al sueño bolivariano de la nación grande que nunca llegó a ser, pero que tampoco se le abandona como promesa pendiente.

Ha sido esta la perspectiva mesiánica de cada mandamás de turno o aspirante a serlo, como la Colombia grande imaginada por Francisco de Miranda; la realizada y frustrada por el mismo Bolívar; la Confederación Colombiana retomada por José Tadeo Monagas como esperanza sin destino; la que es motivo de plácemes en Guzmán Blanco, después de anunciarse desde Lima la constitución del Congreso Americano, en el siglo XIX; o en el XX, la que intenta organizar desde Panamá el general Marcos Pérez Jiménez e irrita a Estados Unidos, o la Patria Grande pergeñada por Carlos Andrés Pérez, a partir de 1974.

La idea de la nacionalidad, la grande, lo dice el autor a cuya autoridad apelamos, es "la verdadera tradición del Libertador", su "legado moral" y la entiende como "voluntad dirigida" que habrá de mantenerse. Picón Salas – de cuyo último aserto dudamos, pues la ilustración pionera venezolana mejor recepta la idea de nación, en otros términos – la ve e interpreta, en exégesis de lo bolivariano, como "la línea de la nacionalidad" hecha para la defensa "contra los nuevos conflictos de poder y hegemonía que habrán de suscitarse en el mundo". Es la otra cuestión, la del prejuicio nuestro, otra vez de factura bolivariana, estimulado contra todo extranjero, primariamente contra el español o el americano del norte.

La nación, justamente, distinta de la de nacionalidad de estirpe o raíces muy europeas a la vez que trágicas, es la otra que también entresacamos de Picón Salas, a saber, como "conciencia poblada de previsión y de pensamiento que desde los días de hoy avizora los problemas de mañana". La patria, en efecto y como lo sostuvo Miguel J. Sanz (1756-1814), ideólogo de nuestra primera república, es saber ser libres como debemos serlo.

Los ensayos o pedacerías que reúne Picón Salas en la obra suya que apenas sobrepasa las 180 páginas con la densidad de una biblioteca alejandrina, deberían ser materia para el examen de todo aquel quien se diga preocupado por doblegar nuestra ausencia de proyecto histórico o la falta de resolución sobre nuestro drama existencial. El caso es que, ni optamos definitivamente por la prórroga de ese boceto mesiánico de república autoritaria y tutelar heredado de las espadas, bajo la guía intelectual de Bolívar – hijo de los "grandes cacaos", y enemistado con nuestra primera Ilustración – ni nos miramos, cabalmente, en la experiencia del hombre de la ruralidad, nuestro Facundo tropical, José Antonio Páez.

Este, concluida la guerra por la Independencia restablece el derecho de todo venezolano a casarse con española, optando por construir o reconstituir al Estado a partir del respeto de nuestra cultura dispersa y de localidades, la heredada de España; que es también la de los pueblos de doctrina en los que se junta a la miríada nómade de naciones inconexas que fuimos, sin asiento fijo, desde el más lejano amanecer.

Mas las realidades del siglo XXI y las del «quiebre epocal» en marcha son tan distintas e inéditas que nos resultaría insuficiente comprender todo lo anterior para atajar y corregir el decurso de deconstrucción cultural y política que ha hecho presa de Venezuela. Por lo que cabe y se hace necesaria la pregunta a partir de la que pueda hilarse su adecuada relectura:

¿Fue Hugo Chávez Frías, el soldado felón que los venezolanos en mayoría hicieron presidente, una regresión histórica o la causa o el efecto o un simple instrumento de un proyecto o agenda de ruptura inevitable que trasvasa, de fracturas constitucionales y sociales que envuelven a Occidente tras el derrumbe de la Unión Soviética?

Recuérdese que durante este hito los venezolanos – mejor todavía, los líderes de los partidos históricos – aceptan como tesis la muerte de las ideologías, con lo que pierden todo sustento las organizaciones mediadoras de lo ciudadano, y además se cultiva con asombro a la Aldea Global, desdibujándose la función y el acotamiento de los Estados que fueran obra de la modernidad y la horma de la experiencia política democrática.

El discurso que el mismo Chávez dirige a su Asamblea Nacional Constituyente el 5 de agosto de 1999, transcurrida ya una década desde el «quiebre epocal» mencionado, revela, dentro de sus límites, que él o sus asesores lo habían comprendido a cabalidad. En algunos de sus muchos párrafos se lee lo siguiente:

"Ahora, Constituyente Soberana ¿de dónde viene esa revolución? Es bueno saberlo también, especialmente nosotros los que hacemos un infinito esfuerzo por cabalgarla y por tratar de orientar: de esa muchedumbre, de esa rebelión de masas que anda ocupando todos los espacios. Para nosotros es vital si queremos montarnos en la ola de los acontecimientos, como diría un filósofo, saber muy bien de dónde viene esta revolución y hacia dónde pudiera ir esa revolución.

"Estamos hablando de la vida nueva, de un nacimiento, de un parto. Somos producto de eso, hermanos, no podemos perder de vista ese camino que hemos venido transitando y al que hemos venido siendo arrastrados. ¿Quién aquí planificó estar aquí hoy? ¡Nadie! ¿Quién lo pensaba hace 5 años o 10 años? ¡Nadie! Por eso las revoluciones no se planifican, los hombres individuales nos montamos o no nos montamos en la ola de los acontecimientos".

Ante el vacío de otras referencias o narrativas propias en la hora agonal de Venezuela, sea lo que fuere y tal como lo racionaliza Picón Salas, ocurre la vuelta a la historia como salvavidas. En la hora de la ruptura reaparecen Simón Bolívar y sus espadas como espectros del pasado, en una patria acostumbrada a rehacerse desde cero tras cada revolución triunfante.

Las del siglo XIX venezolano, cada una partea su realidad constitucional acaso mirando a los orígenes extraviados, mientras que esta, la bolivariana del siglo XXI, como Jano mira al pasado – desde las espadas – y se amolda al futuro debatiendo con su «ineditez» digital y usufructuándola, rechazando los dogmas de circunstancia, como el que buscara sostener que tras el derrumbe soviético la victoria del relato norteamericano era indiscutible.

En mirada hipermétrope cabe decir que lo ocurrido y en su especificidad bolivariana militar a finales del siglo XX venezolano, hizo sincronía inevitable con el relato que tras el agotamiento del socialismo real y el derrumbe soviético formulasen de conjunto Fidel Castro y el presidente del Partido de los Trabajadores de Brasil, Luiz Inácio Lula da Silva, creadores del Foro de São Paulo. Era la vuelta hacia la internacionalización que conjuraran los miembros de la generación venezolana de 1928, cuando apuestan por una forma de socialismo criollo en Venezuela a partir del Plan de Barranquilla.

Al cabo, los endosantes de este, Rómulo Betancourt, Raúl Leoni, Simón Betancourt, Ricardo Montilla, José Joaquín Palacios, Carlos Peña Uslar, Valmore Rodríguez, César Camejo, Rafael Ángel Castillo, Mario Plaza Ponte, Pedro J. Rodríguez Barroeta, y Pedro Juliac, eran los forjadores del tiempo de dominio civil y partidario que Chávez estimaba agotado y que condena endosándole en su totalidad al Pacto de Puntofijo. Y las izquierdas venezolanas, así, ven propicia la derrota de un Betancourt ya muerto, quien había vencido a la subversión guerrillera de los años '60 en el siglo anterior.

El texto fundacional del Foro, que reúne a 48 partidos y frentes de la izquierda latinoamericana – observando la declinación del Estado moderno en Occidente, predicando el manido desencanto con la democracia representativa, y al abandonar el camino de las armas para montarse sobre los votos, sin entregar las armas – declara, por consiguiente, que "el socialismo solo puede surgir y sustentarse en la voluntad de los pueblos, entroncados con sus raíces históricas" [y a través de] "la plena recuperación de nuestra identidad cultural e histórica". He allí, pues, a Bolívar, a Martí, a Sandino, como ejes de la articulación social sobrevenidos, tras una globalización deconstructiva y en un mundo de orfandad ciudadana instalados en el pórtico del corriente siglo.

Más allá de la Constitución

Ha circulado profusamente en Colombia el ensayo que es resumen de mi libro sobre *Historia Inconstitucional de Venezuela*, publicado en 2012. A partir de este les he explicado a nuestros compatriotas de la Nueva Granada el decurso venezolano bajo Chávez hasta la realización de su inconstitucional sucesión por Nicolás Maduro Moros, en 2013, luego de fallecer aquél en La Habana. Deseaban los colombianos curarse en salud, bajo el gobierno de Gustavo Petro, exmiembro de M-19.

La visual, la que planteo en mis textos es netamente formal, la de los hechos que se tejen desde la elección del primero y a lo largo de un tiempo de simulación democrática, vistos a la luz de "su" Constitución, la que dicta y hace aprobar por su Asamblea Constituyente como su primer e inconstitucional acto de gobierno. No obstante, contó con el ucase de la antigua Corte Suprema de Justicia bajo la tesis de que la realidad de la crisis desbordaba al Estado de Derecho en vigor.

Luego, para lo sucesivo y a partir de 2013 ese tiempo de mendacidad libertaria se transforma en explosión del desorden, bajo Maduro. Pero el tiempo de este, por ser de cabal disolución de la nación y de la república, no cuenta para el análisis de lo nuestro, pues aquél es descampado, es la nada sobre la que, teóricamente, cabrá volver a construir. Lo ha entendido así la Conferencia Episcopal Venezolana, según lo analizo en mi discurso La conciencia de Nación ante la Academia de Mérida, en 2022.

De modo que, conocer los golpes constitucionales ocurridos desde el día en que inaugura su mandato Chávez, tal como lo hemos señalado previamente, resultaría insuficiente para comprender en su enorme complejidad y muchos matices la ruptura histórica ocurrida en Venezuela desde entonces, de la que cabe extraer enseñanzas que sean útiles para la forja de otro estadio. El contexto propio y ajeno en el que ocurren los hechos de la Venezuela chavista, excluyendo la de su causahabiente, los abordo en otro libro, *El problema de Venezuela* 1998-2016, que sigue al que le precede y edito en 2016.

Lo que sí puedo decir es que esos repetidos golpes de Estado, sucesivamente «constitucionalizados» por la Justicia Suprema ya bajo control y ejecutados por Chávez desde 1999 hasta 2012, tuvieron como evidente propósito el forjar un caos social, diluir a la república, y acrecentar el poder de su dictadura mesiánica; tal como ocurriese, cambiando lo cambiable, bajo el fascismo italiano, que consagra un régimen de la mentira, de fraude al Estado de Derecho, para favorecer la inmediatez entre el líder y el pueblo, con apoyo militar y teniendo las instituciones una función supletoria o sirviente.

He aquí lo relevante de tener presente a propósito del modelo que emerge entre nosotros durante el año último del siglo XX. Es su perversa capacidad para el disimulo, que luego copian las nacientes dictaduras del siglo XXI en las Américas. Así las califica el expresidente ecuatoriano Osvaldo Hurtado. España se ha sumado a la zaga. Alberto Fujimori, que sería el antecedente cuyo desempeño antidemocrático a partir de 1992 está en el origen de la Carta Democrática Interamericana, adoptada por la OEA en 2001, sin embargo, como dictador fue más ortodoxo y menos desenfadado, a pesar de su legitimidad originaria.

En 1995, sin perspectiva alguna de coronar su camino hacia la presidencia de Venezuela, en soledad, asesorado por Norberto Ceresole, neofascista y antisemita argentino, descubre Chávez que las señales del tiempo nuevo – me refiero a las del siglo XXI – le abrían la posibilidad de avanzar hacia esa fórmula triangular, la del líder-pueblo-fuerza armada. Entonces la titula Ceresole como posdemocracia, expresión que apenas se consagra bajo significados mejor elaborados – refiriéndose a la pobre salud de la democracia – con la literatura académica británica en 2000 y el ensayo *Coping with Post-Democracy* del sociólogo Colin Crouch, al que siguen sus libros *Post-Democracy* (2004) y *Post-Democracy After the Crisis* (2020).

Sorprende, aquí sí, que no mediase resistencia en las élites venezolanas, primeras beneficiarias de la experiencia de la democracia civil fenecida en 1998, ante el emergente fenómeno de ruptura y, además, de regresión histórica. Antes bien, aceleran la tendencia y cooperan con ella. Comparten la severa y previa campaña de demonización de la experiencia democrática entre 1958 y 1998, acometida desde los años finales del siglo XX y sólo exacerbada por Chávez.

No quedaba memoria social, nadie la alimentaba. Poco les decía a su término y a las mayorías la modernización alcanzada por el país, en ese largo tramo cuando el promedio de vida de los venezolanos pasa de 53 años a 73 años. Venezuela había dejado ser una «república de letrinas» durante los cuarenta años que se cuentan desde 1959 y cuando el agua pura llegaba a todos los hogares, a la vez que se canalizaban las aguas servidas y la educación como la salud se universalizaban. Y la mendaz tesis del fracaso democrático o de la mala salud de la democracia nuestra, para mal de males encuentra paradójico eco en Estados Unidos y su Centro Carter.

Una década más tarde la ONU y su Programa para el Desarrollo se encargarán de darle consistencia técnica a la tesis del desencanto democrático, en trabajo que conduce el excanciller argentino Dante Caputo. USA, previamente, ha incitado y promovido la candidatura, entonces sin destino, del mismo Chávez, animado por su embajada en Caracas, los medios de comunicación social – eran contadas las excepciones – y el mundo de la banca afectada por la crisis financiera de 1994.

Lo relevante es que no resistieron los embates de la ruptura democrática siquiera el Congreso de la República electo en 1998, sin mayoría determinante del chavismo, ni la antigua Corte Suprema de Justicia, que se autodisuelve al haber admitido que la Constituyente formada por Chávez interviniese al Poder Judicial destituyendo, sin fórmula de juicio, a la mayoría de los jueces. Era el primer y más importante paso para el tránsito hacia el mencionado plano de la simulación democrática, que se inaugura y se hace virtual de manos de los mismos jueces. Estos le harán decir a la Constitución lo que no dice, a fin de purificar los atentados que sufrirá de manos de su autor, el gobierno naciente y que los hará cotidianos.

¿Fue la idea de la posdemocracia a la que apuesta Chávez Frías, el del principio, aun cuando temprano advirtiese uno de sus consejeros, Jorge Olavarría, que el camino tomado por este nos devolvería a lo peor del siglo XIX? ¿Sólo explotaba los mitos prehispánico e independentista, como fardos que aún pesan sin ser atenuados sobre la humanidad nuestra y a pesar de la modernización lograda, los del mito del Dorado y el del cacique o gendarme necesario?

Cabe, entonces, volver otra vez la mirada varios tramos atrás, como antes lo hicimos bajo la orientación de Picón Salas.

Más allá del gendarme necesario

La experiencia muestra que el país sufre de regresiones y mutaciones profundas a lo largo de su corta historia republicana, cada tres décadas, desde el momento inaugural de la Venezuela independiente tras la conspiración de Gual y España de 1797. Se toma unos 30 años el proceso emancipador que se suma a las guerras por la independencia, luego de lo cual se instala, en 1830, la mal llamada y vituperada república conservadora, esencialmente liberal y tributaria de los constituyentes de 1811. La regenta el general José Antonio Páez, quien separa a los militares independentistas del ejercicio del poder, encomendándole el dibujo de lo nuestro al grupo de ilustrados civiles que forman la Sociedad Económica de Amigos del País. Al respecto y sobre el pensamiento de aquellos escribe Elías Pino Iturrieta en su texto Las ideas de los primeros venezolanos (2009).

La cuestión civiles e ilustrados vs. militares toma cuerpo desde entonces, y el alegato de estos – la vuelta por sus fueros – otra vez se repite a partir de 1999. Chávez les recuerda a sus compañeros que los ha reivindicado, para no regresarle tales fueros a la partidocracia. Y acaso la explicación germinal es la que reseña Arístides Rojas (1891): "Hasta mediados del mismo [siglo XVIII], el señorío de Caracas prefería para sus hijos, antes que un título científico, un grado militar, posponiendo así el estudio de las bellas letras y de las ciencias al ejercicio de la equitación y de las armas".

Tras las divisiones que suscita el comportamiento de Páez, también por cuestiones muy propias de nuestra estirpe común, que es generosa hasta en los odios desde las horas previas a la Emancipación – he allí el trato excluyente y discriminatorio sufrido por Sebastián de Miranda de parte de los Ponte y los Tovar Blanco que relata Rojas – reencarna en los soldados seguidores de El Libertador el espíritu del encono. Es el mismo que hacia 1964, casi un siglo después, lo llamará Rómulo Betancourt saña cainita, describiendo a nuestra clase política.

Se declararán liberales sin serlo los bolivarianos, acompañados por el panfletario Antonio Leocadio Guzmán; luego de lo cual sobreviene la Guerra Federal o guerra larga hacia 1859. Ella culmina con el Tratado de Coche y se abren de tal modo otras tres décadas hasta finales del siglo XIX, dominadas por el general Antonio Guzmán Blanco, cuyo mencionado padre, a la sazón es el apologeta del pensamiento constitucional de su pariente, Simón Bolívar: centralista, militarista, de poderes presidenciales vitalicios, y de neta factura tutelar.

Es esta la imagen que cautiva a nuestros positivistas de inicios del siglo XX, encabezados por Laureano Vallenilla Lanz, autor de *Cesarismo Democrático*, editado en 1919, cuyo término es de factura napoleónica como lo revela De Coquille en su obra *Du Cesarisme*, en 1872.

Treinta años y algo más, hasta 1935, durará la larga dictadura del castro-gomecismo, la de la zaga andina que clausura el tiempo de la Venezuela de los muchos jefes, para rearmar a la nación bajo la horma de los cuarteles. Es la de la revitalización del cesarismo, hijo de la escribanía citada, que le sirve al poder autoritario para justificarlo. Y es contra esa realidad fatal que emergerán los sueños de la generación universitaria de 1928. Es el tiempo de la crisis económica norteamericana y mundial de los años '30.

Los estudiantes de entonces, encabezados por Jóvito Villalba y el mismo Betancourt – se les separará más tarde y volverá a sumarse el dirigente católico Rafael Caldera, de la generación de 1936 – cristalizarán sus sueños de civilidad luego de una compleja transición civil-militar o militar-civil a partir de 1959, con la instalación de la república civil de partidos. Estados Unidos, ya recuperado, ahora viaja a la Luna.

En 1989, pasados otros treinta años llega a su término este ensayo de república democrática civil bajo el orden constitucional de mayor duración en Venezuela, el de 1961. Es un intersticio o espacio de excepción entre nuestros varios y sostenidos despotismos, obra del Pacto de Puntofijo, que se agota una vez sucede el derrumbe soviético y al finalizar el último gobierno de partido en Venezuela, el de Jaime Lusinchi.

Así sobreviene, y es lo que interesa destacar, la transición más compleja por corresponderse la inflexión venezolana de 1989 – tras la violenta insurgencia popular que deja a la vera a centenares de muertos y heridos, en Caracas – con el momento de fractura de lo histórico global y de controversias dentro de la civilización occidental. En lo interno se manifestará como repulsa social a los partidos históricos y sus dirigentes políticos. Cubrirán ese tiempo nuestro las segundas administraciones de Carlos Andrés Pérez – mediando el interregno de Ramón J. Velásquez – y de Rafael Caldera, hasta concluido el siglo.

El fenómeno anti partido, cabe anotarlo, no es original y tampoco propio de lo local. En 1992, tras el derrumbe del Muro de Berlín, los grandes titanes de la Italia de la posguerra, el partido socialista y el demócrata cristiano (DC) hacen aguas. Se les persigue por corrupción. Sus grandes líderes, Bettino Craxi y Giulio Andreotti, conversaban distraídos sobre las líneas del tren de la historia, sin apercibirse de su paso a gran velocidad. Así me lo relata este en Piazza San Lorenzo in Lucina, en Roma, el año siguiente, un 29 de junio en horas de la tarde.

Llegado el año 2019, el de la emergencia de la pandemia universal y. sucesivamente, el de la guerra de Rusia contra Ucrania en las puertas que dividen al Oriente de las luces del Occidente de las leyes, se cierra el arco de tiempo en Venezuela cuando, a su término y desde los inicios del siglo en marcha implosionan a la república y a la nación, bajo el liderazgo de Chávez y su causahabiente.

Emerge ahora otra escala o arco temporal de giro cuántico en las realidades culturales y políticas que nos tienen como testigos. Es imposible predecir su decurso y efectos sobre el sostenimiento de las libertades. La tercera y la cuarta revoluciones industriales emergentes en 1989 se afirman como realidad dominante, de modo especial en Occidente, con la experiencia del COVID-19 y acaso para prolongarse hasta el 2049. ¿Es la del distanciamiento social? Probablemente tomará mayor fuerza desde 2019 – ¿o vive sus estertores? – ese ecosistema global de esencia deconstructiva, de pulverización social, de dilución de las identidades forjadas en la geografía local y con el paso del tiempo; ya que, tal como se constata, ha sido y es el tiempo de la deslocalización del poder y el de las ideas instantáneas. Es ajeno y extraño a las fórmulas de mediación institucional. Y en la política domina, de modo procaz, el narcisismo.

Del Chávez que a lo largo de esos treinta años anteriores transita desde lo bolivariano hasta los predios del marxismo de estirpe cubana, a los que se somete volviéndose prohombre del Foro de São Paulo; del Maduro que asume ser socialista del siglo XXI mientras administra las redes narcoterroristas heredadas, pero cuyos aliados se declaran progresistas y capitalistas salvajes en nombre de la participación popular llegado 2019, bajo el abrigo del Grupo de Puebla; luego de un período de inenarrable postración de los pueblos afectados por la experiencia de la deconstrucción a manos de los huérfanos de la URSS, nada resta en pie. Sobreviven en Occidente y en Venezuela los remedos republicanos y democráticos. Y la virtualidad tecnológica los ayuda. La política se hace mendaz y se nutre de la mentira, en la plaza pública de los imaginarios.

No hay trazas de narrativas de peso, por lo pronto, que se ocupen de la cuestión democrática y la del Estado de Derecho, como lo prueban las agendas globalistas o progresistas impuestas desde la ONU-2030 y compartidas tanto por el señalado Grupo de Puebla como por el Foro Económico Mundial de Davos. Es llegado para todos y es lo único que muestra la experiencia, el capitalismo de vigilancia y la civilización o la religión de los datos que acaban progresivamente con la civilización de la razón, para conjugar a la experiencia humana desde los sentidos. Hasta en lo religioso, mientras avanza hacia su deconstrucción, se promete el culto del «dataísmo». Así lo comento en mi más reciente libro *Renovar la civilización, Temas para la posmodernidad*, al abordar el "Debate sobre prensa y religión: ¿hacia una teocracia digital? (2023).

El caso es que la Venezuela actual es diáspora hacia afuera y hacia adentro, bajo presión, justamente, de un Occidente en agonía, que ha dado por muerto a Dios como elemento de contención cultural y moral. Nuestra Constitución pionera, en efecto, parteaba su visión federal para los Estados de Venezuela, como reza en su Preámbulo, "en el nombre de Dios Todopoderoso".

Mas Chávez fallece en La Habana y antes lo anuncia, leyendo sobre la biblia de y ante lo anuncia Castro para aliviarle en su agonía. «¡Será posible! ¡Este viejo santo en su bosque no ha oído todavía nada de que Dios ha muerto!» reza la obra, cuya enseñanza justificativa para el moribundo es la de que todo vale donde las fronteras del humano comportamiento han desaparecido: "En otro tiempo el delito contra Dios era el máximo delito, pero Dios ha muerto y con Él han muerto también esos delincuentes", ajusta la narración nietzscheana.

No por azar en la Venezuela bolivariana y socialista del siglo XXI, ahora progresista, que ha dejado de ser simulación a partir de 2013, hemos visto disolverse nuestras costumbres constitucionales mostrándose sin pudor las relaciones del poder con el crimen y, al paso, ausentes de toda memoria, la maldad se nos relativizó. Y ello agrava nuestra raizal cultura de presente y de lances. Reaparece lo fatal, la búsqueda de un dios terreno o como lo diría José Rafael Pocaterra (1889-1955) desde su pretérito y en su Patria, la mestiza refiriéndose al venezolano: ¡Él se iba, con los hombres, para donde estaba la Patria, para donde estaba aquél que sujetaba una mula cerril por las orejas!

Comprender a Venezuela

Comprender a la Venezuela que ve anudar su pasado con la hora del desencanto socialista de 1989 y la que le sigue, de manos de los huérfanos del marxismo, la de la prédica del desencanto democrático para juntarlas, todas a una, con la de la pandemia china de 2019 y la guerra de Rusia contra Ucrania, no es, por lo visto, tarea fácil. Vale bien o calza a la medida, como nunca, la imagen del cuero seco de Picón Salas.

Tal explica que no cedan aún las simplificaciones y la constante vuelta sobre los porqués de lo que viven las generaciones venezolanas, las migradas y las actuales, que se ven a sí sin futuro en casa propia. Y tales simplificaciones sólo han servido para mantener paralizadas las voluntades. Han desviado o retrasado todo ejercicio de imaginación posible, de forja de nuevas y realizables utopías, privando como constante la victimización personal y colectiva y su consecuencia: el crecimiento de la desconfianza. La búsqueda de culpables no cesa desde 1989, sobreponiéndose a la construcción del destino común pendiente y al acuerdo sobre sus rieles. En ello se retroalimentan con sus comportamientos tanto las víctimas, las que son y las que afirman serlo desde sus intereses, como sus victimarios, forjándose una alianza vicaria que a todos les neutraliza dentro de sus parcelas.

Quienes han preferido detenerse frente al árbol sin observar el bosque, la narrativa de lo actual se les vuelve muy sencilla. Satisface espíritus de revancha, asimismo complace al autismo constitucional, pero ha sido banal para frenar a las fuerzas destructivas que se han apoderado del país. Como lo diría Picón Salas, otra vez domina entre nosotros la fuga, la evasión como cultura.

Tras treinta años transcurridos, se insiste, lo hace el discurso miope de los escribanos o el de los desplazados por la revolución y que cabe despejar de una vez por todas, que Chávez quiso derrocar a un presidente democrático, Carlos Andrés Pérez, por haber impulsado – en el marco de los Acuerdos de Washington y a partir de 1989 – el más audaz proceso de modernización económica conocido por Venezuela. Que a aquél lo perdonó e hizo presidente su sucesor y adversario, Rafael Caldera, quien, al paso y como paradoja que se omite, es el coautor de la democracia civil de partidos forjada en 1959 y su último albacea, de suyo el único interesado en salvarla de su derrumbe.

La prédica, tras veinte años de empeño, sigue atando y frena en el pasado a actores importantes que imaginan, así, que en Venezuela sólo ocurrió un traspié. Que bastará con derrocar a Maduro o vencerlo en comicios relativamente justos, para que pueda retomarse el camino extraviado de la apertura económica.

Han transcurrido dos décadas sin destino, de borronear la oposición venezolana formal elaboraciones programáticas desde 1999 esperando el instante de la alternativa; es decir, hace lo que es propio de un gobierno en formación que aspira a suceder a otro democráticamente, incluso a precio de falsear la experiencia, para así implantar sus propuestas una vez readquirido el poder, democráticamente. O como se lo afirmara en 2019, se trata de volver a la Constitución de Chávez, desmaterializada e «iliberal autoritaria», a partir de sus mismas normas y, si posible, también subvirtiéndolas, como cuando se establece un «gobierno parlamentario» extraño en la tradición constitucional venezolana. Todo un galimatías. Toda simulación y virtualidad en el instante, que a eso se ha reducido nuestra perspectiva histórica, repito, la de los narcisismos posdemocráticos.

La cuestión es que, si aguzamos la mirada y la volvemos hipermétrope para mejor releer a Venezuela cabría ajustar, como datos relevantes, que ambos exmandatarios, Pérez y Caldera, gobernaron en abierta confrontación y disgusto con sus propios partidos históricos, de cuya fundación participaron, el socialista Acción Democrática y el socialcristiano COPEI. Las cabezas de estos, a partir de 1989, alegando la futilidad sobrevenida de sus patrimonios intelectuales los vuelven franquicias electorales, dentro de un Estado moderno que ha perdido toda legitimidad.

Pérez y Caldera, desde sus ángulos y sin dejar de ser acres pero respetuosos adversarios, compartían la visual del ingreso en fase terminal de las instituciones políticas que se había dado la democracia y contenían a la nación venezolana. Intentan mirarlas más allá de sus partes geográficas y políticas. Se habla entonces del "rompecabezas". Se demanda por este, sin eco, recordar a los venezolanos que su modernización comenzó a ser realidad integral una vez derrocada la última dictadura, la de Marcos Pérez Jiménez, bajo una democracia civil de partidos. Mas el equipo técnico de aquél, al igual que Chávez y desde acera distinta condena al pasado, del que sólo ve, por razones generacionales, la escala final del deterioro de las formas democráticas en la transición, que no era el de la democracia como estado de libertad sino la emergencia de un «quiebre epocal» que tocaba a las más variadas vertientes de la experiencia humana. Esto lo abordamos en nuestro libro más reciente, Quiebre epocal y conciencia de nación (2022), que propone balancear el mundo de las localidades, de arraigos en el espacio/tiempo de lo humano, con la inevitable globalización de la Inteligencia Artificial (IA) y sus algoritmos.

En vísperas de la caída del muro de Berlín, Caldera y Pérez coinciden en lo esencial, en lo que ahoga las expectativas del bienestar venezolano. Este afirma que "la deuda externa no es un problema financiero, es un problema político (1988), mientras aquél, en el mismo año señala que "negociar sólo con los bancos es estéril. Hay que comprometer a los gobiernos". Tanto como en lo relativo al fortalecimiento de la gobernabilidad mediante la desconcentración del poder democráticamente, Caldera plantea se dicte una "Ley de Elección y Remoción de los Gobernadores de Estado" en 1985, que hará realidad Pérez en 1989.

Pérez, no obstante, de regreso sobre sus pasos inmediatos busca resolver a través de la apertura económica como regla, mientras Caldera se empeña en el camino de la reforma integral de la Constitución al objeto de transformar, sin saltos en el vacío, el andamiaje político e institucional de 1961. El parcelado Congreso de su tiempo se niega a concederle ese logro, como me lo refiere la cabeza del parlamento y del partido AD. Priva la miopía. Después vendrá, inexorablemente, la campaña demoledora por la Constituyente ofrecida por Chávez y promovida por nuestros mejores constitucionalistas, incluso por quienes le adversaban.

Si regresamos al plano de la trivialidad política, el de la saña cainita y del golpearse con los árboles patentes, algunos hasta afirman, pasados treinta años, que Caldera tenía celos de Pérez y albergaba envidias, por haber sido reelecto presidente. De allí que celebrase el golpe en su contra. Otros replican, en buena lid, que se trata de consejas, pues este sólo advirtió ante el parlamento, a raíz de la insurgencia del 4F, que algo pasaba y muy grave, que no se quería ver y se omitía por ignorancia o deliberadamente; pues a diferencia de 1958 y 1959 el pueblo no salió a la calle para protestar la acción y blindar a la democracia. Era lo esencial de ponderar.

A las élites partidarias y financieras, en la circunstancia les bastaba con el ritual de los cortesanos. Así pasó durante la Revolución Francesa, cuando a estos les esperaba la guillotina y no hicieron una oportuna lectura de la deriva declinante del establecimiento político: "Por la más odiosa de las injusticias los escritores le atribuyen a la nación la responsabilidad por la muerte del Rey; no fue el pueblo el asesino de Luis XVI, sino de los hombres que votaron por su muerte", recuerdan Bréant de Fontenay y Dupressoir (*Histoire de la révolution française de 1774 à 1804 jusqu'à la proclamation de l'Empire, Paris*,1820).

Observarán los simplificadores de la realidad, igualmente, que los perdones a los militares alzados fueron un error. No todos dicen que los acuerda el propio Pérez con su Alto Mando Militar, los sigue su sucesor Ramón J. Velásquez, y los completa Caldera, sí, en un contexto en el que todos los partidos, la Iglesia y la opinión pública demandaban la amnistía. Los varios candidatos presidenciales, a excepción de Caldera, se habían comprometido con el dictado de una ley durante la campaña electoral de 1993.

Se replica todavía y ad nauseam que Caldera puso en libertad a los jefes de la asonada, uno de los cuales, Francisco Arias Cárdenas, terminará siendo el candidato presidencial de los partidos que se oponen a Chávez, habiendo debido inhabilitarlos, cuando lo cierto es que estos, paradójicamente, habían permanecido más de dos años encarcelados y sin juicio, bajo Pérez y Velásquez, como resultado de la pacificación decidida por el primero.

Nadie agregará lo que sí es ortodoxo y constitucional, o sea, que los gobiernos democráticos y sujetos al Estado de Derecho no pueden inhabilitar a nadie políticamente, ya que sólo pueden hacerlo los jueces tras condenas penales definitivas y por el tiempo de las penas. Lo saben Leopoldo López, Enrique Capriles, y María Corina Machado en Venezuela, y en Colombia el exguerrillero y actual presidente.

Pero en la Venezuela de los siglos XIX y XX hasta iniciada la república civil de partidos en 1959, sus gobernantes, a decir verdad y es lo propio del «cesarismo democrático», deciden de manera personal sobre los destinos de sus enemigos u opositores. Mientras Páez perdonaba, el rector Vargas, su correligionario, le criticaba. E incluso así, como gobernante los aceptó aun confesando que "fueron vanos mis esfuerzos": "Oí las proposiciones de los conspiradores, determinado a ceder en medidas conciliatorias, ..., en las esperanza de poder calmar las pasiones encontradas, corregir los errores contradictorios, atraer los corazones a la concordia y las opiniones a un centro de unidad de donde pudiera resultar el mayor acierto (...) bien pronto conocí que no eran opiniones, ni pasiones dóciles las que había que conciliar" (1836).

Pocos se preguntan o escrutan, empero, el por qué Pérez y Velásquez reincorporan o no suspenden de la actividad militar a la casi totalidad de los oficiales y suboficiales alzados, mientras que Caldera, a sus jefes les quita el uniforme antes de ponerlos en libertad. ¿Erraron los primeros al igual que el último, o acertaron unos y no el otro, pues le abre puertas para ganarse los votos desde la calle y sin armas?

Pérez, luego de la fractura del 4F y cuando suman más de 600 los oficiales, suboficiales y la tropa insurgente, apuesta por la urgente reconstitución de la columna a la que, constitucionalmente, le correspondía el monopolio de las armas. La necesitaba para sustentar a unos poderes constituidos que, objetivamente, habían perdido toda confianza en la opinión nacional.

La propia Corte Suprema de Justicia se coludirá para la salida anticipada de este de la presidencia, aun cuando tal mandato le había sido confiado por la soberanía popular de manera concluyente.

Caldera, entretanto, así como decidió sustituir a todo el Alto Mando Militar a raíz de las preocupaciones que le transmite su antecesor, el presidente Velásquez, no incluye en la recomposición avanzada por Pérez a los jefes del golpe bolivariano. Evitó el regreso de estos a la vida militar. Entendía que en unas Fuerzas Armadas de suyo parceladas de por mitad e indispensables bajo la crisis que hizo presa de Venezuela, era predecible que se repitiese el atentado contra el orden constitucional y democrático. Los liderazgos militares de la coyuntura fueron distanciados y mediatizados, y el tiempo le dio la razón a Caldera. No conoció de ningún amago golpista hasta el final de su segundo gobierno, en medio de la efervescencia en que se encontraba la nación, atizada por la crisis financiera de 1993.

Ver el bosque con el agudo ojo del hipermétrope exige considerar y explicar, ahora sí y en apretada síntesis, pero mirándolos desde la distancia y en sus contextos, los golpes de Estado que, en número de 178, le irroga Chávez al orden constitucional entre 1999 y 2013. El trazado deja muchas lecciones. Permite el mejor entendimiento de todas las circunstancias ya señaladas – como esa que refiere Picón Salas, "la del Estado sin forma que hemos sufrido, a través de las crueles guerras inexpiables y las dictaduras de los siglos XIX y XX" – y los varios elementos de juicio que se desprenden de su relación cronológica.

Pero si no se entienden la historia inconstitucional del chavismo dentro del tupido bosque que ha germinado tras el cruce histórico y la mutación de la experiencia marxista en Occidente, sumada a la llegada de las dos grandes revoluciones industriales, no pasaremos de la lucha agonal y agotadora de las trincheras.

En las hornillas de la virtualidad y la instantaneidad es quimera, se vuelve un imposible la conjugación constitucional y democrática tal como se la ha entendido durante los dos siglos precedentes, sujeta al molde del Estado moderno, de sus espacios y de sus tiempos. Lo prueba de modo palmario el fracaso del Estatuto para la Transición hacia la Democracia adoptado en 2019 por la Asamblea Nacional de mayoría opositora, electa en diciembre de 2015. Es la prueba de una esquizofrenia institucional propia de esa república imaginaria en la que concluye el remedo democrático en tiempos de dictadura, a manos de actores políticos en huida e incapaces para entender las esencias morales de toda resistencia. Lo resumiría Michel Foucault en una pregunta: ¿cómo desalojar el fascismo – amar el poder que nos subyuga y nos explota – que se ha instalado en nuestro comportamiento?, tal y como explica crudamente Rodrigo Castro Orellana (2008).

Nuestro librito amarillo

La desmaterialización constitucional, es decir, la banalización del Estado de Derecho, síntesis de las tradiciones culturales en Occidente, fue acaso el primer objetivo que se impulsa tras la experiencia que se inaugura en Venezuela con Chávez. Y me decía a propósito mi primer profesor de leyes, José Luis Aguilar Gorrondona, al verme preocupado por el texto de la nueva Constitución que se le imponía a Venezuela y recién aprobada, tener presente que lo que le comentara otro viejo maestro suyo, "se trata de un librito amarillo que se cambia todos los años y se viola todos los días".

Así que, Chávez, violando la Constitución vigente, la de 1961, la declarase "moribunda" al instante de jurarla en 1999 como presidente de los venezolanos ante el Congreso de la República y en presencia de los jefes de Estado extranjeros invitados que le aplaudían, o que él mismo y en ese día convocase a una consulta popular para la formación de una inconstitucional asamblea constituyente, sin respeto por el principio de representación de las minorías, apenas recreaba nuestra experiencia histórica, la del siglo XIX.

Tras cada revolución el gendarme de turno se ha dado su propio texto fundamental, alguno con pretensiones de originalidad – como cuando Antonio Guzmán Blanco se hace escribir la Constitución suiza – u otro aspirando a que la mera reforma le deje huella propia. De modo que, tras la Constitución de 1811 sobrevendrán otras 25 constituciones en Venezuela incluyéndose la chavista de 1999. Sin embargo, a despecho de lo que se cree, no es que hayan sido tantas. Al caso la mayoría son enmiendas de textos constitucionales precedentes cuyos moldes, que son pocos, se han impuesto tras cada crisis histórica y su respectiva asonada.

Nuestras verdaderas constituyentes han sido o servido como grandes parteaguas. Tal ocurre durante la Independencia – cuando nace el Estado de

Venezuela, republicano democrático, de forma federal, en 1811 – cubriendo, como le llama Allan R. Brewer Carías, "el primer período de formación del Estado independiente" venezolano hasta la Guerra Federal. Y téngase presente que durante ese parto constitucional pionero, más allá de las influencias arquitectónicas que ejercieran sobre tal experiencia las revoluciones americana y francesa, nuestra ilustración pionera – la emergida de la Universidad de Caracas, la Pontificia de Santa Rosa de Lima y del Beato Tomás de Aquino y que ocupa asientos en nuestro primer Congreso en Caracas – tiene talante propio: "al existir una ilustración cualificada, hay igualmente un surgir temprano en Venezuela del liberalismo político", apunta Manuel Bustos Rodríguez, historiador hispano y director de la Real Academia Hispanoamericana en el prólogo a nuestro libro *Genesis del pensamiento constitucional de Venezuela* (2018).

En este arco emergen las constituciones centralistas bolivarianas (Angostura, 1819 y Cúcuta, 1821), y la de 1830, la centro-federal. Le seguirán las de 1857 y 1858, una para extender el período constitucional hasta 6 años y autorizar la reelección del presidente, otra para reducirlo a 5 años y darles una mayor autonomía a las provincias.

Sucesivamente, la Constitución de 1864 será la matriz del segundo período, el del Estado Federal, que regirá hasta finales del siglo XIX, habiéndose reformado en 1874, 1881, 1891 y 1893, por obra de "multitud de vicisitudes, golpes de Estado y revoluciones comandadas por los caudillos regionales". Así, con la Constitución de 1901 llega el período del Estado autocrático centralizado, el tercero, que cerrará los tiempos pretéritos, los de los muchos jefes, a fin de que se pueda avanzar hacia la consolidación del llamado Estado Nacional.

Serán memoria, para lo sucesivo, las revoluciones que partearán a esos ciclos políticos y sus textos, como la Revolución de Marzo (1858), la Dictadura de Páez (1861), la Revolución Federal (1863), la Revolución Azul (1868), la Revolución de Abril (1870), la Revolución Reivindicadora (1879), la Revolución Legalista (1892), hasta la Revolución Liberal Restauradora (1899) que lleva a los andinos al poder signando al último parteaguas señalado.

El texto de 1901, obra de una constituyente, si bien mantiene la denominación de Estados Unidos de Venezuela – que rige hasta 1953 – vino a cerrar la disgregación, como así califican sus adversarios, propia del modelo constitucional federal liberal. Recibirá reformas durante los años 1904, 1909, 1914, 1922, 1925, 1928, 1931, 1936, y 1945.

La Revolución de Octubre reunirá luego, en 1947 otra constituyente que le abre la senda al período que llega hasta el dictado de la Constitución de 1999. Es el período del Estado democrático centralizado, según el mismo Brewer Carías, aun siendo de textura centro-federal la Constitución que precede a la de 1999, la de 1961, obra del Pacto de Puntofijo. Y bueno es recordar que tal Pacto fue la negación política de los «unanimismos» partidarios, pues en la democracia civil era sustantivo el sostener la diversidad política. La unanimidad se pedía sólo al momento de conjurar la vuelta por sus fueros del gendarme necesario. Así lo entendieron Jóvito Villalba, Rómulo Betancourt, y

Rafael Caldera, no los comunistas, que acompañaron los ideales del pacto, pero reclamaban sin lograrlo de candidaturas unitarias. Después toman el camino de la violencia guerrillera, asociados a La Habana, hasta cuando los pacifican Raúl Leoni y, a partir de 1969, Caldera.

Por un traspiés – el derrocamiento del primer civil que llega al poder mediante el voto universal, directo y secreto de los venezolanos, Rómulo Gallegos y el asesinato de su sucesor y anterior ministro de defensa, Carlos Delgado Chalbaud, presidente de la Junta Militar, se suscita la derogatoria de la Constitución democrática de 1947. Lo paradójico es que el responsable del quiebre que la origina es uno de los líderes del 18 de octubre, el teniente coronel Pérez Jiménez. También quería su constitución, pero media como asunto de fondo no resuelto, la raizal diatriba entre civiles y militares, que buscará resolver el presidente de la Junta de Gobierno de 1958, Edgar Sanabria, sucesor del Contralmirante Wolfgang Larrazábal: "Hallamos un Ejército receloso de los civiles y expuesto a la discordia interna (...), comenzamos a eliminar la desconfianza absurda por culpa de la cual se miraban como adversarios el civil lleno de presagios y el militar inficionado de prejuicios. Quisimos que esos dos mundos ficticios que interesadamente se habían creado dieran paso a una sola comunidad de venezolanos unidos por la aspiración igual de encausar a la República", expresa en 1959 ante el Congreso de la República.

Sea lo que fuese, lo cierto parece ser aquello que refiero ante la Real Academia Hispanoamericana en mi discurso de incorporación de 2014, titulado El problema de Venezuela y con vistas a su historia. Lo sintetiza el poeta Andrés Eloy Blanco en su escrito "Navegación de Altura" de 1942, comentando sobre los militares de la segunda mitad del siglo XIX: "Eran en su mayoría civiles disfrazados de coroneles".

Se impone entonces la regresión, pues el texto que dicta la Constituyente convocada por Pérez Jiménez en 1953 se inspira en los textos autoritarios de 1936 y 1945, vigentes durante la transición abierta al fallecer el general Juan Vicente Gómez en 1935, conducida por los generales andinos Eleazar López Contreras e Isaías Medina Angarita.

La Constitución centro-federal, civil y garantista de 1961, sancionada de manera ordinaria por el Congreso electo a finales de 1958, tuvo como boceto a la mencionada de 1947. Será, seguida por la de 1830, la de mayor duración en nuestra historia constitucional, 38 y 27 años respectivamente.

El texto constitucional sucesivo, aprobado en 1999 – cuya publicación retrasa Chávez hasta el 2000 mientras le introduce varias decenas de correcciones, al margen del plenario constituyente y de mano propia – aun cuando bebe de la fuente constitucional precedente y, sobre todo, de su reforma, romperá con el molde histórico.

Se le asignan al Estado y a su régimen de seguridad nacional, totalmente centralizado por el presidente y desplegado por la Fuerza Armada, competencias para incidir sobre los derechos humanos declarados. La relación subordinada líder-pueblo-fuerza armada, adquiere sus texturas. Queda el pueblo a discreción del Estado y su doctrina bolivariana.

Y en copia del constitucionalismo cubano se prescribe la posibilidad de que el presidente legisle por vía de decreto sin controles, en circunstancias ordinarias. A la vez, ancla su teleología el texto fundamental emergente, es lo relevante, en la exégesis que habrán de hacer los jueces a fin de aplicar el pensamiento de Simón Bolívar. Es la cuestión u orientación que promueve el Foro de Sao Paulo desde 1990, al iniciarse el gran «quiebre epocal», y que a la par promueve el régimen de la mentira constitucionalizada.

Así las cosas, hasta la muerte de Chávez su quehacer o deshacer político-constitucional es deconstructivo y, como cabe reiterarlo, de simulación democrática. Avanza por etapas y según las circunstancias que le obligan, a saber, la primera entre 1999 y 2002, que es la de tutela militar de una democracia autoritaria y presidencialmente centralizada. Le sigue otra, momento de transición y de transacciones con el mundo civil tras la ruptura militar del 11 de abril de 2002 y su «golpe de micrófonos», hasta que se inaugura en 2004 la que rige hasta 2012. Es la de la abierta colonización cubana y de pulverización estructural de la Fuerza Armada.

La desmaterialización de la república

El Foro de São Paulo, no se olvide para el análisis de la etapa primera del chavismo, había dispuesto como línea la perturbación o penetración de los sistemas electorales para implantar sus narrativas, sin que se viesen afectadas por otros actores políticos ni por el principio de la alternabilidad en el ejercicio del poder. Se llegaba al poder para permanecer sin límites de tiempo, aun cuando se sostuviesen las formalidades del voto. Y la data será reveladora, una vez como asume Chávez la presidencia.

La aprobación de la convocatoria de su constituyente reúne sólo al 37,65% del electorado y en la elección de sus miembros se abstuvo el 53,77 % de los votantes, de cuyo saldo acumula Chávez el 65,8% de votos. Son anulados más 600.000 votos, adjudicándose el gobierno naciente el 95% de los Constituyentes.

De entrada, como símbolo de la ruptura que busca provocar Chávez, su constituyente le modificará el nombre a Venezuela y la titula república bolivariana, descolocando a los partidos históricos y a fin de recordarles que el país que gobernaron es otro y no existe más. En el referéndum aprobatorio del texto fundamental de 1999 sólo participa el 44,38% de los votantes, cuyo 71,78%, que no alcanza a la mitad del electorado, la vota afirmativamente. La dictadura naciente se casa consigo misma.

Guardando las formas, de suyo toma Chávez en Venezuela el mismo camino de Alberto Fujimori en Perú, precedente que obliga al dictado de la Carta Democrática Interamericana en 2001 – la que Chávez protesta ardorosamente antes de su adopción.

Desde su primer año de gobierno destruye, al efecto, la autonomía e independencia de los poderes tan cara a la democracia, sin mediar, cabe repetirlo, ninguna protesta, ni interna ni externa, salvo la de individualidades, como la del presidente Caldera. Este le anuncia el país – mientras los partidos históricos sitos en el Congreso de 1998 permanecen paralizados –

que no acudiría a votar en el referéndum aprobatorio de la señalada Constitución de 1999. Antes de integrarse la Constituyente, me señala, mortificado e incluso con disgusto visible, el estar presenciando el nacimiento de otra dictadura, sin que nos diésemos por enterados. El presagio también lo hace el expresidente Pérez, coincidiendo ambos.

Entiende Chávez, sin embargo, que más allá del cambio constitucional y del control pleno que asume de los poderes en Venezuela, en especial su tutela sobre los jueces para permanecer en el poder y purificar sus crímenes contra el Estado de Derecho, las nuevas circunstancias mundiales que bien capta y comprende el Foro de São Paulo, indican que pesa más el control de la opinión pública que el mundo de los partidos políticos o las agrupaciones empresariales y laborales.

En tal orden, a partir del 2000 avanza hacia la descalificación de los periodistas y editores de los medios privados de prensa, radio y televisión. Impone transmisiones oficiales diarias y de largas horas, reduciendo los espacios disponibles de radio y TV. Al cabo, se vale de una sentencia, la célebre 1.113 que dictan sus jueces constitucionales para frenar y censurar las informaciones contrarias al régimen naciente, hasta que en 2001 hace aprobar la ley de censura de contenidos, titulada eufemísticamente, Ley de Responsabilidad Social de Radio y Televisión. Instala del tal modo, progresivamente, una hegemonía comunicacional de Estado.

Sucesivamente, pasa a la redacción de un conjunto de 23 leyes dictadas mediante decretos, una de las cuales provee a la confiscación de los terrenos agrícolas y ordena se desconozcan todos los contratos o acuerdos privados relacionados con estos. Entre tanto el presidente le encomienda al teniente Diosdado Cabello organizar bajo supervisión de la Presidencia de la República los Círculos Bolivarianos, matriz de las milicias populares. Su primer adoctrinamiento, como cabe observarlo, lo reciben sus miembros del gobierno de Libia y Muamar El Gadafi; mismo que financiara parte de la elección presidencial de Chávez, unido al gobernante iraquí, Sadam Hussein. La aproximación con estos la había facilitado Castro.

Es este el clima que antecede al inicio de período de transición que hará presa de Chávez a partir de 2002.

La Fuerza Armada se le insubordina. Un grupo de generales y almirantes a quienes Chávez les ha retirado el mando se coaligan con los medios de comunicación social afectados por la intervención de sus informaciones, mientras el Alto Mando, por su parte, se plantea que es llegado el momento de hacerle un llamado al comandante presidente a fin de que corrija su rumbo suicida. Chávez sale del poder, efectivamente. De entrada, acepta renunciar bajo compromiso de que se le organizaría su viaje al extranjero previa la ordenación constitucional de su sucesión, que él mismo trabaja.

El encono y los oportunismos como las mismas fracturas heredadas del 4F, que otra vez le abren compuertas a las tesis históricas sobre la deuda vitalicia que tendría la nación con las espadas, reducen el hecho de abril a un anárquico «golpe de micrófonos», solo resoluble con el retorno de Chávez. No hubo acuerdo entre los oficiales sin mando, más agresivos y quienes lo tenían, evitaron ejercerlo. Pero tras la experiencia, el saldo fue la convicción en Chávez de que sus compañeros de armas le habían traicionado, después de haberles entregado elevadas sumas de dinero con el Plan Bolívar 2000 para que prestasen, desviando sus competencias, servicios sociales a la población y realizaran, así, la triangulación propuesta por Ceresole.

La transición en marcha entre 2002 y 2004, ocurrida la masacre en los predios aledaños al Palacio de Miraflores e incapaces los militares de sostener su ruptura del 11 de abril, tendrá como amigables componedores al secretario general de la OEA, César Gaviria, y el expresidente norteamericano Jimmy Carter, invitado este por Chávez. Se elaborará como salida – que se recoge en los llamados Acuerdos de Mayo de 2003, incumplidos y desnaturalizados por el gobierno – la realización de un referéndum revocatorio consensuado con la denominada Coordinadora Democrática de oposición formada por la sociedad civil, los empresarios y la prensa, el mundo sindical, y los partidos políticos.

La cuestión es que, al término, el Poder Electoral, cuya integración a manos de la Sala Constitucional del TSJ promueven los mismos partidos históricos participantes de la Coordinadora, le hace entrega a Chávez de los nombres e identidades de los 2.400.000 venezolanos que habían apoyado el pedido de revocatoria de su mandato.

Este les retira todo beneficio del Estado y les prohíbe tramitar documentos oficiales, a menos que retiren sus endosos. Les declara, en los hechos, muertos civiles.

Incluso así, ocurrido el acto electoral que indicaba la clara victoria de la oposición, haciendo privar sin verificación ni auditoría cierta la data electrónica de resultados, el Centro Carter y el embajador brasilero Walter Pecly Moreira, quien a última hora asume el control de la misión de la OEA por pedido de Lula Da Silva, le atribuyen la victoria a Chávez.

A partir de entonces, a pesar de las advertencias que le hace Gaviria como secretario de la OEA, en cuanto a que podría avanzar en su proyecto si ajustaba su comportamiento a los cánones de la Carta Democrática, habiendo perdido el apoyo militar le confía su futuro al gobierno cubano. Su guía de navegación hacia el mar del socialismo marxista y su alianza abierta con las potencias mundiales que desafían a Estados Unidos lo será para lo sucesivo, como una especie de Constitución paralela, el documento que redacta de forma personal, La Nueva Etapa, El Mapa Estratégico de la Revolución Bolivariana.

Allí traza los elementos para su avance hacia el comunismo y su abierta confrontación con USA, cuyo gobierno apoyó su elección y también le salvo del revocatorio.

En 2006, la Asamblea Nacional, mientras Chávez prepara su reforma constitucional para adaptar el texto de 1999 a los lineamientos constitucionales cubanos, para medir el ambiente y contener las resistencias de opinión pública adelanta un paquete de leyes

VENEZUELA, EN LA ANTESALA DE LA HISTORIA

que establece, sin base constitucional alguna, un Estado comunal. Ahora sí, desafía a la ortodoxia democrática que simulara hasta el 11 de abril.

La reforma cubana, empero, le es rechazada en 2007, tras la irritación colectiva causada por el cierre del canal de televisión más antiguo de Venezuela, Radio Caracas Televisión. Pero no cede Chávez, y de seguidas, violentando otra vez a la Constitución y apoyado por el Tribunal Supremo de Justicia, prepara una reforma constitucional puntual que le asegure su reelección. La logra en 2009.

Mas al perder su control sobre las gobernaciones más emblemáticas del país durante las elecciones regionales realizadas el año anterior, como en el caso de la Alcaldía Mayor de Caracas, por vía legislativa les quita competencias a las autoridades opositoras electas y crea una jefatura paralela en el ahora denominado Distrito Capital, de su libre elección y nombramiento. Ha inhabilitado políticamente a sus opositores más destacados.

En 2008 se consumará la destrucción de la pirámide institucional de la Fuerza Armada Bolivariana, iniciada en 2005 con su fractura en Regiones y Zonas de Defensa Integral, tras el referéndum revocatorio. Chávez, por decreto con rango de ley homologa al rango de oficiales a los suboficiales profesionales de carrera y el año siguiente le incorpora como componente a la Milicia Popular Bolivariana.

En el 2010 arreciará dictando expropiaciones desde la Plaza Bolívar caraqueña – que son confiscaciones al boleo: – ¡Exprópiese!, dice ante cada comercio y edificación que se encuentra en el camino y lo trasmite en vivo por la red de radio y televisión, encadenado. Es el año en que el partido oficial, el PSUV o Partido Socialista Unido de Venezuela aprueba sus principios y estatutos declarándose organización marxista, sobre los elementos contenidos en el mencionado documento sobre La Nueva Etapa. Y juramenta a los primeros 35.000 miembros de su milicia popular. El silencio de la OEA, ahora bajo la dirección de José Miguel Insulza, socialista chileno, se hará protuberante y abiertamente cómplice con el final de la «simulación democrática» en Venezuela, ahora sí, una consumada dictadura del siglo XXI.

Al inaugurarse el año judicial de 2011, el Tribunal Supremo exigirá la persecución y castigo por los jueces penales de quienes sean disidentes del socialismo revolucionario. Se afirma que: "(...) el poder judicial venezolano está en el deber de dar su aporte para la eficaz ejecución, en el ámbito de su competencia, de la política de Estado que adelanta el Gobierno nacional. (...) Este TSJ y el resto de los tribunales deben aplicar severamente las leyes para sancionar conductas o reconducir causas que vayan en desmedro de la construcción del Socialismo Bolivariano", reza el discurso del magistrado Fernando Vegas Torrealba.

En 2012, otro magistrado supremo aboga por la tesis del nazismo sobre el Estado totalitario: "Rechazamos la escisión de la totalidad social (sociedad civil, sociedad militar; sociedad civil, sociedad política) y, en consecuencia, la pretendida división entre actores e interacciones sociales al interior del sistema político y los actores e interacciones en el exterior de este.

Todos los ciudadanos y demás integrantes del cuerpo social están dentro del Estado...", afirma Arcadio Delgado Rosales.

En su agonía y en una incidencia constitucional que sí es regresiva pero no contradice el sentido rupturista de lo que se da ahora por llamar neoconstitucionalismo en el siglo XXI, tal como lo dispusiese el Libertador Simón Bolívar en su Constitución de 1826 y a cuyo tenor el presidente que se estima vitalicio nombra y puede elegir a su sucesor en cabeza de su vicepresidente, declara Chávez que le sucederá en el poder Nicolás Maduro. Para ello violenta la Constitución. Los jueces supremos purifican este último golpe que pergeña y maneja aquél a su arbitrio, mientras permanece encerrado en una clínica de La Habana. Ha postergado la autoridad del presidente de la Asamblea Nacional, teniente Diosdado Cabello, llamado a llenar provisionalmente el cargo de jefe de Estado al no presentarse, como titular electo, al acto de su juramentación previsto para el 10 de enero de 2013.

Génesis de un narcoestado y su derrumbe

Volver al principio, a 1999 y luego ver su final a partir de 2012, resulta desdoroso para todo venezolano que no olvide la experiencia seminal del chavismo bolivariano. Algunos preferirán que la deriva digital los vuelva amnésicos, pues desmemoriados como seguimos siendo la gran mayoría, la lógica de la instantaneidad y la deslocalización les permite ver como fugaz a la maldad absoluta. Pero cabe despertar.

Vayamos a lo importante, a lo que puede ser una síntesis del recorrido transitado.

El vínculo elecciones-narcotráfico, tal como lo revelan de manera protuberante y actual los casos de Ecuador y de Colombia, es la llave estratégica que afirma la estabilidad del poder de las dictaduras del siglo XXI en América Latina. La matriz cubana y su perverso ejemplo han penetrado a profundidad por los intersticios de la arquitectura democrática. Venezuela fue protagonista, luego de México, al apenas despuntar el corriente siglo. Lo que explica, con tono grave, la compleja dificultad que aún se encuentra al objeto de revertir su realidad inconstitucional y la vuelta a la normalidad social y política, que es aspiración común de nuestras gentes.

El cambio constitucional de 1999 y sus simulaciones democráticas, ocultó estas cuestiones que se muestran incipientes desde la inauguración del mandato de Hugo Chávez Frías. Mientras avanzaba la constituyente, creyéndose libre de toda contención, llegado el mes de agosto le autoriza un Punto de Cuenta a su subdirector de inteligencia, Capitán de Navío (r) Ramón Rodríguez Chacín, para ordenar las relaciones de su gobierno con las FARC colombianas, de espaldas al Palacio de Nariño que ocupa Andrés Pastrana. También para eliminar toda disidencia política interna en Venezuela:

El gobierno venezolano se comprometió a facilitarles cooperación económica, financiera, petrolera y sanitaria. Les prometió crear bancos de los pobres, ¿para lavar los dineros ensangrentados?, y entregarles insumos químicos ¿para la producción de cocaína?

Les permitió el uso del territorio de Venezuela como aliviadero y donde todavía permanecen, ayer bajo el compromiso de no usarlo para entrenamientos sin mediar autorización del Palacio de Miraflores.

Sólo reacciona entonces el director de la policía política (DISIP), comandante Jesús Urdaneta Hernández, uno de los jefes del 4F, renunciándole a Chávez con disgusto memorable. Éste buscará enlodarlo luego, atribuyéndole responsabilidades por las muertes ocurridas en el estado Vargas tras el deslave del cerro El Ávila. La recuperación humanitaria y física de esa parte del litoral venezolano por USA, solicitada por el ministro de defensa, Raúl Salazar Rodríguez, fue desautorizada bajo pedido de La Habana.

Más tarde, en curso la transición política que provocan los sucesos fatales del 11 de abril de 2002 – ya contando Chávez con el auxilio electoral de Castro, a cuyo gobierno le entrega el sistema de identificación venezolano – y una vez superado el referéndum revocatorio que entonces amenazaba su estabilidad, acordó con La Habana el enlace a través de fibra óptica, cuyo cableado partiría desde Isla de Margarita. Y así, teniendo a mano esta garantía para el sostenimiento de una simulación democrática electoral puertas afuera, el régimen dogmatizará el sistema de votación electrónica supervisado por los propios cubanos. El conocimiento de los códigos fuente del andamiaje digital se los reservó el Poder Electoral, bajo control del gobierno y su partido oficial, el PSUV.

Era este por cierto, el otro eslabón importante para la instalación dictatorial a perpetuidad y propósito definido por el Foro de São Paulo, como se advierte en las entrelíneas de sus documentos: "En este marco resaltan los fraudes y mecanismos electorales irregulares ... Asimismo debemos resaltar que en diversos países se han diseñado estructuras políticas en las que los que son electos tienen su capacidad de mandato recortada, pues se superponen instituciones no elegidas a las instancias electivas, limitándoles capacidad de acción para modificar las políticas neoliberales ya impuestas y transformar dichas realidades".

Así las cosas, luego de fallecer Chávez y realizadas las elecciones presidenciales de 2013 que hacen de Maduro el causahabiente, de forma inconstitucional el Tribunal Supremo de Justicia purifica su candidatura y después protege los resultados a su favor, sentenciando lo que sigue: "[E]n el caso de los procesos electorales automatizados, es bien sabido que el conteo de los votos no se realiza de modo manual, sino que por el contrario dicha operación aritmética es totalmente computarizada, es decir, al final de la votación se imprime un comprobante que arroja los resultados conformando al instante el contenido del acta de escrutinio automatizada, de allí que quepa concluir que en dicha totalización no cabe el error humano que si pudiese ocurrir en un sistema de totalización manual de escrutinios".

Ese mismo año, como realidad que se ha impuesto, el ministro del interior francés Manuel Valls declara que: "nunca se había encontrado tanta cocaína junta en la capital francesa". Una tonelada procedente del Aeropuerto Internacional de Maiquetía llega a París en un vuelo regular de Air France.

En suma, con texturas y encubrimientos normativos que, si de entrada pudiesen impulsar la mirada nuestra hacia el pasado, a ese disoluto siglo XIX nuestro, lo indiscutible es que la Constitución de 1999 marcó un antes y un después. Es el rompimiento, fue el pecado original.

Para su exégesis – de allí lo crucial que fuese para Chávez sujetar al pleno de la judicatura venezolana – los jueces entendieron que estaban habilitados para la forja de categorías difusas, incluidas las que de suyo demandaban esas realidades ominosas señaladas – la digitalización electoral y la tamización del narcotráfico – y las inherentes a las cuestiones de la globalización en las que ya trabajaba, desde la década anterior, la izquierda cubanoamericana. En conjunción con la izquierda europea esta se empeñó en frenar la persecución criminal del tráfico de drogas y el terrorismo. La razón ideológica les calzaba, pues todavía arguyen que se trata de lodos aguas abajo y consecuencia del río de deudas sociales no satisfechas en Occidente.

En cuanto a lo primero, la cuestión del narcotráfico, el mismo Foro de São Paulo puso sus barbas en remojo desde 1990. Hizo ver a sus miembros que los perseguirían ¿fabricándoseles? vínculos con el narcotráfico para atajarlos en sus recomposiciones y avances tras la caída del Muro de Berlín.

No por azar, pasados treinta años, el Grupo de Puebla, mascarón «progresista» del paulismo, acuña la tesis del Lawfare, para denunciar el uso de procesos legales artificialmente montados para inmovilizar políticamente a sus miembros o destituir a los que ocupan cargos públicos. Le preocupaban, en 2019, los casos de Rafael Correa, Cristina Kirchner, y el de Lula da Silva. Y lo cierto es que tal Lawfare tiene su origen en el Instituto del mismo nombre que integran juristas y constitucionalistas norteamericanos, dedicados al seguimiento y obstaculización de las leyes que dicta Donald Trump para frenar el ingreso de terroristas a su territorio.

Cabe recordar que, antes, en 2005, quien ejerce como presidente de España, José Luis Rodríguez Zapatero, afiliado a ese Grupo, se inventa la Alianza de Civilizaciones para ralentizar la persecución norteamericana de los terroristas, a raíz del derrumbe de las Torres Gemelas y, con ello, al paso frenar el «diálogo de civilizaciones» emprendido por Naciones Unidas.

En suma, tras ese proceso de ruptura radical y de pulverización de los códigos éticos y culturales que encuentran terreno fértil bajo la Venezuela bolivariana de Chávez, cabe no olvidar que sus aspectos constituyentes fueron asesorados por los profesores del Centro de Estudios Políticos y Sociales (CEPS) de Valencia, España, patrocinantes del partido Podemos; mismos que, ya relacionados con Cuba a través de la docencia universitaria, participaron de los procesos de Bolivia y Ecuador; más recientemente lo han hecho con la fallida constituyente chilena.

La afirmación de su director, Roberto Viciano Pastor, quien suscribe unas palabras introductorias a mi Revisión Crítica de la Constitución Bolivariana (Caracas, El Nacional, 2000), es, dentro de su peculiaridad formalista, un claro testimonio del proyecto de ruptura en el que se avanzaba a inicios del siglo y de manos de Chávez: "La observación del autor es crítica desde una particular visión del Derecho, de la función pública y del deber del Estado, y desde una priorización de los valores de la que, desde luego, no es espejo fiel la nueva Constitución… Pero, a fin de cuentas, no puede menos que reconocerse que la nueva Norma Fundamental se constituye como un elemento en muchos aspectos innovador y apuesta por una visión y resolución de conflictos diferentes a las que ha habido hasta estos momentos en Venezuela".

El saldo estadístico de la experiencia venezolana bajo la égida de este traficante de ilusiones – Chávez, quien le transfiere el país a su aventajado y disolvente Maduro – quien desbordará al excéntrico de Cipriano Castro, El Cabito, es, en resumidas cuentas, de corte trágico.

Los homicidios por violencia, que suman entre 1994 y 1998 un promedio de 4.500 víctimas, en 2005 saltan a 13.200 víctimas. Entre 2004 y 2012 son estatizadas 2.150 empresas y 1.168 intervenidas. Y de las 45.474 sentencias dictadas en juicios contra el Estado por las Salas Político Administrativa y Constitucional del Tribunal Supremo de Justicia, no hay una sola que lo haya condenado.

La comparación de Chávez con el Capitán Tricófero, denuesto que se le dirige al Castro nuestro por sus adversarios a inicios del siglo XX, es pedagógica. Permite una ajustada relectura de la Venezuela que agobia y tanto nos duele, donde la libertad es quimera o mero instante. Es territorio o cuero seco en el que dominan las amnesias colectivas, se cultiva la generosidad hasta para los odios, y donde germinan las complicidades de sus élites con los redentores de la patria.

A Castro, joven exseminarista calificado como "asesino de curas", le exaltan y llenan de elogios los godos de Caracas. Le aclaman, y hasta le llaman Salvador. Picón Salas, en su obra sobre el personaje – Los días de Cipriano Castro (1953) – le dibuja desde sus adentros: "Figura violenta, contradictoria, alternativamente libertina y heroica ... marca una hora de crisis de Venezuela. Es el último gran guerrero brotado de la fuerza del monte y con una retórica que tiene, asimismo, la proliferación de nuestros bejucos tropicales".

No es ociosa, pues, la conclusiva enseñanza del mismo autor de la Comprensión de Venezuela, quien recuerda que "el nacionalismo eficaz no es el de aquellos que suponen que un misterioso numen nativo, la voz de una Sibila aborigen ha de soplarles porque cruzaron el Orinoco en curiara o les azotó la ventisca del páramo de Mucuchíes, sino el de quienes saben comparar y traer a la tierra otras formas de visión, técnicas que les aclaren la circunstancia en la que están metidos"; en las que estamos metidos todos los venezolanos, hasta el cuello.

Incluso así, cierra el año de mi escritura de este relato con un evento inédito e inesperado. Si cierto es que los venezolanos – entre dictaduras y dictablandas – nos acostumbramos a vivir en libertad, y si la voz del pueblo es la voz de Dios, cabrá decir con Ida Gramcko, que "Dios era como siempre, como en sus mejores días, la libertad".

He comentado en otro texto sobre la significación de María Corina Machado, una mujer, en el acontecer de la Venezuela contemporánea. Es un fenómeno social, liminar de lo político. Prosternada por el despotismo, incomoda a los partidos del sistema agotado que se opone a este. Trasvasa a lo coyuntural y clientelar, como a una democracia de fingimiento que sólo es, por lo pronto y para los venezolanos, imaginería, vacua teatralidad.

En un instante de regreso del pueblo venezolano hacia sus orígenes más remotos al verse esquilmado, casi que pide regresar "al vientre materno" que lo parió, en espera de otro alumbramiento más prometedor.

Volver a Picón Salas, al cierre de estas páginas, es lo pertinente y nos basta con su sentencia: "Y creo que esta nueva conciencia de crecer y de ser, de empezar a hacer las cosas con nuestra cabeza y nuestras manos, ya empieza a advertirse en la vida de mi país".

Condado de Broward, 7 de diciembre de 2023

EL ESPÍRITU DEL 5 DE JULIO DE 1811: TIEMPO CIVIL Y DE CIVILIDAD EN VENEZUELA*

* Palabras conmemorativas, leídas ante los miembros de la organización de venezolanos en diáspora, VeneAmérica, y VAPA, Venezuelan American Petroleum Association

> *"Interesante espectáculo presenta el primer Congreso de Venezuela: hijo de la revolución, fruto de elecciones libres y tranquilas, en vez de una asamblea tumultuosa, agitada de populares pasiones... se concitó la estimación y el respeto públicos, sin excitar la admiración; pero tampoco resistencias y ataques en el seno de los republicanos. Nada precipitó los pasos de aquellos varones ilustres, prudentes y circunspectos en medio de sus interiores recelos o de las impaciencias en sus esperanzas... Todos anhelaban por la tierra prometida sin pasa por el Mar Rojo".*
>
> Juan Vicente González,
> en Revista Literaria, apud. *Acta de Independencia de los Estados Unidos de Venezuela,*
> Caracas, Imprenta Nacional, 1899

Es un honor inmerecido poder hablarles en este día de tanta significación para la Venezuela civil; esa sobre la cual desplegamos el "amor intenso que se conoce con el nombre de patriotismo". Ya que al referirme a la patria lo hago en el mismo sentido que le da don Miguel José Sanz, secretario de Estado de la Primera República, uno de nuestros padres fundadores olvidado: "Sólo el pueblo que es libre como debe serlo puede tener patriotismo", escribe el eximio jurista, parte de los actores fundamentales de la Venezuela de 1808, 1810 y 1811, quien egresa de nuestra Pontificia Universidad de Santa Rosa de

Lima y del Beato Tomás de Aquino, la universidad que fuese de Caracas, nuestra actual Universidad Central de Venezuela.

Es ese, en efecto, el entendimiento que tienen él y los suyos acerca del desafío que asume su generación – de la que es causahabiente, sin duda, la generación venezolana de 1928 – a lo largo del primer quiebre agonal sobre el puente que enlaza a nuestros siglos XVIII y XIX. Ser independientes, pero ser, sobre todo, ser libres, es el desiderátum. De donde ajusta Sanz a lo antes dicho sobre el patriotismo, algo que mejor entendemos quienes hoy vivimos en diáspora o sufrimos del ostracismo:

"No es el suelo en que por la primera vez se vio la luz del día lo que constituye la patria. Son las leyes sabias, el orden que nace de ellas y el cúmulo de circunstancias que se unen para elevar al hombre a la cumbre de la felicidad… Pero ella no es el fruto de un momento – lo que hemos de aprender y es lección –; es indispensable formarla gradualmente y acostumbrar al hombre a amar la ley porque es buena y porque es el fundamento de su felicidad".

Celebramos el 5 de julio sin tener patria en Venezuela. Hemos de ser conscientes de esta realidad. La república se ha pulverizado tanto como la Constitución de 1999 – el pecado original de lo corriente – se ha desmaterializado. Mas lo grave es que a la nación, soporte de nuestra sociedad y no solo de la llamada sociedad política, se le hizo añicos a lo largo del siglo corriente. Errabunda, se le ha irrogado un severo daño antropológico que no podemos pasar por alto sus víctimas, menos en la hora de transición que se nos anuncia. Es el desafío de atender con celo y mucha serenidad; pues si acaso, tal como lo lograron las espadas de Carabobo durante la segunda batalla en el sitio que nos da la independencia real en 1821, de repetirse tal hazaña en el ahora mediante los votos, no bastará ello para alcanzar el bien supremo de la libertad que hemos perdido. No nos la dio la ruptura con la Madre Patria. Independizarnos de Cuba o de Rusia, o de Irán, o de China, no es lo determinante para que seamos, vuelvo a repetirlo con las palabras de Sanz, libres como debemos serlo.

He aquí, pues, la significación de reencontrarnos alrededor de esta fecha liminar y patria, para hacer memoria y fortalecer al optimismo de la voluntad. Y uso la expresión del padre Jorge Bergoglio, que titula el folleto que me obsequiase en 2005, para decirles que la acuñada frase «hasta el final» implica la idea de "La nación por construir". Que de eso se trata, si es que esperamos restablecer los lazos del afecto roto y procurar un nuevo acuerdo – reconstituir nuestra conciencia de nación – desde los corazones: "limpiar primero el corazón de la levadura vieja", diría Agustín de Hipona.

Se le desgajó al cuerpo de la nación que a diario construíamos y a lo largo del azaroso siglo XX, un número que frisa las 8.000.000 de almas. Al resto, sito en el suelo que nos viera nacer y sobreviviente, lo humilla y veja el despotismo imperante. Es la tragedia que sólo se la entiende si nos inclinamos ante las imágenes del Darién o las lágrimas de viejos y de jóvenes – los nuestros, los de nuestras familias – vertidas al apenas acercárseles María Corina Machado; esa mujer icónica, de coraje y férreos principios que nos interpreta a cabalidad y hace renacer desde sus cenizas a la Pequeña Venecia con la medicina del afecto y la esperanza. Es lo inédito, sólo conjugable desde el dolor de patria, ajeno a nuestros inveterados arrestos mesiánicos.

El 5 de julio y la Declaración de nuestra independencia – que fue la formalización del ejercicio de nuestra libertad púber al decidir separarnos de la España peninsular – ha de seguir siendo, en su ejemplaridad, expresión de nuestro proceso seminal de humanización como venezolanos, a partir de la idea de la fraternidad y la lógica de la razón.

Un párrafo, muy ilustrativo, que consta en las Observaciones Preliminares escritas por don Andrés Bello, ajustadas a cuatro manos con el eminente Sanz para explicarle a los ingleses los alcances de la ruptura consumada durante el génesis de nuestra nacionalidad y para hacerles conocer los documentos de nuestra Independencia, es decidor:

"Mientras el suspiro de la libertad se hacía oír en las más distantes regiones, ¿era de esperar que la América Española, cuyos habitantes habían sido tanto tiempo esclavizados, y en donde más que en otra parte alguna era indispensable una reforma, fuese la única que permaneciese tranquila, la única que resignada con su triste destino viese indolentemente, que cuando los gobiernos de la península se ocupaban en mejorar la condición del Español europeo, a ella sola se cerraba toda perspectiva de mejor suerte, que sus clamores eran desechados, y que aún se le imponía una degradación todavía mayor, que la que había sufrido bajo el régimen corrompido de los ministros de Carlos IV?

A ese tránsito o transición de entonces se le fijaba también, junto a su sentido de humanización un objeto humanitario, a saber, poder recibir en tierra libre a nuestros hermanos del otro lado del Atlántico oprimidos por la invasión francesa; mismo que trágicamente se frustra con la violencia fratricida e imprevista, cuando a raíz de la caída de nuestra Primera República cede la contención y emerge telúrica la guerra a muerte. "La revolución más útil al género humano, será la de América, cuando constituida y gobernada por sí misma, abra los brazos para recibir a los pueblos de Europa, hollados por la política, ahuyentados por la guerra, y acosados por el furor de todas las pasiones", reza el Manifiesto ante el mundo de la Confederación de Venezuela que suscriben Juan Antonio Rodríguez Domínguez y Francisco Isnardi, presidente y secretario de nuestra primera constituyente, el 30 de julio de 1811; el primero, directivo de nuestro Ilustre Colegio de Abogados fundado en 1791, el segundo, médico y periodista de origen gaditano.

He allí el dilema que aún nos atrapa, debo decirlo sin ambages, representado en la generosidad de los odios y traiciones que se engulle a parte de nuestras élites, las de ese remoto e inmediato pasado – cuando aparece en la escena un Marqués de Casa León en vísperas, durante y a lo largo de la transición emancipatoria nuestra – y secuestra a las del presente; sean las que aún miran el tiempo de nuestra modernidad civil como antediluviano o inexistente, sean las que en procura de venganza por el supuesto traspié de 1989 y 1992 – e ignorantes del «quiebre epocal» en Occidente – frenan nuestra sana reconducción a finales del siglo

XX por vía de las reformas. Se dejan iluminar por la prédica del final de la política y de las ideologías y por la visión pragmática ofrecida por el Consenso de Washington; tanto como a las que siguen, que mirándose como víctimas de una u otra tendencia prefirieron la revancha escarnecida y le dieron asiento a la ruptura y la disolución a manos del tráfico de las ilusiones. Es, además, o ha venido a significar ello, al término, la fatal recreación del drama que ha sido el objeto preferido de nuestra literatura vernácula y que adorna con el mismo sino a otras regiones de la América Española, desde el instante en el que se vitupera al 5 de julio y a su forja reformista para atizar el argumento de las espadas.

Es el Facundo o la civilización y barbarie de Sarmiento, en Argentina, como lo son las novelas de nuestro gran Rómulo Gallegos; aun cuando en la obra de aquél se privilegie al choque dramático entre la ciudad y el campo como el modelador de los comportamientos, mientras que en este, desde su inaugural novela La Trepadora a la que sigue Doña Bárbara, priva la idea del enfrentamiento entre la cultura y la incivilidad o, ajustando el tiro, entre "las potencias del bien y del mal" como lo sostiene Orlando Araujo.

Cada 5 de julio, en efecto, nos damos por servidos los venezolanos con la lectura del Acta de Independencia en sesión solemne, luego de ser abierta la caja que la contiene. Le prosigue un desfile militar que profana y desvirtúa su hondo significado intelectual, hasta que se cierra el arca con la muy célebre llave que pende del cordón presidencial desde el tiempo de Cipriano Castro. Me correspondió endosarla en dos ocasiones, supliendo al presidente y en presencia de las espadas dominantes en el Salón Elíptico, como debo reconocerlo.

Ese rito, que se ha hecho costumbre canónica sin eco, no pudo encontrar momento más desdoroso y reciente que el recreado por el vicepresidente de la república – encarcelado, acusado de latrocinio, tras los mismos odios que también bullen dentro del despotismo reinante, y ausente el presidente de la república – quien, al hacerse presente en el Salón Elíptico el 5 de julio de 2017, presentes los miembros de la Fuerza Armada, a voz en cuello demanda el asalto de la sede parlamentaria por el pueblo, residencia de la representación civil. Acusaba de oligarcas a sus diputados electos. Nadie le escuchó.

Pero otra vez la barbarie hace de las suyas, de modo similar a como lo hizo Domingo de Monteverde y sus soldados al quemar los documentos de la Primera República, una vez como encarcela, vendido por sus subalternos, al Precursor Francisco de Miranda.

Debo decir, con la gravedad que nos impone este momento sensible y en vísperas de un evento electoral en dictadura, que, si Monteverde creyó que su acto borraba nuestra memoria de 1811 para siempre, lo mismo buscó hacer nuestro Padre Libertador, Simón Bolívar, desde Cartagena de Indias, en 1812.

Su respetado nombre no disminuye por la crítica que formulo. Al cabo, invade al alma de Bolívar el mismo dilema genético que no alcanzamos a superar los venezolanos de ahora. Pues sea Monteverde, sea aquél, la realidad es que cuando las espadas y la crónica de lo bélico imperan, huye despavorida la razón, la pura y la práctica; y en el caso se trataba, entonces, de acabar de raíz con la ilustración pionera de Venezuela, para que privase la idea de la independencia por sobre la de la libertad de los venezolanos:

"Los códigos que consultaban nuestros magistrados no eran los que podían enseñarles la ciencia práctica del Gobierno, sino los que han formado ciertos buenos visionarios que, imaginándose repúblicas aéreas, han procurado alcanzar la perfección política, presuponiendo la perfectibilidad del linaje humano. Por manera que tuvimos filósofos por jefes, filantropía por legislación, dialéctica por táctica, y sofistas por soldados... Generalmente hablando – agrega el Padre Libertador – todavía nuestros conciudadanos no se hallan en aptitud de ejercer por sí mismos y ampliamente sus derechos; porque carecen de las virtudes políticas que caracterizan al verdadero republicano".

Era y se trataba de una réplica, la de Bolívar, al discurso que asumen para sí Bello y Sanz, compiladores y editores de la obra política emancipadora e independentista de 1811, quienes sostienen ante el mundo e Inglaterra y para memoria – agrego yo – de los desmemoriados del siglo XXI el pensamiento de nuestra Ilustración emancipadora en su conjunto: "Aunque es inmensa la transición de su anterior abatimiento al estado de dignidad en que hoy comparecen, se verá al mismo tiempo que los naturales de la América Española están generalmente tan bien preparados para gozar de los bienes a que aspiran, como los de la nación que desea prolongar su tiranía sobre ellos", escriben.

VENEZUELA, EN LA ANTESALA DE LA HISTORIA

¿Acaso ha de sorprendernos, entonces, lo que nos ha acontecido? ¿No nos hemos leído, en sus líneas y entrelíneas, el texto de la Constitución de 1999?

Este, téngaselo presente en el limen que nos embarga, sancionado por una parte minoritaria de la nación en detrimento de la otra – sólo un 44% – niega la perfectibilidad de la persona humana; de donde se le entrega al Estado y a quien detente su poder la tarea de desarrollar nuestras personalidades como venezolanos. Eso sí, a la luz de y guiados por la doctrina bolivariana, por una nación de espadas – la del amigo/enemigo que predicase un siglo más tarde el apologeta del totalitarismo, Karl Schmidt – con exclusión total del sentido vertebrador de la razón humana.

¿O es que asimismo olvidamos que en este texto constitucional su orden se articula a una matriz militar-civil y al sostenimiento de la tesis pretoriana de la seguridad nacional?

Así las cosas, en el marco de nuestra naturaleza – hijos del presente y de un ser que, transido de adanismo, busca hacerse desde el principio y cada día sin llegar a ser, y viéndonos como inacabados, atrapados por el mito de Sísifo – aún nos preguntamos, insólitamente, sobre ¿por qué regresa por sus fueros el gendarme necesario?

Quien trascienda al narcisismo político y su inmediatez dominante, podrá darse cuenta del perjuicio de nuestro olvido, de la frivolidad con la que celebramos nuestras fechas de patria sin reparar sobre sus significados. Entenderá que, por banalizado cada año el 5 de julio, mal pudimos entender la verdadera

- 83 -

reflexión escrita, la única que hizo y les hacía a sus pares el lapidado mandatario Rafael Caldera a raíz de los sucesos del 4 de febrero de 1992. Y vuelvo atrás las páginas del tiempo recorrido y tomo su voz, en esta reunión conmemorativa, para que se le escuche pausadamente:

"No es que la descabellada intentona pueda justificarse (siempre y sin género de dudas hemos sostenido que la llamada solución de fuerza no es solución para los problemas colectivos), sino que sería imperdonable ceguedad no darse cuenta de que el estado de ánimo colectivo es propicio para que se intenten nuevas aventuras, por absurdas e inconvenientes que sean".

Contra tal tendencia nefasta y cíclica que recoge Laureano Vallenilla Lanz con su tesis del Cesarismo democrático, que se mira en Bolívar para beneficiar a la larga dictadura de Juan Vicente Gómez y es réplica de una obra de Jordeuil escrita en Versalles, en 1871, se levanta la generación venezolana de 1928. Es la cuestión vertebral para tener presente, pues es la basa sobre la que anclan sus columnas el Pacto de Puntofijo suscrito por el mismo Caldera, Rómulo Betancourt y Jóvito Villalba, en 1958.

Releer al conjunto de los documentos históricos previos y posteriores al 5 de julio de 1811, que no limitándonos a la célebre Acta de la Independencia que redactan Juan Germán Roscio – profesor de instituciones en la Universidad de Caracas - e Isnardi en fecha posterior al 5 de julio, luego adoptada en la sesión de 7 de julio y trasladada al Libro de Actas el 17 de agosto completándose las firmas al siguiente día, implica volver a las fuentes de lo que somos. Es lo que nos permitirá encontrar el astrolabio de la nación que se nos ha extraviado. Allí, en esos papeles, consta y se resume el pensamiento constante de nuestros Padres Fundadores y el de sus causahabientes, nuestros líderes civiles contemporáneos, los auténticos demócratas.

Manuel Bustos, director de la Real Academia Hispanoamericana, en el preliminar de mi libro sobre la Génesis del Pensamiento Constitucional de Venezuela, refiere algo que importa recrear como garantía del porvenir y de su gobernabilidad y a fin de que superemos nuestra recurrente victimización, tan explotada por los déspotas de ocasión:

"En primer lugar, [tras la obra de los repúblicos de 1810 y 1811 queda] la demostración de la existencia de una Ilustración de calidad en Venezuela (en lo que luego devendrá este país), a finales del siglo XVIII y principios del XIX, constituida por nombres de relieve en la historia patria, intelectualmente formados, entre otros centros de estudios superiores, en la Real y Pontificia Universidad de Santa Rosa. A la vista de este hecho, convendrá advertir el profundo desconocimiento que de ellos (tal vez con la excepción de Miranda) se tiene en Europa, donde viene imperando la idea de que no hubo otra Ilustración que la forjada por los nombres clásicos franceses (Diderot, Montesquieu, Voltaire, Rousseau, etc.) y los británicos (Locke como preludio o Adam Smith). El propio complejo de inferioridad que padecemos de forma crónica los hispanoamericanos, y que nuestro mismo autor recuerda en alguna ocasión, nos ha llevado culpablemente a este olvido".

Asdrubal Aguiar A.

Cabe extraer otras enseñanzas, además, revisitando a nuestra primera constitución, de corte federal, adoptada al finalizar el año de 1811 de manera sucesiva a la declaración y antecediéndole a ambas una Declaración de Derechos aprobada por la legislatura de Caracas; pues igualmente se ha exagerado su realidad y distorsionado así la autoridad intelectual de los padres civiles de nuestra libertad. Se dice que su arquitectura es americana y francesa, y es verdad. O que, en otras palabras, sería una vulgar copia dado el influjo que ejercieran sobre sus redactores las grandes revoluciones de nuestra modernidad. Lo cierto es que, para beneficio del gendarme necesario, se omite que la ingeniería constitucional fue de neta factura liberal e hispano-venezolana.

Los conceptos sobre el pacto constituyente y la representación popular, el *Uti possidetis iuris* que alegamos en defensa actual de nuestro Esequibo, la imparcialidad de los jueces, la transparencia y rendición de cuentas, la unidad democrática federal, la democracia y la garantía de los derechos del hombre como la proscripción de la tortura o la derogación de la infamia trascendente, en materia de indultos, sobre la independencia de poderes y el control de constitucionalidad y legalidad y sobre el control democrático de la opinión pública, son todos de hechura nuestra. Lo revelan los artículos divulgados en la prensa de la época y sus debates durante los días previos a la sanción del texto constitucional, obras aquéllos de nuestra ilustración, de los progenitores de nuestro espíritu civil amagado con las guerras por la Independencia; en las que vencemos, cabe también tenerlo presente en signo de gratitud, con un ejército de colombianos. Es ese el espíritu humanista que busca renacer, parcialmente, superada la conflagración, en 1830, paradójicamente de manos de un militar, el general José Antonio Páez, ajusticiado en su memoria por el patrioterismo de las espadas.

A las armas las regresa Páez a las haciendas, las logradas por nuestros soldados tras las confiscaciones que se imponen durante el período bélico, mientras decide a llamar a las luces, a los preteridos doctores, los que sobrevivieron a la guerra fratricida y otros nóveles, para que dibujasen el futuro desde la Sociedad Económica de Amigos del País.

Hasta 1999, así las cosas, le rendíamos honores a Bolívar y a los padres fundadores de 1811: al mismo Precursor, traicionado por este, a Cristóbal Mendoza, Juan Escalona, Baltazar Padrón, López Méndez, Juan Germán Roscio, Francisco Javier Yanes, Martin Tovar, Fernando Peñalver, Luis Ignacio Mendoza, Lino de Clemente, José de Sata, Ramón Ignacio Méndez, entre otros tantos. Cultivábamos a los olvidados de 1830: el rector José María Vargas, Santos Michelena, Domingo Briceño, Tomás Lander, Antonio Leocadio Guzmán, el mismo Francisco Javier Yanes, por cierto, de origen cubano y secretario de nuestros primeros congresos, Fermín Toro, Juan Bautista Calcaño, Diego Bautista Urbaneja, Valentín Espinal, y otros más.

¿Alguno de nosotros recuerda a estos nombres, el de los parteros civiles de nuestra nacionalidad, albaceas de nuestro espíritu libertario, con sentimientos de gratitud?

***

Les he hablado de la fuente liberal hispanoamericana que nos alimenta en lo sustantivo a inicios de nuestra vida republicana, pues es la que nutre la obra emancipadora e institucional hasta 1812. No fue un accidente. Sí lo fue la guerra y sus odios, seguidamente transformados en hábito.

El pensamiento ilustrado civil se cuece entre nosotros desde finales del siglo XVII. El propio Bello, al publicar el primer libro que conoce Venezuela en 1810, el Calendario Manual y Guía Universal de Forasteros, impreso por Gallagher y Lamb en Caracas, dice, para mostrarnos ante los visitantes extranjeros, lo siguiente:

"En los fines del siglo XVII debe empezar la época de la regeneración civil de Venezuela, cuando acabada su conquista y pacificados sus habitantes, entre la religión y la política a perfeccionar la grande obra que había empezado el heroísmo... Entre las circunstancias favorables que contribuyeron a dar al sistema político de Venezuela una consistencia durable debe contarse el malogramiento de las minas que se descubrieron a los principios de la conquista".

Habíamos enterrado, justamente y enhorabuena, al mito de El Dorado, que equivale tanto como a decir que nos levantaremos y formaremos otra vez una conciencia de nación sobre la declinación de nuestra riqueza petrolera contemporánea.

El 5 de julio no fue un salto al vacío. Recibió los insumos de la revolución de Gual y España, macerados con las enseñanzas de Juan Bautista Picornell, parte del movimiento prerrevolucionario liberal español. Allí están, como testimonios elocuentes, las

Ordenanzas, constantes de 44 artículos, con sus instrucciones prácticas para la acción revolucionaria imaginada; el alegato emocional que soporta a la insurrección y a la vez evoca, entre muchas líneas, el alzamiento reivindicatorio de Juan Francisco de León de 1749 en protesta contra la Compañía Guipuzcoana, titulado Habitantes libres de la América Española; las canciones – la Canción Americana y la Carmañola Americana– propuestas para animar y exaltar al pueblo no educado con vistas a la jornada insurreccional que se le propone; el texto de los Derechos del Hombre y del Ciudadano – ciertamente que una traducción del texto francés de 1793, constante de 35 artículos – y las Máximas Republicanas, como enunciado de principios y virtudes ciudadanas. Se trata, como lo refiere nuestro gran filólogo de origen catalán, don Pedro Grases de un "código de moral y política por el que debe guiarse un buen republicano"; suerte de decálogo de deberes, contrapartida de los derechos de libertad que se esgrimen.

El autor del Discurso preliminar dirigido a los americanos es Picornell, tanto como lo fue Bello el introductor de toda la obra previa y posterior al 5 de julio ante los ingleses. Llega a La Guaira en 1797, junto a Manuel Cortés Campomanes, Sebastián Andrés y José Lax, todos reos de Estado, condenados por la frustrada Conspiración de San Blas en España que estallaría el 3 de febrero de 1796.

Así adquiere relevancia, en cuanto a la falaz servidumbre nuestra a lo extraño y a lo norteamericano, ese detalle que anuda sin solución de continuidad a los distintos hitos mencionados de nuestra Independencia – 1808, 1810, 1811 – y que observa el propio

Grases luego de leer las Actas del Congreso Constituyente de Venezuela de 1811: "En el Salón de Sesiones del Supremo Congreso de Caracas entró con previo permiso D. Juan Picornell, a ofrecer sus servicios en favor de la patria, al restituirse a Venezuela de la persecución sufrida por el Gobierno anterior", cita el registro de aquellas.

¡Oh cosas del destino! Ayer fue este ilustrado español, Picornell, quien se allega con sus aportes al Congreso que declarará nuestra Independencia el 5 de julio y que nos da nuestra primera Constitución civil, federal, democrática, de gobiernos limitados y alternativos, atada a una declaración de derechos. En 1999, otros españoles, esta vez venidos desde Valencia, los que se aproximan contratados por la Asamblea Nacional Constituyente para deconstruirnos, para ofrecernos un orden constitucional militar, centralizado, dictatorial, bajo cuyo arbitrio los derechos de cada venezolano mutan en dádivas graciosas, contraprestaciones al detal.

Qué propugnaba este señor Picornell: simplemente la libertad, el Estado limitado y la democracia; esos bienes que se pierden con el cesarismo, mediante la recreación repetitiva del padre fuerte o gendarme necesario de corte bolivariano.

"Conferir a un hombre solo todo el poder, es precipitarse en la esclavitud, con intención de evitarla, y obrar contra el objeto de las asociaciones políticas, que exigen una distribución igual de justicia entre todos los miembros del cuerpo civil", señala aquél. Y agrega: "No puede jamás existir, ni se pueden evitar los males del despotismo, si la autoridad no es colectiva; en efecto, cuanto más se la divide, tanto más se la contiene... ninguno puede tomar resolución sin el consentimiento de los otros; cuando en fin la publicidad de las deliberaciones, contiene a los ambiciosos o descubre la perfidia, se halla en esta disposición una fuerza, que se opone constantemente, a la propensión que tiene todo gobierno de una sola, o de pocas personas, de atentar contra la libertad de los pueblos, por poco que se le permita extender su poder". Y concluye de esta manera:

"La verdadera esencia de la autoridad, la sola que la puede contener es sus justos límites, es aquella que la hace colectiva, electiva, alternativa y momentánea".

Tales líneas intelectuales, abordadas y tamizadas a través de ejercicios casi socráticos por nuestros Padres Fundadores, quedarán inscritas, transversalmente, en los documentos de 1811; los que, por cierto, no pudo quemar Monteverde. Algún diputado se había llevado oculto hasta la Valencia venezolana el Libro de Actas. Desaparecido (dos volúmenes, uno original y el otro de copia), previo dictamen de la Academia Nacional de la Historia de 1891 – en la que se declara coincidente con la publicada en El Publicista Venezolano al Acta de Independencia – en 1909 se declararán auténticos los documentos contenidos en ese libro bilingüe, que ve luz en Londres en 1812 y edita Bello, apenas caída la Primera República. Su título, Documents relating to Caracas, lo reedita en facsimilar, en 2012, el profesor Allan R. Brewer Carías.

Uno de los libros de actas de 1811, feliz y efectivamente, aparece en 1907. Se lo usaba como asiento del piano en la casa de la viuda del doctor Carlos Navas Spinola. Un amigo de esta, Roberto Smith, al verlo se lo participa al historiador Francisco González Guinan, quien a su vez le escribe al presidente Castro dándole la noticia. Fue exhibido el 5 de julio de 1908. Desde entonces reposa en el Salón Elíptico del Palacio Federal.

En suma, lo que importa destacar a propósito de nuestra celebración del 5 de julio es su espíritu, la revalorización del contexto histórico y pedagógico dentro del que se sucede nuestra Independencia; en un marco, cabe reiterarlo, en el que predominan como símbolos patrios los principios y fundamentos invariables de la nación políticamente organizada que decidimos ser durante esa aurora: la subordinación del poder a los derechos del hombre y como mecanismo de garantía.

La libertad está allí y se hace presente, antes que todo y en fase liminar o de limen, sea que fuésemos o no dependientes o independientes como Estado, y más allá de que avanzásemos como lo hicimos hacia un molde republicano o que, como pudo haber ocurrido, hubiésemos compartido el modelo de monarquía constitucional dispuesto por la Constitución doceañista española, La Pepa. La conciencia de la libertad nos es germinal. Es parte del alma nuestra, jamás sujetable siquiera bajo el oprobio al que se nos sometiera ayer como ahora.

Cabe tener presente, además, para mejor entender lo genético nuestro como venezolanos, que el tiempo durante el que logra su textura propia e identidad la que más tarde habrá de ser y constituirse como república de Venezuela, coincide con el advenimiento de los Borbones en España y la afirmación del llamado despotismo ilustrado. Su primer signo centralizador lo representa la eliminación del foralismo; doctrina política, la foral, que significaba la reivindicación por los distintos territorios españoles de sus autonomías administrativas y que, en el caso del citado reino, la ascensión de Felipe V y el dictado de los Decretos de Nueva Planta, le implican la pérdida o el cierre de sus Cortes representativas en 1707.

El absolutismo borbónico, por ende, fija un parteaguas constitucional de significación, que ejercerá su influencia en la posteridad y en las distintas vertientes del pensamiento constitucional de Hispanoamérica y de Venezuela. Y es contra tal absolutismo o despotismo, en el tiempo durante el que se afirma, que son direccionados los distintos movimientos conspiradores y de emancipación tanto en España – léase la referida revolución gaditana de 1812 a cuyas Cortes constituyentes acuden varios diputados venezolanos – como en la América hispana.

No por azar somos los venezolanos, además de libertarios, lugareños. Somos la hechura de la vida primaria local y municipal defendida y sostenida por los repúblicos de 1811; por apegados en sustancia al espíritu de la llamada «constitución originaria» que pugna, desde entonces y es lo que subrayar, contra quienes argüían desde España el derecho divino de los reyes y los que se miraban en sus códigos, como los Bolívar. Y no especulo.

Las prédicas del Padre Libertador – desde Cartagena (1812), Angostura (1819), y al crear Bolivia (1826) – son concluyentes. Explican el parteaguas que refiero en mis palabras precedentes, y son las que hipotecan aún en la actualidad, junto a la fatal resurrección del mito de El Dorado desde el primer tercio del siglo XX, la posibilidad de que seamos nación, así no lo seamos de modo acabado.

De modo que, al celebrar junto a Ustedes el espíritu del 5 de julio, en una hora en que la nación misma intenta renacer desde sus cenizas, con fuerza resiliente, con el arma del afecto que se nos muestra inédita y extraña a lo inveterado, hemos de saber y entender los venezolanos que es algo que trasvasa a la política de trincheras y al autismo electoral.

Ernesto Mayz Vallenilla – lo recuerdo en anterior ensayo – habla de nuestra "conciencia cultural" para otear sobre esas raíces integradoras que hemos de rescatar, tal como recientemente nos lo propone la Conferencia Episcopal Venezolana; reivindicar lo que alcanzamos en el tránsito de lo venezolano, apuntando a lo subjetivo de lo nuestro y en génesis, incluso buscándolo a tientas, más que atendiendo al simple factor social como objeto observable.

"El examen de conciencia … se trueca así en nuestro propio examen de conciencia", dice el filósofo y Rector Fundador de la Universidad Simón Bolívar. Nos ofrece de tal modo una interpretación plausible que calza para nuestra mejor inteligencia de lo pasado y actual, en el ahora y en el aquí.

José Gil Fortoul, al abonar sobre este asunto opta por poner su énfasis en "el sentimiento nacionalista" como factor de movilización; ese que se caracterizaría por "la comunidad de historia y la armonía de tendencias intelectuales y morales", sin desdecir de la propensión a que nuestra conciencia se siga afirmando en lo presente, en lo adánico; pero en un presente entre memorioso y utópico para que pueda poner su norte en el porvenir.

A todo evento, que las naciones necesitan "conciencia de sí mismas" para poder construir "algo digno y durable" es lo que piensa el trujillano don Mario Briceño Iragorry; conciencia de unidad, precisa Caldera. Es decir, que, mediando una unidad de origen, lengua y religión y gradaciones varias en el mestizaje común de lo venezolano, la diversidad libre y nómade es un hecho irrevocable y también de realidad en el arraigo local y sedentario como en nuestro más lejano amanecer; mientras que la unidad es un producto de la conciencia, que adquiere su concreción en la idea de la "voluntad de nación", según destaca el expresidente.

Es esta, como cabe machacarlo, la dualidad conductual que siempre aflora entre nosotros como un diálogo sin fin entre razón y naturaleza; el mismo que se da y ocurre sobre el puente de la batalla de Carabobo y que, por lo visto, nos tocará resolver otra vez con el sino del retardo, tal como nos ocurrió en 1830 y en 1935. Es el drama civilización vs. barbarie que igualmente grafica Antonio Arráiz, en Tío Tigre y Tío Conejo.

"Se trata de ese estado jadeante y anhelante, para designarlo con las formas angustiadas de la vida animal y humana", propio del ser hispanoamericano y que cabe discernir hasta que alcancemos a ser, de nuevo, nación y mostrarnos en la autenticidad de lo venezolano, no de lo fatal sino de lo libertario e innovador, si atendemos a la opinión de Luis Barahona Jiménez.

"No es éste el camino; derrocaremos, por la violencia, un gobierno que se sostiene por la violencia; y por la violencia necesitaremos continuar sosteniéndonos, y la violencia seguirá entronizada en medio de la vida plácida de los animales... No será llegado el reino de Tío Conejo – escribe Arráiz – el día en que el espíritu agresivo de Tío Tigre entre en su espíritu y apoderándose brutalmente de él, lo incite a sus propios comportamientos...".

Al renovarles mi gratitud por la escucha paciente de esta disertación, concluyo con la oración que consta en el Acta de nuestra Independencia: Conocemos "la influencia poderosa de las formas y habitudes a que hemos estado, a nuestro pesar, acostumbrados [por mor de los cinco lustros transcurridos hasta este día onomástico, agregaríamos]"; pero "también conocemos que la vergonzosa sumisión a ellas, cuando podemos sacudirlas, sería más ignominioso para nosotros y más funesto para nuestra posteridad, que nuestra [ya] larga y penosa servidumbre" a la revolución bolivariana.

Condado de Broward, 5 de julio de 2024

NACE LA REPÚBLICA, EN 1830

"En esta tremenda crisis que había preparado el conflicto entre los principios y los abusos, entre los intereses de pocos y el comunal, entre las insensatas pretensiones particulares a que dieran origen las pasiones desarrolladas en la revolución y las concesiones legítimas e imprescriptibles, que la justicia y la razón han dado a todos los venezolanos, entre la fuerza extraña al pueblo que oprime y destruye, y la pública que defiende los derechos y el bienestar de todos: triunfaron el querer y la opinión de la mayoría".

José María Vargas,
Mensaje al Congreso, 1836

I

En su obra seminal, El hombre y la historia, que estima de ensayo sobre la sociología venezolana su autor, José Gil Fortoul (1861-1943) y que publica en París en 1896, intenta explicar – tal como deberíamos hacerlo nosotros en el presente – el estado de la república. Y comienza, antes de abordar lo político y doctrinario, por lo que considera es el eje vertebrador del conjunto, a saber, nuestras costumbres.

Apela, desde el principio, al contrapunteo con otro venezolano de excepción e ilustrado de la época, J. Muñoz Tébar (1847-1909), quien en 1891 publica en Nueva York su texto Personalismo y legalismo, a fin de predicar cómo las leyes y las religiones influyen en aquellas; a lo que de entrada argumenta Gil que, si ello fuese así, el comportamiento de no pocos conquistadores nuestros hubiese sido más civilizado. "Las costumbres son hechos que varían en el espacio y en el tiempo, conjuntos de sentimientos e ideas en acción que caracterizan cada estado social de cada pueblo; y comprobar que pueblos distintos, pertenecientes a razas diversas o a grupos de una misma raza, tienen, en un momento dado, costumbres diferentes, es simplemente comprobar un fenómeno, pero no determinar su causa", afirma.

Agrega, seguidamente, lo que acaso nos es genético y determinante en cuanto lo venezolano y que la fatalidad luego nos lo impone llegado el siglo XXI, al afirmar que "no es el hombre cosmopolita por naturaleza. Como todas las especies vegetales y animales, las especies o razas humanas aparecen y se desarrollan en medios geográficos particulares, de donde no salen sino impulsadas por influencias exteriores". Y prosigue, al decir que "muéstrase cosmopolita el hombre, solamente cuando ha llegado a una civilización muy avanzada, cuando la ciencia, el arte y la industria le han hecho capaz de neutralizar fácilmente o modificar las condiciones del medio que amenazan su salud y su vida. De suerte que no es su organización natural la que le permite soportar las variaciones de todos los climas y prosperar en ellos, sino la adaptación; y ésta, cuando se realiza, resulta de un gran número de causas y de circunstancias ocasionales". No habría determinismo en lo venezolano, en suma, salvo la afirmación, entonces, de que el espacio y el tiempo – lo lugareño – es lo natural o connatural a la especie humana.

Esa fue, cabe decirlo, la mejor herencia trasladada por el español a América y que marca a los orígenes venezolanos, pues a la par de la monarquía, la organización pública de la península y la nuestra fue esencialmente localista y municipal, con sus tamizaciones y especificidades, lógicamente. "La vida local se desarrolló ampliamente en las tierras de Indias, como una consecuencia y objetivo de la obra colonizadora... La constitución de una ciudad – la primera en Venezuela es Nueva Cádiz – en Indias, se completaba con el establecimiento de su régimen local o municipal, que representaba el remate institucional de fundación ciudadana", explica José María Font, catedrático de Valencia (José Tudela, editor, *El legado de España en América*, I, 1954).

Hoy, sin embargo, al espacio y al tiempo se le oponen tendencias de aniquilación que privilegian lo virtual y cultivan la instantaneidad; por lo que. siendo éstas logro inequívoco e inevitable de la ciencia posmoderna, al cabo, desbordadas, apagan todo síntoma de cultura en evolución.

Vuelve otra vez Gil Fortoul a Muñoz Tébar, así, para razonar sobre la tesis de este e ir avanzando sobre el diagnóstico de lo venezolano. "La causa única de las desdichas políticas en las repúblicas hispanoamericanas – dice este – es que en ellas sólo ha habido gobiernos personalistas, sostenidos por pueblos personalistas, lógica consecuencia de las costumbres españolas que heredamos y que no cambiamos cuando cambiaron nuestras instituciones políticas", afirma Muñoz. A lo que Gil discierne precisando lo que sigue:

"Empezó la evolución histórica de Venezuela con la guerra entre la raza española y la raza india, guerra que ocasionó, una vez destruida o domada la población indígena, la adaptación del régimen autoritario que es característico, sino de toda la nación española, sí de los españoles que realizaron la conquista". Y agrega que, "al cabo de tres siglos, formada ya otra raza por la mezcla de españoles, indios y negros, estalló la guerra de la Independencia, que determinó la constitución de una nueva nacionalidad y de un nuevo Estado político, diferentes una y otro de la raza conquistadora y de la raza conquistada, pero conservando en su temperamento y costumbres la influencia de los elementos étnicos primitivos."

Sobre dicho anclaje, el autor que releemos cuestiona la prédica de no pocos historiadores y publicistas venezolanos, a cuyo tenor desde la hora inaugural de la república, a partir de 1830, pugnan dos visiones doctrinarias y partidarias, una liberal y otra conservadora; reflejos – cabe agregarlo – de ese ser que somos los venezolanos y es fatalmente inacabado. Mas hace suya, Gil Fortoul, la tesis de Domingo A. Olavarría (1836-1898), plasmada en el Estudio Histórico Político que publica en Valencia, Venezuela, en 1893: "Los verdaderos liberales de Venezuela han sido los que llevan los apodos opuestos; pero los llamados liberales han tenido la habilidad de tomarse insistentemente ese calificativo ... al paso que los otros han incurrido en la candidez de dejarse apostrofar al gusto de sus contrarios" se lee. No por azar se le atribuye a Antonio Leocadio Guzmán, padre del general Antonio Guzmán Blanco, al decir que era liberal pues sus opuestos se dicen conservadores; que de lo contrario él sería conservador.

VENEZUELA, EN LA ANTESALA DE LA HISTORIA

Godos y oligarcas, en fin, fueron tachados los actores políticos que gobernaran a Venezuela entre 1858 y 1863 y al regresar al poder en 1869, sin que mediase razón alguna de carácter conceptual o programático sino el encono, la generosidad de odios que habría arrancado entre los venezolanos a partir de 1848 como lo recuerda Luis Level de Goda en su *Historia contemporánea de Venezuela, política y militar* (Barcelona, España, 1893).

Se fijó la primera línea divisoria de voluntades entre los venezolanos de la época: Conservador es el "hombre perteneciente a una familia distinguida por sus antepasados, por su riqueza, por su ilustración o por sus simpatías hacia todo gobierno fuerte, despótico o cruel, y Liberal, y desde el 58 hasta el 70, federal, quería decir: hombre sin ideas políticas fijas, poco respetuoso de la ley, enemigo de la clase más rica o más instruida y amigo de las clases populares, inclinado al militarismo y a los cambios frecuentes de leyes y gobiernos". De donde serían unos cabales liberales – observando a lo actual – los gobiernos venezolanos entre 1999 y 2023, pues para éstos han sido conservadores y oligárquicos los gobiernos democráticos que cubre el tiempo del Pacto de Puntofijo (1959-1999). Ello, a pesar de que quienes los encabezaron, todos a uno fueron ajenos a la élite mantuana, de clara extracción popular e ideas apropiadamente liberales.

Casualmente, es ahora y en este tiempo, en curso de cumplirse las dos centurias del nacimiento de la república, cuando se insiste en demonizar al general José Antonio Páez, un lancero de los llanos y primer presidente de la república de 1830, tachándole como reo de traición al Padre Libertador, Simón Bolívar;

éste, heredero de familia criolla rica y extracción monárquica, formante de la aristocracia caraqueña, a saber, la misma que prosterna y entra en querella, por sus dudosos orígenes sociales al padre del Precursor, Francisco de Miranda.

Pariente del gobernador y general Diego de Osorio Villegas, lo cuenta Arístides Rojas, llegó a Venezuela "un vasco notable", que hacía treinta años figuraba en el gobierno de La Española. "Este personaje era Simón de Bolívar, del Señorío de Vizcaya, que venía a compartir con Osorio Villegas, los progresos de la colonia venezolana" (Del autor, *Orígenes Venezolanos*, I, Caracas, 1891).

Cabe, entonces, un corchete antes de proseguir sobre lo que nos ocupa, para mejor entender sobre esto y lo anterior:

II

A un año del 19 de abril de 1810, fecha que fijará la Emancipación política de Venezuela, la Gaceta de Caracas muestra la nómina de los setenta y cuatro vecinos del Departamento de la Ciudad de Caracas a la que se suman el comandante, Oficiales y Sargentos del Batallón de Veteranos, quienes hacen donativos con motivo de la "Invasión intentada por Miranda" para frenarla. Asimismo, para atender las urgencias del Estado en Europa. Se trataba, en el último caso, de auxiliar a los hermanos españoles enfrascados en la guerra de independencia llamada "la francesada", respuesta coaligada de España y el Reino Unido ante la invasión napoleónica a partir de 1808.

VENEZUELA, EN LA ANTESALA DE LA HISTORIA

Entre los que se suman a la causa de rechazar que Napoleón Bonaparte impusiese el reinado de su hermano José I en defecto de Carlos IV y su hijo Fernando VII y a la par conjurar el intento precursor libertario mirandino, cuentan el Conde de S. Xavier, Juan Javier Mijares de Solórzano y Pacheco; el Conde de la Granja, Vicente Melo de Portugal y Heredia; y el Conde de Tovar, Martín de Tovar y Blanco, cabezas de la nobleza caraqueña. El último, cuñado del Conde de S. Xavier, en yunta con su suegro Juan Nicolás de Ponte y Mijares de Solórzano, a la sazón son quienes lapidan socialmente a Santiago de Miranda, padre de Francisco, acusándole de "mulato, encausado, mercader, aventurero, indigno", como lo cuenta Arístides Rojas.

Lo que importa saber es que a la semana de instalada la Suprema Junta que vino a gobernar a Venezuela con el título de Alteza y de la que es miembro el hijo del Conde de Tovar, Martín Tovar Ponte, tal "cuerpo depositario provisional de la Soberanía" recibe ofertas dinerarias de hacendados y ganaderos libres de prosapia. Otro es el tiempo. Allí están los Malpica, los Santana, los Cabrera, los Ugarte, los Martínez.

Hasta un Juan Álvarez, sin precisar límites, ofrece "su persona, y todo cuanto tiene" para que llegue a buen puerto la experiencia emancipadora.

Ese proceso, animado celosamente por la idea de la libertad – a la que después se negará El Libertador Simón Bolívar desde Cartagena, en 1812, por considerar que no estábamos preparados para tanto bien – tuvo conceptos precisos. Encuentran parentela con el

- 107 -

pensamiento de Miranda, ya que rechaza toda posibilidad de jacobinismo a propósito de la brega por la Independencia que le sigue.

¿A qué libertad se aspiraba y cómo se la entiende?

"Cuando las sociedades adquieren la libertad civil que las constituye tal es cuando la opinión pública recobra su imperio y los periódicos que son el órgano de ella adquieren la influencia que deben tener en lo interior y en los demás países donde son unos mensajeros mudos, pero veraces y enérgicos, que dan y mantienen la correspondencia reciproca necesaria para auxiliarse unos pueblos a otros", se lee en la Gaceta de Caracas de 27 de abril de 1810.

Los redactores de esta precisan, aquí sí, que estarán "lejos de nosotros aquellos talentos desgraciados y turbulentos que nacieron para el mal de la sociedad". ¿A quiénes se refiere?

La Venezuela de 1810 es una Venezuela esencialmente reformista, ajena a la ambición desmedida pero no de quietud, pues cree que "una tranquilidad completa y una sangre fría inalterable" son los síntomas de esa indiferencia moral que sólo puede producir "un frenesí revolucionario". Y es cuando los pueblos, lo señala dicha narrativa, "cae en un letargo y se duerme bajo el sable del despotismo militar".

De modo que, claras nociones para rehacer a una sociedad que aspira a su madurez y entiende llegado el instante propicio, las hubo, como la mencionada "libertad de imprenta", como se la titulaba y a la que antecede otra cuyo génesis cristaliza durante el alzamiento caraqueño contra la monopólica Compañía

Guipuzcoana que lidera el comerciante canario Juan Francisco de León en 1748. Se le castigará severamente y su casa sita en La Candelaria es derrumbada y su suelo sembrado de sal, situándose allí el poste de la ignominia.

Aspiran los repúblicos de 1810 a "que los primitivos propietarios de nuestro suelo – los indígenas – gozasen antes que nadie de las ventajas de nuestra regeneración civil". Son cuidadosos al advertir – lo dice la proclama de la Junta dirigida a "las provincias unidas de Venezuela" invitadas a sumarse a la causa, a las que se les pide más que unidad espíritu de "fraternidad" – que pocos han asumido el poder por "la urgencia y precipitación propias de estos instantes" y para la seguridad común, pero convencidos de que sostenerla sería una "usurpación insultante". Por lo que proponen, en lo inmediato, apelar a un mecanismo representativo que les someta a "la obediencia debida a las decisiones del pueblo" y "con proporción al mayor o menor número de individuos de cada provincia".

Por encima de todo, lo que ata como ideario al movimiento germinal de la Venezuela emancipada, condicionante del resto es, justamente, el reconocer y reclamar como derechos sagrados los de la humana naturaleza, a fin de "disponer de nuestra sujeción civil" y forjar una común "autoridad legítima".

La enseñanza no se hace esperar. Es pertinente a lo actual venezolano. La predicada fatalidad del gendarme necesario o del césar democrático que enraíza en nuestro subconsciente con la prédica de Laureano Vallenilla Lanz, plagio de la literatura francesa bonapartista, es ajena a nuestro ser y orígenes. La instalan

Bolívar y su relato, obra de las circunstancias sin lugar a duda y la inevitable guerra fratricida cuyo saldo ominoso explica a su tío, Esteban Palacios, desde el Cuzco, en 1825: "Usted se preguntará a sí mismo ¿dónde están mis padres?, ¿dónde mis hermanos?, ¿dónde mis sobrinos? Los más felices fueron sepultados dentro del asilo de sus mansiones domésticas; y los más desgraciados han cubierto los campos de Venezuela con sus huesos; después de haberlos regado con su sangre...", reza su Elegía. Y la razona arguyendo la justicia, no la libertad.

III

Desde 1848 – a un año de asumir el poder el general José Tadeo Monagas, que marca la ruptura con el período inaugural de la república a partir de 1830 – hasta 1870, cuando se inaugura la época final del siglo XIX controlada bajo la égida del Ilustre Americano, Guzmán Blanco, no hubo en Venezuela claras diferencias en cuanto a las ideas entre sus hombres públicos. Unos y otros, algunas veces respetaban las libertades, otras y en su mayoría las violentaban.

"Los ministerios se componían casi siempre de hombres pertenecientes a ambas denominaciones de conservadores y liberales, olvidando en el poder los unos y los otros las contradicciones que les separaban en la oposición; y la generalidad de las revoluciones se hacía, menos para trasformar el régimen político y social, que para cambiar los hombres, alegando siempre los revolucionarios que ellos gobernarían con mayor obediencia a las leyes y con respeto mayor a las libertades públicas", narra Gil Fortoul.

En modo alguno significa lo anterior que Venezuela medrase huérfana de ideas acerca del orden social y político al que aspiraba, pues por encima de los ensayos constitucionales bolivarianos de 1819, en Angostura, y en Cúcuta, en 1821, cuando emerge la fallida Constitución de Colombia – que de nuevo reúne a Venezuela con la Nueva Granada – en 1830 sigue presente el espíritu reformador de 1810 y 1811, cuando se dicta la Constitución Federal para los Estados de Venezuela, cuya edición la realiza la imprenta de Juan Baillio, en 1812. "La realización de la república ideada por los patriotas de 1811 y por los legisladores de 1830", cuenta Gil Fortoul, sensiblemente fue retardada por la oposición liberal que, al término y viéndose electoralmente derrotada – paradójicamente les gana José Tadeo Monagas, quien de inmediato rompe con José Antonio Páez – decide en 1847 optar por la guerra civil. Había logrado transformarse, tal oposición, en un grupo político numeroso e importante, nacido de las realidades sociales imperantes para la época e imposibles de modificar en breve término como lo prometía el sedicente liberalismo, que fluye por las páginas del diario El Venezolano a partir de 1840.

Ya desde 1845, Guzmán, diciéndose mediador con el gobierno y a favor de un acusado por abigeato y perseguido, usa del hecho con procacidad – una conferencia que le acepta Páez, creyendo el asunto de otra naturaleza – para salir de "Caracas con un séquito de personas que fueron aumentando en el trayecto y que le victoreaban como el futuro presidente de la República, al mismo tiempo que proferían gritos de muerte contra los oligarcas. El 2 de setiembre llegó a la Victoria el señor Guzmán y se hospedó en la casa del general Mariño" – lo refiere José María de Rojas (Del autor, Bosquejo histórico de Venezuela, París, 1888) – quien, una década atrás, dirigiría el golpe castrense contra el presidente Vargas.

Gil Fortoul enumera las circunstancias, pero también fija el contexto con magistral imparcialidad. Refiere sí, que el antagonismo de razas no se había aún superado a pesar del avanzado mestizaje. En 1839, según el coronel Agustín Codazzi, a quien Páez le encarga escribir una Geografía Estadística y un Atlas de todas las provincias venezolanas (Domingo Magnani, Biografía de Agustín Codazzi, traducida del italiano, Santa Marta, 1881), "la población era de 945,344 habitantes, divididos así: 52,411 indios independientes; 14,000 indios sometidos, pero que conservaban sus costumbres; 155,000 indios civilizados y mezclados que conservaban el carácter de su raza, pero que habían olvidado su idioma; 49,782 negros esclavos; 260,000 blancos hispanoamericanos y extranjeros; 414,151 individuos de razas mixtas: europeos, criollos, indios, africanos y sus variedades".

El predominio social y político, ciertamente, lo tenían los propietarios, pero en un país de muy escasa población, desparramada a lo largo de un territorio sin vías de comunicación e imposible de nuclear alrededor de ideas o de focos intelectuales. La guerra de independencia lo había aplanado, y vuelto un camposanto. De donde el juicio del Gil Fortoul, otra vez, es lapidario: "las consecuencias inmediatas de la propaganda liberal iniciada en 1840 y paralizada en 1847, habían de ser necesariamente más políticas que sociales y menos profundas que ruidosas".

VENEZUELA, EN LA ANTESALA DE LA HISTORIA

Lo claro, sí, es que la élite de la guerra de Independencia era, por militar, raizalmente centralista y autoritaria, y la reducida élite intelectual de 1811 y 1830, era reformista y de talante democrático como localista. Pero, como cabe insistir, dos aproximaciones median en el pent-house de la república, en una nación en forja y aún ausente. Ello, a pesar de que Gil Fortoul le atribuye a El Venezolano, con las reservas que le hace y desvela, haber abierto entre 1840 y 1846, la "era de las luchas democráticas"; si es que se le entiende a esta como una ficción entre élites que fraguan debates insinceros, a partir de datos sociales objetivos como los señalados, en procura exclusiva del poder y de sustituir a quienes lo ejercen, con independencia de sus ideales. Tanto es así que, siendo la división partidaria venezolana sólo un fenómeno local, en las provincias en los que se da liberal significa únicamente hombres nuevos, oportunidades para quienes no han ocupado el poder, y conservador es quien aboga por la constitución, la paz y el orden.

La crónica de Gil Fortoul es descarnada. El periódico El Venezolano lo fundan hombres de la llamada oligarquía como Manuel Felipe de Tovar e ilustrados como Tomás Lander y Tomás J. Sanabria, entre otros tantos, quienes designan como redactor a Antonio Leocadio Guzmán. Pero hubieron de retirarse y suspender sus subvenciones luego de que este "aprovechó la feliz coyuntura para iniciar una campaña periodística, de ambiciones y concupiscencias, que había de llevarle al patíbulo o al poder." Maltrata a todos los hombres de 1830, siendo que, como indica el autor en su estudio, hasta "los liberales de aquella época y sus sucesores suelen encomiar con entusiasmo

- 113 -

la honradez personal de los hombres que gobernaron del 30 al 48, y hasta hay quien llame a este período, «edad de oro de la república»". Es el tiempo en el que ejercen como presidentes Páez, José María Vargas, Andrés Narvarte y Carlos Soublette. Hubo, incluso, prosperidad fiscal, si bien se les acusa de inacción y de no fomentar el progreso material. Hacia 1845 el tesoro muestra un sobrante de más de un millón de pesos. Es un período que Gil Fortoul llama patriarcal y en el que la población permanece en la mayor ignorancia.

Pero cabría volver al contexto. Se trata de una Venezuela despoblada, al punto que dentro de las primeras medidas que aprueba el Congreso de la época y se la demanda al gobierno está la traída de canarios para el repoblamiento, ordenada mediante decreto de 13 de junio de 1831, mientras prescribe la prohibición de matrimonios con españoles, al día siguiente. En el parteaguas de 1830, ciertamente, el edificio social y el institucional estaban por construirse, y si acaso mediaba una división de voluntades, la expresa y concreta con claridad el mensaje que dirige a la nación el Congreso presidido por Soublette, al anunciar el dictado de una nueva Constitución el 7 de octubre de 1830.

El verdadero espíritu reformista constitucional volvía por sus fueros, apagado desde 1811, tal como lo revela el comunicado parlamentario en cuestión: "Toca a los hombres de influencia ilustrar y dirigir la opinión general para que pronuncie con acierto las mejoras de que es susceptible: fijemos en ella nuestras miradas respetuosas cuando nos indique estas reformas. Es muy fácil hacerlas sin atacar los fundamentos

VENEZUELA, EN LA ANTESALA DE LA HISTORIA

de esta acta de vuestros derechos; porque ella provee un medio pronto y seguro de practicarlas. Tened presente, que es mucho menos expuesto y más fácil y seguro ir corrigiendo en la estructura de un gobierno, los pocos defectos que la experiencia demuestre, que, por perfeccionarla, destruirla toda de un golpe", dice el texto en cuestión.

Pero advierte de seguidas Soublette sobre lo que se vuelve enfermedad que anida en la Venezuela como república constitucional y la delinea como patio de ambiciones y de enconos o botín a la orden de quienes la asaltan, arguyendo derechos propios: "Dos clases de enemigos le asestarán sus tiros: unos ocultos detrás del velo del interés público, no defenderán más que un interés de partido, un orden de cosas que hallan conforme a sus caprichos y rencillas, o a sus intereses mal calculados. Otros instigados de aspiraciones criminales, so pretexto de salvar la patria por medios eficaces y enérgicos, solo marcharán a su propio engrandecimiento: con demandas ilimitadas por los servicios tributados a la causa de nuestra independencia, nos exigirán por ellos un precio demasiado caro, y sin reparar en los medios cerrarán los ojos a las lástimas compasibles de su patria, zapando por los cimientos todo régimen legal de igualdad y justicia".

Explícase así, incluso, que aun mediando un Decreto muy amplio de garantías de libertad para los venezolanos – un moderno decálogo de derechos fundamentales y preciso compromiso liberal sancionado en Valencia el 6 de agosto del mismo año, con refrendo de Páez y, casualmente, de su secretario Interino en el Despacho del Interior, Antonio Leocadio Guzmán – emergiese como aporía que la desnuda la

- 115 -

señalada conjura de quienes se asumen como acreedores de la república luego de entregar sus vidas y sus armas a su Independencia. "La revolución de 1835 contra Vargas, aunque se llamó reformista – lo apunta Gil Fortoul – fue más bien un movimiento militarista [de neta factura bolivariana]. Únicamente los revolucionarios de Maracaibo pretendieron justificarla proclamando la federación", siendo que el modelo constitucional en vigor era claramente centro-federal.

El 12 de junio de 1835, en efecto, sobreviene el primer golpe de Estado contra la emergente república – morigerado por los historiadores al llamarlo "movimiento revolucionario de las reformas". Los militares de la independencia, en su mayoría diciéndose seguidores del Libertador Simón Bolívar, enviados a ocuparse de sus fincas concluida esta mientras el mundo civil ilustrado realiza el dibujo de la Venezuela por construir, apresan al presidente Vargas, lo envían al exilio y asumen brevemente el poder. Taimados, mientras deponen al presidente, tentándolo para que como líder militar no salga en defensa del orden constitucional, prorrumpen en vítores al general Páez. El acta de Calabozo, de la misma fecha, hace relato detallado y veraz. – Acaso querrían que se hubiese escrito algo similar, menos desdoroso, quienes insurgirán contra la Venezuela constitucional 154 años más tarde, el 4 de febrero de 1992.

"Que al amanecer del 8 de este mes, se tocó llamada en el cuartel de Caracas; que al paso que iban llegando los Jefes quedaban arrestados en el mismo cuartel; que luego marchó a la plaza la tropa que había en él con la banda de música, y habiendo prorrumpido en vivas por S. E. el General Páez, se leyó

VENEZUELA, EN LA ANTESALA DE LA HISTORIA

un acta proclamando por Presidente de la República a S. E. el General Santiago Mariño, al señor General Diego Ibarra por Gobernador Militar de la Provincia, al señor General J. L. Silva Jefe de Operaciones, al Coronel J. M. Melo por primer Comandante del batallón Anzoátegui, y al Comandante Pedro Carujo por su segundo; que seguidamente se publicó esta acta por bando en toda la ciudad, y entre tanto, fue asaltada la casa de S. E. el Presidente José María Vargas, lo aprehendieron y trataron de obligarlo a que abdicase el mando, pero habiéndolo resistido, lo dejaron preso é incomunicado en su misma casa; que como los Secretarios de Estado y los miembros del Consejo se hallaban allí reunidos, fueron también presos en la propia casa; que igualmente lo fueron el señor Gobernador y el señor Comandante de Armas de la Provincia; y que según la voz pública, lo que se ha tratado es de remover las autoridades constituidas y convocar al pueblo para la nueva elección de funcionarios".

Gil Fortoul, en su historia contemporánea narra el hecho de forma coloquial: "Una compañía al mando del Capitán Julián Castro se formó a la puerta de la casa de Vargas, con orden de no dejar entrar ni salir a nadie sin permiso de los revolucionarios. En las primeras horas de la mañana va a conferenciar con el cautivo presidente el nuevo General Carujo. Es clásica en las tradiciones venezolanas la entrevista de este rebelde de oficio y el austero presidente que se veía ahora secuestrado por la soldadesca. Empeñase Carujo en demostrarle que el único medio de evitar la guerra civil es renunciar la Presidencia, alegando que el Gobierno estaba de hecho vencido, que los hechos son la fuente del derecho y la revolución el origen de

- 117 -

todo gobierno, y que el hecho del 8 de julio iba a ser el derecho del día siguiente... Vargas opone a la brutal franqueza del soldado la calma entera del filósofo, y le contesta que el poder que está ejerciendo no es renunciable sino ante el Congreso, ni reconocerá nunca el Presidente de la República la autoridad de una revolución a mano armada" (Del autor, *Historia Constitucional de Venezuela*, I, Apéndice: Reconstitución de la república, oligarquía conservadora, 1942).

Remover los funcionarios, cabe subrayarlo, es el único móvil, pero de carácter militarista, que, como lo dice Gil Fortoul, marcará el comportamiento de quienes luego se presentan como liberales a lo largo de nuestra historia.

El Concejo Municipal del Cantón, presidido por su jefe político, J.L. Llamozas, en unión de sus otros miembros, acto seguido le solicitó a Páez "que, poniéndose a la cabeza de los constitucionales, sostenga nuestra ley fundamental y las instituciones republicanas que de ella emanan" (Documentos para los Anales de Venezuela (Segundo Período, Tomo Tercero, Caracas, 1891). Y lo hace, y lo logra este, restituyendo en el poder al eminente sabio y exrector de nuestra Universidad de Caracas el 20 de agosto de 1835, después de regresar de su breve exilio, acompañado del vicepresidente Narvarte, en Saint Thomas.

Pero no será este el único tropiezo que sufra la república en su génesis, pues se le agregará, paradójicamente, la otra amenaza descrita por Soublette y mejor representada en el exministro y editorialista Guzmán, cuyo hijo asumirá el poder pleno sobre Venezuela a partir de 1870. Es una figura que se renovará con

Venezuela, en la antesala de la historia

mayor fuerza, expandiéndose en el siglo XXI venezolano. "Causará tal vez tristeza, a quien contemple la historia con preocupaciones de moralista, ver cómo una evolución que parecía redentora – la del liberalismo, incluso en su impropiedad – aceptó por jefe a un hombre como A. L. Guzmán, que había vivido inspirándose en las más contradictorias ideas y divorciado siempre con la consecuencia política", escribe Gil Fortoul, antes de darle la palabra a otros testimonios de peso determinantes.

El general Santander, en 1826, y el doctor de Álamo, en 1828, escribían al Libertador que "Guzmán merecía la peor opinión en el país", refiere D.A. Olavarría. Entre tanto, Level de Goda, historiador liberal dice del mismo que, "habiendo sido en sus mocedades partidario del rey de España, después entusiasta boliviano, luego paecista y por último esforzado liberal y enemigo de Páez, carecía de antecedentes suficientemente limpios, y de honradez y moralidad políticas para ser el director y el jefe del gran partido liberal llamado a regenerar a Venezuela". Y José María de Rojas, el marqués de Rojas arriba citado y hermano de Arístides, también liberal, escribe que "su tribuna era vulgarísima, y que su oratoria se limitaba a contar a la plebe en los tonos de la más baja retórica, que el gobierno no procuraba su bienestar, que era menester derrocarlo para que él y los suyos pudiesen labrar la dicha de la nación".

A Páez, a quien más infamó luego celebrarle a Bolívar, antes, su constitución dictatorial y vitalicia de 1826, la célebre Constitución de Bolivia, que será germen de la ruptura con éste del mismo Páez y del general Francisco de Santander provocando el derrumbe de la Gran Colombia – "obra de la guerra, que no de la razón", diría el Marqués de Rojas – como el nacimiento de Venezuela en 1830, un año antes de asumir como redactor de El Venezolano Guzmán le inunda de halagos. Así lo fija, para la memoria, el propio Gil Fortoul.

En los señalados Documentos para los Anales (Segundo Período, Tomo Primero) se lee la carta que Guzmán dirige al redactor de El Liberal el 19 de noviembre de 1839, amonestándole y que revela su palmaria doblez:

"Que usted, señor Redactor de El Liberal, está en el deber de hacer pública justicia al presidente, a quien sin fundamento califica usted en sus últimos renglones de tal manera, que cuesta dificultad creer que se refiere al actual Presidente de Venezuela (General Páez). Es su firmeza la que consumó la obra popular de la Independencia (separación) de Venezuela; la que en Occidente, en Oriente, en Puerto Cabello y ayer en San Juan de Payara, ha salvado a Venezuela en el campo de batalla; y la que en el Gabinete, planteó la Constitución, al través de verdaderas y graves dificultades: que no eran dengues ni miramientos, millares de hombres a quienes se arrebataron privilegios, un Ejército que se mandó a trabajar, tres respetables Prelados que se negaban a obedecer la voluntad nacional y a quienes se aplicó la Ley, y en fin, un caos, por en medio del cual ha marchado el General Páez, con la espada en una mano y la Constitución en la otra, como el modelo más acabado de firmeza, que un Magistrado puede presentar".

Guzmán, por cierto, evoca el desencuentro de Páez con la iglesia sobre el que abona, pero razón no le faltaba a este. Y la cuestión es que Guzmán carecería de autoridad moral para hacer esa afirmación, pues al término, dejará de lado al gobernante a quien sirve y por el que aboga, y quien, con anterioridad, elogia la deriva dictatorial bolivariana.

El hecho es este y lo cuenta Rojas, el Marqués: "Merece particular mención el desagradable incidente habido entre la autoridad eclesiástica y la autoridad gubernativa, con ocasión del cual fue expulsado el doctor Ramón Ignacio Méndez, arzobispo de Caracas que había sido preconizado en junio del año 27 por Su Santidad el Papa León XII. El reverendo prelado que fue antaño compañero de armas del general Páez se declaró luego partidario de la dictadura de Bolívar".

Gil Fortoul, no obstante, juzga el hecho histórico. Morigera las sombras y contrastes de ese primer propalador del liberalismo panfletario, como primer síntoma de una planteada división partidaria y necesaria a la experiencia democrática del país naciente: "¿Qué importa, en suma, que Guzmán fuese, como era, hombre voluble y escritor mediano? Durante seis años fue luchador audaz, constante en la ambición, fervoroso en la esperanza, y logró por un instante, infundiendo en el pueblo sus propias pasiones, sacudirlo y despertarlo de un sueño secular".

José Gil Fortoul, barquisimetano, insigne historiador constitucional y parte de la escuela positivista venezolana que formara con Pedro Manuel Arcaya y Laureano Vallenilla Lanz, al cabo fue uno de los grandes defensores del general Juan Vicente Gómez, el «césar democrático» quien forja la república militar que se tragará la primera mitad del siglo XX; misma que ahora cubre con deshonor el primer tercio del siglo XXI.

Condado de Broward, 25 de septiembre de 2023

EL PROBLEMA DE VENEZUELA*

---

* Discurso de incorporación a la Real Academia Hispano-americana, Cádiz.

En unión de Mariela y nuestros hijos, teniendo presente en la distancia a mi madre ya nonagenaria, a mi padre y a mi hermano mayor fallecidos, a los amigos y colegas cultores de la Constitución de Cádiz de 1812, ofrendo a Venezuela, en tránsito adolorido y a sus estudiantes, víctimas actuales de la intolerancia oficial, esta presea que recibo de Ustedes. La valoro como privilegio inestimable. Es de suyo un sello de compromiso, un anillo de fidelidad, por ser esta Real Academia y su sede histórica, Cádiz, los faros del auténtico constitucionalismo liberal hispano-americano.

Los académicos venezolanos de inicios del siglo XX

Agradezco emocionado mi nombramiento como Académico Correspondiente, dado lo cual y a la sazón, rindo cálido homenaje a los otros compatriotas que me preceden con méritos más que superiores, incorporados a esta egregia corporación hasta 1933. ¡Y es que ellos, de conjunto, hacen parte del tercer movimiento ilustrado y de ideas que muestra mi país y contribuye a su fragua como entidad política, postergada desde las horas luminosas de su frustrada Emancipación!

Don Lisandro Alvarado, verdadero erudito y políglota, masón, cuyos restos reposan en el panteón de los próceres de espada siendo uno de los paradigmas de nuestra civilidad, como médico naturalista es acogido por Ustedes con carácter pionero el 20 de mayo de 1912.

Destaca en los campos de la historia y sobre todo como lingüista y lexicógrafo. Escribe acerca de nuestras guerras civiles – mal llamadas revoluciones – durante el siglo XIX y deja aportación sólida al idioma español en Venezuela. "Lisandro es lo que se llama un carácter formado y una figura que se prepara ya a lucir en la escena. Juicio, discreción, compostura, amor por el estudio, aprovechamiento precoz, todo lo tiene, sobre todo virtudes, y talento que a mí me emociona", cuenta de él Guillermo Morón, decano de nuestros historiadores contemporáneos.

Su pensamiento lo enmarca rigurosamente dentro de la corriente positivista en boga y de ella toma enseñanzas para hacer el diagnóstico de la Venezuela objeto de sus preocupaciones, de mis preocupaciones.

Al incorporarse a la Academia Nacional de la Historia, en 1923, advierte que los venezolanos – en quienes priva, según él, más un doctrinarismo inconsciente, y un apego idolátrico sólo a lo que conocen luego de palparlo – son monárquicos fervientes en 1810, pues la república liberal que sueña y predica Francisco de Miranda, el Precursor, la desconocen y apenas llega como ideal a muy pocos ilustrados.

De allí que considere que la adhesión que luego le brindan a la misma es un hecho de mera conveniencia, sólo útil como bandera reivindicativa, tanto como cuando se dividen sobre su forma de dibujarla.

"Los… conservadores de Colombia escogieron el nombre de Bolívar, y los oposicionistas o liberales el de Santander, personajes que representaban no muy bien las aspiraciones de aquellos dos partidos", narra al efecto Alvarado para luego señalar que "los reformistas o demócratas de 1835 (los venezolanos liberales) fueron bolivarianos y los constitucionales u oligarcas (o conservadores), que aquéllos combatían, antibolivarianos".

Así, el acusado igualitarismo social y político del venezolano, que aún se mantiene como rasgo de lo nacional, lo identifica este ilustre Académico como la mera consecuencia de necesidades económicas, de desesperaciones vitales, si se quiere, que no de una clara comprensión sobre el valor de la libertad y el sentido de la ciudadanía.

Rufino Blanco Fombona sigue a Alvarado en sus pasos dentro de esta Real Academia. Escritor prolijo y diplomático, esencialmente periodista y sobre todo editor en España de las obras americanas, ingresa a esta el 7 de septiembre del 1916. Poeta, cultiva la narrativa, el cuento y la escritura histórica. Es descrito como el intelectual que se hace en el clima asfixiante de las dictaduras y en el exilio.

De él afirma el intelectual patrio Jesús Sanoja Hernández que "la acción en Blanco Fombona pretende ser, y lo es, total, y no se trata de ir a la guerra o a la cárcel y escribir un libro, sino de profundizar en el amor, arriesgarse en el duelo, probar el machismo y el alma antigua del conquistador... La palabra saltó en él del joyel a la armería, de los collares de rimas al despojo total, contaminada por otros usos y significaciones, sonoridades y asociaciones".

Blanco Fombona ofrece un perfil de nuestros genes como hispanoamericanos al observar que el mismo conquistador español, individualista en grado excelso, "aunque fervoroso realista, desobedece... al Rey, cuando así le peta o le conviene... La ley se acata, pero no se cumple, dice con arrogancia Belálcazar, fundador de Popayán, héroe del país de los Chibchas", según sus palabras.

Felipe Tejera, nombrado académico el 15 de enero de 1917, escritor y crítico literario, es recordado por su *Manual de Historia de Venezuela*. No siendo un generalista de la historia hace crítica del decreto de Guerra a Muerte dictado por Simón Bolívar en 1813 contra españoles y canarios y por lo mismo su texto es prohibido en 1876. Académico de la historia, miembro de la academia venezolana correspondiente de la Real Academia Española, regenta la cátedra de literatura en nuestra más antigua universidad, la Central, hasta jubilarse; pero al paso nos lega su famosa Historia de la Literatura Española, en la que ordena las obras de arte que pertenecen a la palabra escrita o hablada en idioma castellano. En su drama Triunfar con la Patria, de 1875, Tejera, bolivariano cabal, recrea el tiempo inmediato posterior a la caída de la Primera República de Venezuela en 1812 y lo desnuda; muestra la realidad dual que aquella provoca y es resuelta con la practicidad o el carácter utilitario que marca el comportamiento de la Venezuela de ayer y ahora.

Al introducir a Don Juan, uno de sus personajes, le hace decir que "De libertad, de igualdad / De progresos y derechos, / Y de todas las mentiras / Que inventaron los modernos; / Ya la virtud no es virtud / Sino manía de viejos". Pero luego le da vuelta cuando, persuadido de la utilidad, ha de reconocer que "Si la patria triunfadora / A mi hija premia así, / Aunque español yo nací, / Soy venezolano ahora".

Tejera, por cierto, con su diálogo citado se anticipa en 65 años a Ernest Hemingway, haciendo hablar a su otro personaje, también llamado Ernesto: "Y en el corazón me hiere / Esa voz como un puñal / (Se oye doble de campanas) / ¿Por quién doblan las campanas / Con tan fúnebre compás? / ¿Si plañen ya mi agonía? / ¿Si por mí doblando están? / ¡Huye señor!".

Eloy G. González, cuyo nombramiento otorga esta Real Academia el mismo día en que distinguen a Tejera, es quien aproxima los niños de nuestra Venezuela al conocimiento de su propia historia desde el tiempo anterior al descubrimiento de América hasta el instante en que, separados de la Gran Colombia, adquirimos talante definitivo como república independiente, en 1830.

Polifacético, pues es escritor, ingeniero, periodista, pedagogo, historiador y político tanto como asiduo colaborador y redactor de El Cojo Ilustrado, nuestra enciclopedia venezolana de la ilustración asume la defensa pública de los jóvenes literatos, entre éstos Lisandro Alvarado.

Docente de anales patrios en nuestra Universidad Central, algunos le atribuyen ser el autor de la proclama del presidente y general de montoneras Cipriano Castro, a quien sirve como secretario general, dicha en 1902 luego de ser bombardeada Venezuela por potencias acreedoras europeas: «...La planta insolente del extranjero ha profanado el sagrado suelo de la patria...». Y es esa, justamente, la expresión que evoca el credo bolivariano queda grabada para la posteridad, y se ve actualizada cada vez que algún gobernante, endosando o no charreteras, pretende distraer la atención de sus gobernados en tiempos de carestía y para disimularla tras la hipotética existencia de amenazas extranjeras contra nuestra soberanía.

El 12 de julio de 1928 es aprobado el ingreso como Académico Correspondiente de Pedro Manuel Arcaya, jurista, sociólogo, historiador, diplomático y político, quien hace parte de las comisiones que se ocupan de la reforma de nuestros códigos civil, de procedimiento civil, y de enjuiciamiento criminal, modernizándolos. Miembro que es de varias de las academias venezolanas y director de la Academia Nacional de la Historia, ministro de relaciones interiores de Juan Vicente Gómez, quien manda el país entre 1908 y 1935, resume en pocas palabras su perspectiva intelectual como otro pionero más de la generación positivista venezolana: "El ideal de la independencia de Sudamérica, soñada por Miranda, estaba en perfecta armonía con la constitución mental hereditaria de Bolívar... A su necesidad de acción se le presentaban allí vistas ilimitadas, batallas que ganar, enemigos potentes que vencer, pueblos que electrizar; en una palabra, cómo renovar en la historia el *fiat* del

Génesis. De allí que el propósito de la Independencia se convirtiese en Bolívar en magna obsesión. Era un poseído. Por eso fue capaz de realizarlo...".

Bien acierta Héctor Parra Márquez al señalar que Arcaya "llegó a fundar escuela en la difícil tarea de crear y aplicar métodos modernos en el estudio crítico y en la revisión del proceso anterior a la Independencia", con lo cual nos ancla en lo fatal y describe como deterministas a quienes somos venezolanos.

Doctor en Ciencias Médicas por Caracas y París, educador y catedrático, Rector de la Universidad Central de Venezuela, el eminente investigador científico Plácido Daniel Rodríguez Rivero es electo miembro de esta Corporación el 6 de abril de 1931. Académico de la historia y de la medicina, funda, sostiene y dirige los Archivos de Historia Médica Venezolana.

A inicios del siglo XX participa en la llamada Revolución Libertadora – última guerra civil que opone al liberalismo político contra el personalismo centralizador del general Castro – luego de lo cual Rodríguez Rivero viaja al extranjero.

Es ejemplar su obra benéfica como promotor de casas de salud dentro de un territorio insalubre y ganado para las epidemias como el nuestro, aún hoy, por amago en pleno siglo XXI de los proventos de modernidad alcanzados hasta 1998.

Hacia 1919 Rodríguez preside el primer Congreso Masónico Plenipotenciario de Venezuela y sus palabras quedan registradas para el bronce como testimonio de su cosmovisión civilista: "Labremos siempre en este ambiente de paz y de concordia, teniendo a Dios en todos nuestros actos de ciudadanos y de masones como el más noble y alto de nuestros emblemas; respetándonos nuestras diversas creencias religiosas y nuestras ideas; aboliendo para siempre las intransigencias; acatando las opiniones políticas de cada uno y adorando a la Patria! Así llegaremos a la cumbre de nuestros ideales". De modo que, afirma del eminente médico su sobrino y ex presidente de Venezuela, Rafael Caldera, "es un hombre que, perteneciendo a una generación que vivió los días terribles de la guerra civil y la noche oscura de la tiranía, logró dejar un brillante testimonio de ciencia, de preocupación por la cultura y de servicio a la humanidad".

César Zumeta, en fin, quien me precede en el honroso nombramiento de Académico Correspondiente, es incorporado el 19 de enero de 1933. Originario de la misma tierra del doctor Rodríguez Rivero, San Felipe, en el Estado Yaracuy, se le cita como uno de los ideólogos del régimen gomecista, que es el partero de nuestra tardía unidad como Estado y bajo la férula de una suerte de República Militar, encabezada por un militar y administrada por una parte de la citada generación de académicos.

Se dice, en efecto, que los venezolanos llegamos al estadio de sociedad política, como tal Estado, antes de adquirir lazos asociativos civiles o conciencia como sociedad en formación; si bien puede decirse que, para entonces, ya existen en Venezuela, formadas desde su tiempo colonial pero trastornadas durante la guerra fratricida por la Independencia, lo que Giambattista Vico juzga necesario a la existencia de la ciudad: "Las gentes aparecieron antes que las ciudades y son los que los latinos llamaron gentes maiores, o sea, casas nobles antiguas".

Jurista de formación, Zumeta no concluye sus estudios al ser expulsado del país en 1883 por su acerada pluma crítica desde la trinchera del periodismo, su auténtica vocación. Desde ella forja un denso pensamiento y se hace editorialista en Venezuela y en el extranjero. Dirige el diario El Universal a partir de 1891. Llega a presidir el Consejo y la Asamblea de la Sociedad de Naciones. Masón como Rodríguez Rivero, alcanza el Grado 33 y ejerce como Gran Maestro de la Gran Logia de la República de Venezuela. Y en su línea como escritor y académico de la historia deja huella profunda entre los ilustrados de su época, sobre todo con su libro El Continente Enfermo, de 1899, que lo revela como otro positivista más, quien comparte con su generación el credo que no cesa aún de hacer mella sobre el común de los venezolanos y les condiciona en su comportamiento político.

"Cualesquiera que sean las razas pobladoras, en la zona tórrida no imperará sino una civilización lentamente progresiva: cualquiera que fuese el esfuerzo hecho por asimilarla a las zonas templadas, fracasaría a la postre, vencido por algo inmanente e inexorable que nos obliga a mantenernos dentro del cuadro de la vida que el medio nos demarca; y que únicamente nos exige propender a vivir en el decoro de la paz y el trabajo, hacernos fuertes dentro de nuestra propia casa, y a ligarnos todos contra el invasor extraño", opina César Zumeta.

En suma, igualitarios, utilitarios, desobedientes de la ley, de fértil imaginación épica, negados a la emancipación social y con temor raizal a lo extraño, los venezolanos seríamos el pasto de la tradición militarista que aún nos tiene como presa y es causa y efecto del padre bueno y fuerte que ha de domesticarnos, de tanto en tanto, según la perspectiva de esa generación de ilustrados académicos venezolanos que ingresan a esta Casa de las Luces hasta hace ochenta años.

Entre civilización y barbarie

He aquí, pues, Ilustres Académicos, la cuestión central o el problema de Venezuela. Lo intentaré desbrozar ante Ustedes sin pretensiones de solución y acotado, sí, por consideraciones que puedan ser útiles para un debate sosegado, libre de prejuicios, en esta hora dilemática para los venezolanos, mis conciudadanos.

Se trata, en el fondo, de preguntas o de preocupantes hipótesis que han estado allí una y otra vez, que seguidamente se diluyen al calor de lo urgente, pero que de nuevo surgen obligantes al hilo de nuestras realidades y de las descripciones que acerca de Venezuela y de los venezolanos hace el patriciado de nuestra cultura nacional de la primera mitad del siglo XX.

¡Y es que observo, a guisa de esta presentación de una parte de nuestro procerato civil, el regreso o la vuelta por sus fueros del llamado gendarme necesario o César democrático, junto al peso determinante que vuelven a tener los cuarteles en la Venezuela del siglo XXI, luego de haberla precedido casi medio siglo de experiencia civil y democrática!

VENEZUELA, EN LA ANTESALA DE LA HISTORIA

¿Es acaso ello el producto de una fatalidad – el apego a lo concreto de nuestras gentes y su negación al pensamiento abstracto y racional, en virtud de lo cual, como lo aprecia Arcaya, "no caben en la mente humana (y en tal estado) más ideas ni sentimientos que los muy sencillos de la sumisión, por afecto o miedo a un caudillo cualquiera"? O, mejor todavía, ¿es la consecuencia de una Ilustración civil que, como la señalada y con sus honrosas excepciones, abona con sus enseñanzas y explicaciones científicas el camino para que se imponga como fatal ese dictador uniformado, siempre proletario, que cubre la casi totalidad de nuestra vida republicana? ¿Se dejan seducir nuestros hombres de pensamiento por el halago de ese capataz que los necesita para asegurar su "prestigio", mediando, obviamente, favores y privilegios?

Cuenta el académico Arcaya, a la sazón, acerca del carácter secundario que paradójicamente asume la razón ilustrada dentro de los propios ilustrados venezolanos, pues usan de sus doctrinas, elaboradas a conveniencia, como mitos movilizadores de causas guiadas por el sólo apetito de poder. Tanto que, a manera de ejemplo, la aparente e histórica oposición entre godos, oligarcas o mantuanos –nombre que se le asigna en Venezuela y de un modo crítico a quienes ejercen el poder sin disposición para abandonarlo– y el proletariado o pueblo llano, unos predicando el centralismo, otros animados por la idea de la federación, es comentada por el historiador constitucional José Gil Fortoul en términos lapidarios: "Los evangelistas del régimen federativo, tan convencidos como sus adversarios de la conveniencia o ventaja, para ellos, de una oligarquía territorial o militar o

- 135 -

intelectual, hicieron después en el gobierno cuanto les fue posible para retrotraer la Federación a su esencia de teoría política, bautizando con ella la Constitución para no contradecir el programa de su partido, pero despojándola del concepto de igualación de clases que durante los años de lucha armada predominó en el pueblo". Se refiere él, obviamente, a la Guerra Federal o Guerra Larga que ocurre en Venezuela entre los años 1858 y 1863.

Cabe decir, por lo pronto, que los nombres de los académicos correspondientes a quienes he rendido homenaje en el pórtico de este discurso son apenas pocos, pero muy estimados como iconos dentro del conjunto muy amplio de nuestra Ilustración contemporánea o, mejor dicho, de los venezolanos discípulos de la Ilustración.

Lectores proverbiales de obras extranjeras, de razonamiento agudo, con comprensión cabal de nuestro medio que luego lo desbrozan con el arte de sus plumas y de sus letras, endosan levita, provienen de la universidad o de las bibliotecas familiares así algunos de ellos se hagan también, bajo las circunstancias domésticas, hombres de espada y uniforme. No pasan desapercibidos en sus momentos distintos, pero no más allá, y ese es el problema de Venezuela. Es como si no hubiesen marcado con sus sellos distintivos de hombres de razón a nuestra posteridad, permitiendo que nuestra historia patria, como se la sigue enseñando, siga bordándose con colores de sangre y arrestos de valentía.

La Ilustración venezolana que conoce esta Real Academia hasta hace 80 años, es causahabiente –pero distinta– de los hacedores civiles de la Venezuela de

1830; a los que se suman los sobrevivientes de la igualmente guerra duradera por nuestra Independencia, una vez separados de la Gran Colombia. En el último caso, puede hablarse de "sosegados hidalgos y letrados" –así los llama Mariano Picón Salas en La Aventura Venezolana (1963)– entre quienes descuellan Fermín Toro, Valentín Espinal, Juan Vicente González, o Pedro José Rojas, situados en la llamada trinchera conservadora, y por lo pronto Tomás Lander, Antonio Leocadio Guzmán o Santos Michelena, emblemas civiles del pensamiento liberal, además de José María Vargas, Diego Bautista Urbaneja o Francisco Xavier Yanes, resurrectos de 1810 y 1811.

Es larga y nutrida esta saga de hombres de ideas y de libros, susceptible de llenar de orgullo a cualquier nación del Occidente. La generación de 1830 mencionada viene a su vez precedida por la de los verdaderos Padres Fundadores de nuestra nacionalidad, quienes forman nuestro primer movimiento ilustrado y en su mayoría proceden del Claustro General de Doctores. Son los que forjan, con criterio y autonomía cabal de razonantes, sin mediar armas ni violencia, la señalada Primera República de Venezuela, hija del movimiento emancipador del 19 de abril de 1810, plasmada en la Constitución Federal de los Estados de Venezuela de 21 de diciembre de 1811; eso sí, acicateados por el movimiento popular que se reúne en la Junta Patriótica. Y una vez caída aquélla, llenos los espacios para la barbarie y la razón de la fuerza, son quienes no cesan en el empeño renovador de su credo civil en un país que promete, organizando el vituperado Congresillo de Cariaco de 1817.

Allí están, en el desván de los olvidos, los apóstoles don Cristóbal Mendoza o el mismo sabio Vargas, Miguel Peña, Andrés Narvarte, Tomás J. Sanabria, Pedro Gual o Fernando de Peñalver, José Vicente Unda o el mencionado Francisco Xavier Yanes, José Félix Sosa o Luis Ignacio Mendoza, los López Méndez o el Padre José Cortés de Madariaga o Francisco Javier Ustáriz; también Miguel José Sanz, Francisco Espejo o Martín Tovar Ponte, o el catedrático de la Real y Pontificia Universidad de la Inmaculada Concepción de Santa Rosa de Lima y del Angélico Maestro Santo Tomás de Aquino, Juan Germán Roscio, autor del primer tratado de teoría política que conoce Hispanoamérica.

Y ¿qué decir de Don Andrés Bello, comisario de guerra honorario y modesto secretario de la Junta de Caridad para el gobierno, dirección y economía de los hospitales de la Provincia de Caracas, quien en 1810 elabora los trazos de nuestra primera historia resumida como Provincia y al término, siendo el más acabado historiador, jurista, legislador, filólogo, naturalista, diplomático, poeta, filósofo, político y educador de su tiempo, vive lejos de Venezuela y es acogido por los chilenos, a quienes les crea su sistema educacional y ejerce como el primer rector de su Universidad?

Bello nos describe sin dejo trágico a los venezolanos, al afirmar que, si bien "en la gobernación de Venezuela era el hallazgo del Dorado, el móvil de todas las empresas, la causa de todos los males… en los fines del siglo XVII, debe empezar la época de la regeneración civil…, cuando acabada su conquista y pacificados sus habitantes, entró la religión y la política a perfeccionar la grande obra que había empezado el heroísmo...". Al efecto, entre las circunstancias favorables de este logro, cita don Andrés que la consistencia durable y socialmente modeladora de nuestro sistema político, antes de 1810, se debió, providencialmente, al "malogramiento de las minas que se descubrieron a los principios de su conquista". De donde la atención se dirigió a "ocupaciones más sólidas, más útiles, y más benéficas".

Cómo olvidar al mismo Miranda, general de la Independencia norteamericana y de la Revolución Francesa quien, si bien se hace militar para crecer y mudar, como lo hace, en uno de los más acabados teóricos de la guerra de su tiempo, jamás deja de ser lo que es en su esencia hasta el trágico final de sus días: un hombre de ávida lectura y de razón ilustrada, el más acabado de los ilustrados de Hispanoamérica que conoce el Viejo Mundo.

Llega hasta aquí, por cierto, hasta Cádiz, "la única población española que vive de cerca el problema americano", y lo hace a fin de forjarse, a partir de aquí, como ciudadano del mundo y patriarca de la libertad en la América Hispana. Pero ya anciano, víctima de la traición de los suyos, en lo particular del mismo Coronel Simón Bolívar, su subalterno, entrega sus cenizas en el arsenal de La Carraca. Se confunde con esta tierra generosa y enigmática en la agoniosa espera de su libertad, alegando su derecho a los beneficios de La Pepa, la Constitución Política de la Monarquía Española, constitución liberal obra de ilustrados como él, ajena al jacobinismo, y sancionada en 1812.

Caracciolo Parra Pérez, a quien esta Real Academia nombra Académico Honorario el 6 de junio de 1930, siendo diplomático durante la dictadura del general Juan Vicente Gómez, pero Canciller y ministro de los gobiernos de apertura democrática que a éste le suceden, es, cabe recordarlo, quien rescata la magna obra *Colombeia*, el archivo de Miranda constante de esos 63 volúmenes que viajan por el océano extraviados y pasan de manos a manos en Europa hasta que los localiza y adquiere, en 1926, por cuenta del gobierno venezolano. De allí sus dos obras señeras de hombre ilustrado, entre otras tantas, la Historia de la primera república de Venezuela y Miranda y la Revolución Francesa, originalmente escrita para defender al Precursor de sus detractores galos. En ellas narra a profundidad los alcances de ese ideario de los hombres que cubren con sus luces el momento auroral de nuestra emancipación hasta cuando, por obra de un sino la guerra y las espadas secuestran la promesa liberal e inaugural que entonces éramos.

Pues bien, sobre este desbordamiento casi inaudito de luces en distintos momentos, o instantes de nuestra historia, la inexplicable oposición entre civilización y barbarie trágicamente se mantiene; mejor aún, no cede dentro de la psicología colectiva. El dilema entre la fuerza de la razón y la razón de la fuerza persiste como fundamento constitutivo de nuestra nacionalidad y del sentido que los venezolanos le atribuimos, incluso, a la autoridad de la ley. Priva de ordinario, casi siempre, la última perspectiva.

Venezuela, hoy, se encuentra partida en mitades que reflejan lo dicho o acaso contiene dos patrias a la vez atomizadas en muchas "patrias de campanario" –copio a Miguel de Unamuno– que antagonizan sobre un mismo suelo, sin propósitos de asimilación recíproca. Y cada una de ellas, eso sí y como único denominador común, tiene la esperanza, al mejor estilo bolivariano, de hacer historia nueva sobre las cenizas de una tradición nunca acabada.

¿Se trata acaso, me pregunto y como lo apreciamos al calor de las nuevas circunstancias que vive Venezuela, que en apariencia anclan en lo más recóndito y viejo de sus días inaugurales, de la imposible armonía entre el mundo de los cuarteles y la experiencia civil de la democracia moderna?

Génesis y regreso del gendarme necesario

Simón Alberto Consalvi, actor de la segunda mitad de nuestro siglo XX, cronista del tiempo recorrido por la República civil de partidos que emerge en 1958 con el Pacto de Puntofijo y la caída de nuestra penúltima dictadura militar; cuyos cánones democráticos quedan inscritos en la Constitución de 1961, siendo la de más larga duración desde la Independencia; aprecia que a partir de 1999 "uno de los signos más conspicuos de este tiempo venezolano es el retorno de los militares a la política".

Pero expresado el asunto de esa manera –advierte Consalvi– "podría suponerse que fueron los propios militares quienes tomaron otra vez y como en el pasado la iniciativa de politizarse y de interferir en la vida civil; y nos condenaría a la noria de las interpretaciones confusas que han predominado en la historia, alterando un diálogo franco entre civiles y militares".

La enseñanza sería, entonces, que el argumento de la fuerza por sobre la fuerza de los argumentos y viceversa es el contexto adecuado para un análisis del fenómeno histórico descrito, frente al criterio común de la simple oposición entre los civiles y las armas a lo largo de la historia de Venezuela.

No por azar el poeta Andrés Eloy Blanco, canciller y más tarde presidente de la Asamblea Constituyente del trienio octubrista (1945-1948), pone de lado la insoluble y aparente disyuntiva entre la razón y la fuerza cuando se le mira desde el plano que opone la vida ciudadana y el desempeño de los cuarteles. Pues en verdad, como señala en su escrito Navegación de Altura, de 1942, los militares de la segunda mitad del siglo XIX hasta entrado el siglo XX "eran en su mayoría civiles disfrazados de generales o coroneles".

Desde la llamada Revolución de las Reformas – movimiento militar que ocurre entre 1835 y 1836, cuando el general Pedro Carujo hace preso al presidente civil y sabio José María Vargas diciéndole que el mundo es de los valientes, y éste le replica afirmando: "es del hombre justo" – hasta los primeros años de la organización de nuestro ejército, ajusta Andrés Eloy, "no se podía decir dónde terminaba el militar y dónde empezaba el civil en un venezolano corriente".

Éste es, en síntesis, con independencia de su distinta perspectiva para el análisis, el problema secular de Venezuela. Los venezolanos no hemos logrado discernirlo ni resolverlo, satisfactoriamente, después 200 años de historia inacabada y de anhelo por una democracia que sigue hipotecada por el mito de Sísifo.

VENEZUELA, EN LA ANTESALA DE LA HISTORIA

Por encima y más allá del mestizaje cósmico predicado por José de Vasconcelos y concluyente en el crisol de razas que somos, y al margen del parteaguas que significa la movible prosperidad de los menos ante la transitoria penuria económica de los más, según el ritmo que acusan los cambios de gobiernos y sus respectivas clientelas, lo vertebral del asunto, por obra directa de quehacer o el accionar concreto de civiles y de militares, es la distinta concepción o perspectiva que acerca de la idea de la dignidad humana albergamos, al término de esta azarosa trama, unos y otros de los venezolanos. Para los más, la libertad es el don que garantiza el consenso de las mayorías y sobre todo el privilegio que dispensa la república autoritaria o quien la manda en su momento; en tanto que para los otros la misma precede y es irrenunciable, pertenece a la persona y de suyo es anterior y superior a la organización del Estado, que ha de respetarla y asegurarla sin discriminaciones de ningún género.

Sigue vigente, en suma, la diatriba medieval y escolástica que en su momento opone a nuestros libertadores de casaca, en lo particular a Simón Bolívar, con los Padres Fundadores de levita: el príncipe, ora gobierna de modo absoluto sin que sus súbditos puedan contenerle legítimamente y en el mejor de los casos se comporta como un déspota ilustrado, apoyado en la violencia, ora el príncipe – según la mejor tradición tomista – es consciente de que "el dominio político ha sido instituido iure humano; fundándose en la razón y secundando el orden de la naturaleza", que obliga a la coincidencia del orden legal con el principio de la Justicia, sancionando lo recto, lo debido, según lo pida la igualdad en la misma dignidad de la persona.

Las mejores plumas de nuestros literatos han hecho apología del susodicho e irresoluble fenómeno, asumido con cierto dejo de fatalidad. Allí están, sin solución de continuidad, El diente roto, de Pedro Emilio Coll (1872-1847); Los Batracios de Mariano Picón Salas (1901-1965); Tío Tigre y Tío Conejo, de Antonio Arráiz (1903-1962); o la obra cumbre de Don Rómulo Gallegos (1884-1969), Doña Bárbara, que muestran a la Venezuela cruel y del despotismo, y tamb́en a la que lucha contra la dictadura desenfrenada, apelando a la pluma y a los panfletos.

Cabe, pues, a la altura de estas reflexiones, hacer historia corta y puntual sobre algunos datos que ilustran *a priori* y abonan más sobre el asunto comentado.

En contra del cuadro civil e intelectual que representan los repúblicos de abril de 1810, quienes integran la Junta Suprema de Caracas conservadora de los derechos de Fernando VII, y asimismo desafiando a los constituyentes federales de 1811, en su mayoría egresados de nuestra citada Real y Pontífica Universidad, actual y citada Universidad Central de Venezuela; ante la fragua paulatina y razonada de un orden social y político liberal, susceptible de evolución y aprendizaje, que intentase sacarnos de nuestro estadio previo como sujetos de ese despotismo que hace presa por igual a las Españas de ambos continentes y a fin de prepararnos como pueblo para la experiencia de la razón, para el "partido del humanismo", protesta acremente, en 1812, llegada la caída de la Primera República, nuestro Padre Libertador. Se trata, cabe anotarlo, del descendiente del primer Simón de Bolívar, vizcaíno, escribano de Cámara de la Audiencia de Santo Domingo quien se avecina en Caracas hacia 1588 para acompañar en su gestión al designado Gobernador de la Provincia don Diego de Osorio Villegas, propicia la creación de nuestro primer Seminario, y sirve como Procurador de nuestros negocios ante el monarca español, Felipe II de la Casa de Austria.

Desde Cartagena de Indias, Bolívar, por preferir la enseñanza antigua sobre la *traslatio imperi* o la renuncia del pueblo a su poder soberano a manos del monarca quien lo ha de ejercer vitaliciamente, se ocupa de rezar su credo: "Filósofos por jefes, filantropía por legislación, dialéctica por táctica, y sofistas por soldados" es lo característico de la obra germinal de nuestros Padres Fundadores; mal se percatan – opina quien con las armas nos lega la Independencia – que "nuestros conciudadanos no se hallan en aptitud de ejercer por sí mismos y ampliamente sus derechos". Y es lo mismo que opina, en plenitud de la Gran Colombia, hacia 1825, Sir Robert Ker Porter, Cónsul de su Majestad Británica desde Caracas: "Los celos, el egoísmo y la rapacidad pecuniaria (según me dicen todos) son los motivos principales de la conducta de casi todos los empleados al servicio del ejecutivo de este país. Si esta conducta es general, y verdadero el ejemplo antedicho de falta de respaldo mutuo por parte de los funcionarios públicos, creo que las palabras del propio Bolívar serán ciertas", finaliza.

Seguidamente, en 1819, en Angostura, propone la creación de un Senado hereditario – con los hombres de guerra; pues a ellos todo se lo debemos los venezolanos y hasta la posteridad – y anima al efecto la designación de un presidente vitalicio. De allí que, contra tal deriva despótica y siendo que 1811 – como lo recuerda en 1895 el jurista ilustrado Alejandro Urbaneja – es el parto de hombres "ilustrados, progresistas, más adelantados que su época" y su Constitución "el granero de las ideas democráticas y federalistas", prefiere Bolívar "un gobierno fuerte y uno", de laureles, no de levitas.

Más tarde, con su celebérrima Constitución de Chuquisaca de 1826, concreta el modelo final de su ideario político, fraguado entre avances y retrocesos y al mismo ritmo que se lo imponen las circunstancias de su tarea como guerrero en pro de la libertad hispanoamericana. Pero contra ella y su deriva autoritaria reacciona el intelectual liberal Tomás Lander, amigo de Miranda y miembro que es de la Secretaría del mismo Libertador. De modo que, en memorial que dirige en 1826 al doctor Francisco Xavier Yanes, ministro de la Corte de Justicia del Estado de Venezuela y antes firmante del Acta de Independencia y de la Constitución de 1811, pone sobre el tapete ese parteaguas o las dos perspectivas de las que hablo y todavía hipotecan la forja de nuestra nacionalidad y el goce de una democracia madura.

"Los artículos 76 y 79 de la Constitución dictada en Chuquisaca por el Libertador Presidente para la República de Bolivia – dice Lander – es lo que ha sobresaltado nuestro celo, porque S.E. la ha considerado adaptable a Colombia, y como tal recomendándola para su establecimiento a los hombres públicos de ella"; pero lo cierto es que "los mencionados artículos erigen un Presidente vitalicio e irresponsable con la facultad de nombrar su sucesor en la persona del Vicepresidente y de conmutar las penas capitales, sin acuerdo de los tribunales que las impusieren".

VENEZUELA, EN LA ANTESALA DE LA HISTORIA

No huelga señalar, en línea con lo expuesto y al margen, que a distancia de 183 años es lo que se repite e impone como dogma, en enero del pasado año, luego de fallecer nuestro último gobernante militar, Hugo Chávez Frías, y de sucederle, con base en su testamento político, haciendo mutar la Constitución vigente a manos de los Jueces Supremos, Nicolás Maduro Moros, actual gobernante venezolano.

En su texto, Lander, quien además ejerce como presidente del primer Congreso Nacional venezolano, agrega: "Creemos que al hacer tal recomendación el ínclito patriota, el Hijo de Caracas, parece que perdió de vista, entre la vasta extensión del territorio a que su espada y sus talentos han dado libertad, los caracteres distintivos de su querida patria, de la ilustrada Venezuela, pues los arroyos de sangre inmaculada con que esta región heroica, desde el 19 de abril de 1810 está escribiendo constante las calidades del gobierno que intentó establecer, electivo y responsable, no dejan duda sobre el voto de sus pueblos y el objeto de sus sacrificios. Pero ¿por ventura fue dada a los héroes – a los hombres de armas, cabe reiterarlo – la cualidad sólo divina de la infalibilidad? Sus grandezas no los hacen superiores a los errores y equivocaciones; y sus glorias quedan intactas a pesar de las nubecillas pasajeras que osen transitar por sus entendimientos", concluye este miembro ilustre de nuestra Primera Ilustración.

La protesta de Lander y la misma presencia de esos tres grandes movimientos ilustrados y civiles pero antagónicos que muestra Venezuela durante el siglo XIX y la primera mitad del siglo XX, no obstante, se ahogan, a pesar de que unos y otros se dividen intelectualmente, unos para sostener el bastión de la libertad, otros para justificar la urgencia del autoritarismo. Tanto que, transcurridos 173 años hasta el 23 de enero de 1999 – en vísperas de agotarse la República civil replanteada en 1959 – otro grito o reconvención se escucha y también se apaga, lamentablemente.

Un ilustrado compatriota de mi generación, ya fallecido, Luis Castro Leiva, observa declinar ante el credo de las espadas el más largo y duradero experimento civil y democrático, iniciado 40 años atrás. Y ante el Congreso entonces reunido, en presencia de los senadores y diputados les advierte que "tienen la obligación de pensar – afirma – no la de hincarse ante la opinión" o el voluntarismo social. "Tienen que convencernos con argumentos y ejemplos probos que son dignos de la confianza que les entregamos". "Tienen que deliberar bien y derechamente para que podamos sentir todos que la delegación de nuestro poder, nuestra representación, no será usurpada por la sinrazón".

Castro Leiva conoce nuestra historia y la anda y desanda con fuerza ante la representación popular, una vez como constata que, por vez primera, el militarismo amenaza con volver al poder, esta vez e inéditamente con la fuerza emocional de votos. Y al rescatar su voz, poniéndola en mi voz, digo que a la luz de tal hecho cabe concluir "que es la sociedad la que los ha creado porque es esta sociedad – la que tenemos, según Luis – la que concibió estos prejuicios; la que los ha hecho propios y ajenos, la que tira la piedra de su moralismo y esconde la mano de su responsabilidad. Somos nosotros quienes hacemos la vida social posible y real, quienes nos educamos en el escándalo, son nuestras las prácticas que hacen y deshacen la política, su tragedia y su comedia. Porque no se equivoque sobre esto nadie, por lo menos no conmigo. La política que tenemos es la que nuestras «representaciones sociales» han hecho posible y afianzado para bien y para mal; y la hechura del mal que no queremos hacer y del bien que hacemos como podemos es tan nuestra como de nuestros mandatarios. Pues, ¿quién si no nosotros somos los habitantes de esta tierra?", concluye.

Pues bien, allí está, otra vez y como en Chuquisaca, hecha realidad, la Constitución de la República Bolivariana de Venezuela, todavía en vigor a pesar de las 180 violaciones o mutaciones que sufre, en buena parte a manos de nuestra Justicia Constitucional durante los últimos tres lustros. Es una suerte de matrimonio morganático, esta vez, entre el Antiguo Régimen y las enseñanzas de la Revolución Francesa; una ilusión de porvenir anclada en una vuelta al pasado cuando priva sin contenciones la razón de la fuerza, pero, paradójicamente, cabe repetirlo, apuntalada por la fuerza del discernimiento o de la pasión hecha voluntad colectiva. Es lo que el expresidente ecuatoriano, Osvaldo Hurtado, describe como fenómeno y le titula "dictadura del siglo XXI".

Tal Constitución – negación contumaz de los breves intersticios de libertad y afirmación del Estado de Derecho que significan nuestras Constituciones liberales y mixtas de 1811, 1830, 1947 y 1961 – es precisa en sus postulados de neta factura autoritaria y bolivariana, diluidos tras engañosos procedimientos democráticos.

Asdrubal Aguiar A.

A partir de 1999, en efecto, le corresponde al Estado dibujar y realizar la personalidad de los ciudadanos, según el artículo 3 de la vigente Constitución Bolivariana, y a ellos ha de educarlos el mismo Estado para que amolden sus comportamientos a los valores constitucionalmente prestablecidos, como lo indica el artículo 102; valores que no son otros que los inscritos en el pensamiento único y monolítico de Simón Bolívar, tal y como reza el artículo 1. De suyo o, en consecuencia, el Presidente de Venezuela es hoy como en el pasado remoto cabeza del Estado, pero asimismo gobernante y legislador supremo, tal y como lo mandan los artículos 203 y 226; y a la Fuerza Armada, bajo su comando efectivo como cuerpo ahora políticamente deliberante y participante del sufragio, le cabe sostener la seguridad de Nación y su modelo neohegeliano así concebido, tal y como lo prevé el Título VII constitucional.

Se trata, en síntesis, de distintos hitos acabadamente bolivarianos – 1819, 1926, 1999 – dentro de una magra historia que prosterna a su Ilustración, a las luces que hacen posible el parto de la libertad civil que ocurre en 1810 y en 1811, repitiéndose luego en 1961, con intersticios civilizadores en 1830 y en 1947. Mas lo cierto es que, como lo avanzáramos previamente, en la historia oficial de la República de Venezuela, desde 1810, sólo se habla de héroes militares y sus hazañas, hechas revueltas o revoluciones, que predominan sobre los héroes civiles, que son muertos civiles para nuestra historia; si acaso útiles de ocasión para el bautizo de alguna plaza pública secundaria o escuela de provincia. Y nada más.

Entre la fuerza y la razón, una transacción constitucional

El jurista suizo Ernesto Wolf, quien tramita la edición de su Tratado de Derecho Constitucional Venezolano – monumento a la claridad pedagógica y al análisis sosegado – en el mismo momento en que ocurre la polémica Revolución democrática de Octubre, en 1945, escribe a manera de síntesis y por lo mismo, sobre la Venezuela del siglo XIX – cuando se hace más crítico y arraiga el ejercicio personal del poder y su asalto a través de lances por los más audaces – destacando su fama "por el número elevado de sus revoluciones".

Se arguyen en todo momento razones reivindicatorias, legalistas, o soberanistas, y dado el hábito de la patada cotidiana a la mesa de la institucionalidad, no hay siquiera acuerdo respecto de la cantidad de movimientos armados ocurridos: Una parte de la doctrina cita 52 revoluciones importantes durante la época, otra enumera 104 en 70 años "sin hablar de simples sublevaciones". Pero al paso cita que sobre estas o como su consecuencia, Venezuela tiene "el récord de haber cambiado, hasta 1945, "más de veinte veces" la constitución; sin incluir, obviamente los textos sucesivos mencionados de 1947, 1952, 1961 y el de 1999, en vigor.

Hemos vivido, pues, hasta el nacimiento de la República de partidos o república civil y democrática que emerge en 1961 y concluye en 1999, presas del mando de los cuarteles, de los "chopos de piedra" o de los hijos de la "casa de los sueños azules" como llaman sus cadetes a la Academia Militar de Venezuela. Son la excepción, aparente, los nueve civiles representantes de caudillos militares quienes ejercen el poder entre 1835 y 1931 (el rector José María Vargas, Manuel Felipe de Tovar, Pedro Gual, Juan Pablo Rojas Paúl, Raimundo Andueza Palacio, Ignacio Andrade, José Gil Fortoul, Victorino Márquez Bustillos, Juan Bautista Pérez) o los cuatro civiles quienes buscan afirmar el poder civil respaldados por un golpe militar o mediando un magnicidio, a partir de 1945 y hasta 1958 (Rómulo Betancourt, Rómulo Gallegos, primer gobernante electo mediante el voto universal y directo, Germán Suárez Flamerich, y Edgard Sanabria).

Durante 183 años de historia independiente los venezolanos hemos sido, en 130 años, ciudadanos de repúblicas militares o colonizadas por los mitos revolucionarios. Y no se trata sólo de la actual Revolución Bolivariana que cínicamente muta en Socialismo del Siglo XXI y es una suerte renovada del viejo marxismo que le sirve de trastienda y ancla en la hermana República de Cuba desde la segunda mitad del siglo XX, para justificar así otro despotismo más de los tantos que nutren el devenir de Hispanoamérica.

Así las cosas, lo constatable, ¡he aquí otra vez el verdadero asunto que nos ocupa y no debe distraernos!, es que tras cada acto de fuerza o mediando la demanda del caudillo militar o rural de ocasión, sigue siempre la explicación intelectual y detrás el texto fundamental de circunstancia, obra de escribanos cultos y refinados, que le otorgan ribetes democráticos y hasta constitucionales a lo así ocurrido. ¿Ocurre acaso una suerte de aparente transacción entre la fuerza y la razón, o mejor, estamos en presencia de la transformación utilitaria definitiva de la razón, haciéndola sirviente de la fuerza en Venezuela?

Al observar nuestra evolución constitucional también se comprueba que esa suma abigarrada de textos fundamentales, que surgen tras cada revolución, eventualmente pueden o no ser compatibles con los nobles propósitos anunciados por cada movimiento revolucionario a objeto de justificarse; pero las más de las veces, eso sí, intentan forjar, a través de reformas constitucionales o de constituyentes, las previsiones necesarias para que el mandamás logrero alcance su estabilidad, se aleje del poder sin perderlo, o se prorrogue en el ejercicio del poder, directamente o al través de sus designados. Mude de proletario en oligarca y mantuano, a fin de cuentas.

En principio, es trágicamente atinada la descripción magistral que a través de su célebre y ya citado cuento Los Batracios hace de la mencionada tradición política y constitucional venezolana don Mariano Picón Salas, uno de los más prolijos intelectuales de nuestra contemporaneidad, nacido a inicios del siglo XX y fallecido en su segunda mitad, cuando esta apenas deja transcurrir tres lustros. Poniendo énfasis en la obra del testigo, del acompañante quien es capaz de fabricar frases oportunas, otorgar documentos o hacer fe de la violencia que lo compromete en calidad de cómplice, Picón presenta la trama risible pero trágica del coronel Cantalicio Mapanare, a quien los peones de su hato interiorano le dan ese rango castrense hasta cuando deciden, mediando tragos o algún condumio, ascenderlo a general.

ASDRÚBAL AGUIAR A.

En medio de una de tales tenidas Cantalicio hace llamar a su abogado y le anuncia que tomará por asalto la jefatura civil de su pueblo costeño. Está molesto con su taciturno y barrigón gobernante, quien le impone multas para mantenerlo a raya en su soberbia y por aquello de que – según ese gobernante local de tierra desértica – "ley pareja no es dura". El leguleyo, oportuno, pero a la vez inoportuno, le aconseja al coronel, estratégicamente, esperar a la venida de otros refuerzos quienes se anuncian desde las Antillas para que la operación terrestre y memorable que imaginan cristalice con éxito total. Pero Cantalicio Mapanare lo pone en su sitio. Le recuerda sin locuacidad y con tono de mando su rol en la revolución: "Civil no discute cosa de guerra… Papel y lápiz mi doctorcito porqué usté (sic) va a apuntar…".

Pues bien, a la altura de esta explicación cabe decir que los hombres de letras a quienes he citado de modo especial en mí introducción, por ser Académicos Correspondientes de esta Real e histórica corporación de estirpe gaditana y liberal, son, no todos y así las cosas, actores de excepción de una tragedia que presencia la mayoría silente de los venezolanos – auditorio sin gestos y amarrado a los grillos – para quienes el siglo XX de marras no se inicia sino al término de la representación tiránica del momento, en 1935. Sirven con fe de carboneros al general Juan Vicente Gómez, con sus excepciones, como cabe repetirlo. ¡Y es que, desde la cárcel, atado a los grillos de La Rotunda, otro ilustrado y quizás el más perspicaz intelectual dentro de aquellos, José Rafael Pocaterra, autor de las Memorias de un venezolano de la decadencia, decide romper con el determinismo positivista y el fatalismo del mestizaje sobre el cual se encumbra el gendarme necesario! Le canta a la libertad connatural, a la esencia de la dignidad humana: "He caído en el pozo de la desesperación", dice. "Y no sé de qué oscuras fuentes de mi alma, de cuáles reservas recónditas de mi sangre, cuyo tumulto va serenándose lentamente, saco un extraño, un admirable estoicismo que anula todo pavor, todo recelo, todo instinto para conformar mis treinta años ante esta agresión tremenda del destino", finaliza su rezo, en enero de 1919.

Entre tanto, Zumeta quien es ministro de relaciones interiores mientras nuestro admirado don José Gil Fortoul, su colega académico, ejerce interinamente el gobierno de la República, se ocupa de organizar un Congreso de Municipalidades, en 1911; de tanta importancia que sus deliberaciones provocan la reforma constitucional que, sucesivamente y sin solución de continuidad, afirma la preeminencia final del poder militar por sobre el poder civil en Venezuela.

Cesan paulatinamente las "prácticas" mínimas o formales de tolerancia – para algunos los incipientes amagos de democracia – que se conocen entre 1908 y 1914; pasados ya 6 años desde cuando el mismo Gómez deja fuera del mando y exilado a su compadre y superior, El Cabito, Cipriano Castro, quien accede a la Presidencia de la República del mismo modo en que ocurre en el país desde 1858 y al apenas iniciarse el siglo XX. Se hace "rutina histórica – cabe repetirlo –, que el caudillo vencedor de una revolución se convierta, de hecho, en el nuevo autócrata", como lo comenta en 1959 el entonces presidente de la Junta de Gobierno, profesor Edgar Sanabria.

Así, mediante una labor de reingeniería política y constitucional, obra de civiles ilustrados, hijos de la razón, con la Constitución del año 14 le es conservado el poder absoluto y militar al general Gómez, hijo de la fuerza, quien lo detenta en su sustancia y bajo los paradigmas de una dictadura que se hace tiranía hasta que la Providencia se lo lleva. El nuevo texto, en lo formal, consagra la reelección presidencial, amplía el mandato de cuatro a siete años, y separa el ejercicio de la jefatura militar y "tutelar" del país del desempeño administrativo del Gobierno a manos de un jefe del Estado, y que le permitió al primero "gobernar el país, aun sin ejercer la Presidencia", como lo apunta el maestro de nuestros publicistas contemporáneos, Allan R. Brewer-Carías.

Los arquitectos de levita – a la sazón el propio Gil Fortoul – explican y defienden lo acontecido. Alegan que en todo caso la Autoridad Suprema del país – pero nominal, no lo olvidemos – queda en las manos un civil, Victorino Márquez Bustillos, quien la detentará siempre y en calidad de presidente provisional, desde 1914 hasta 1922; momento en el que Gómez, preocupado por su sucesión, reasume y unifica el poder, restableciendo dos Vicepresidencias, una para su hermano, otra para su hijo.

Al caudillo tutelar, de ordinario volcánico y primitivo si viene de oriente o de los llanos, o taimado y desconfiado si es montañés, aún se le apuesta en Venezuela, es el dato relevante.

Se le atribuye su descripción intelectual a Laureano Vallenilla Lanz, miembro de la citada generación ilustrada de los académicos del primer tercio de nuestro siglo XX. Su obra clásica, Cesarismo democrático o Estudios sobre las bases sociológicas de la constitución efectiva de Venezuela, publicada en 1919, es decidora al respecto y monumento al positivismo de moda: "Si en todos los países y en todos los tiempos – aún en estos modernísimos en que nos ufanamos de haber conquistado para la razón humana una vasta porción del terreno en que antes imperaban en absoluto los instintos – se ha comprobado que por encima de cuantos mecanismos institucionales se hallan hoy establecidos, existe siempre, como una necesidad fatal "el gendarme electivo o hereditario de ojo avizor, de mano dura, que por las vías de hecho inspira el temor y que por el temor mantiene la paz"; tesis que Vallenilla copia de Hippolyte Taine, autor de *Les origines de la France Contemporaine* (1975-1884).

El caudillo, gendarme o chamán, el césar que los venezolanos invocamos y nos damos periódicamente, es una suerte de talismán con su anverso y reverso, con dos facetas que interactúan y se sincronizan.

El autoritarismo puro y bruto mal podría instalarse, así no más, y en verdad, no basta para ello la apología realizada por una parte de nuestra Ilustración. Se le considera, en efecto, como el único capaz de realizar a través de su fuerza telúrica o astucia zorruna una exigencia que es sociológicamente central en la vida de Venezuela: el Mito de El Dorado, que refiere Andrés Bello y nos acompaña desde nuestra hora germinal; pero que luego refuerzan las guerras por la Independencia.

No por azar, el mismo Picón Salas escribe que "invocando a Bolívar como el dios tutelar que se llevó temprano la muerte – como la muerte se llevó

ASDRUBAL AGUIAR A.

temprano a nuestro último gendarme de uniforme, Hugo Chávez Frías – y vaticinando, también, todos los recursos que nuestro país puede ofrecer al mundo viven y padecen muchas generaciones venezolanas durante el siglo XIX". Y agregaría yo que nada diferente – con más fuerza telúrica – ha sido nuestro siglo XX y su escalada hacia el paroxismo en el tiempo que corre del siglo XXI.

El propio Vallenilla, al explanar su tesis recuerda otro dato histórico de relevancia. Los mismos llaneros, el pueblo llano, en medio de su penuria y lucha por la supervivencia que lo tiene como presa de caza, incapaz de discernir entre el régimen colonial y la república, en nombre del pillaje y saqueo, así como defiende los principios republicanos al día siguiente lo hacen en favor de Fernando VII.

De modo que, es Bolívar, observando cómo los mismos soldados que sirven al realista José Tomás Boves son los que luego abrazan las banderas de la Independencia, quien explica en 1821 la razón de fondo de todo esto: "Cuando el señor general Páez ocupó a Apure en 1816, viéndose aislado en medio de un país enemigo, sin apoyo ni esperanza de tenerlo por ninguna parte, y sin poder contar siquiera con la opinión general del territorio en que obraba, se vio obligado a ofrecer a sus tropas, que todas las propiedades que perteneciesen al gobierno... (las confiscadas a los enemigos) se distribuirían entre ellos liberalmente. Este, entre otros, fue el medio más eficaz de comprometer a aquellos soldados y de aumentarlos, porque todos corrieron a participar de iguales ventajas", termina Bolívar.

En el "padre bueno y fuerte", entonces, todos los venezolanos buscan encarnar, pues él, además y por el ser caudillo es, asimismo, quien encarna la Constitución: Es su arquitecto y último intérprete a lo largo de nuestra experiencia histórica. Es quien asegura, en consecuencia, los límites de nuestro libertarismo ancestral y lo administra de modo conveniente. Eso sí, se le entiende como una suerte de recurso único, de única e inmediata instancia, sólo para realizar la Justicia las veces en que El Dorado no alcanza certidumbre en un país – cabe decirlo – que nunca tuvo a El Dorado como sí lo han tenido México y el Perú coloniales. Mas llegó a Venezuela ya entrado el siglo XX con el descubrimiento del petróleo; dado lo cual el pueblo sigue urgiendo de culpables, para que paguen a manos del gendarme gobernante por sus días de penuria o escasez.

A la ley se la entiende – más allá de las reminiscencias coloniales – como un instrumento de ajuste de cuentas, y en su defecto se acata, pero no se cumple, justamente por quienes la asumen, únicamente, como el soporte para sus "reivindicaciones" individuales.

Otra vez las palabras de Vallenilla Lanz son, al respecto, ilustrativas, pues las vierte a raíz de una trágica constatación, a saber, el engaño del que fueran víctimas, tanto por realistas como patriotas, el pueblo que usaron como carne de cañón para una guerra fratricida como la de la Independencia.

De un lado, el Libertador hace expedir en 1817 una Ley de Repartos – en esencia confiscatoria de los bienes enemigos, es decir, los venidos desde la Colonia – para satisfacer la entrega de los botines de guerra que el mismo pueblo entiende haber obtenido por el uso de sus lanzas. Y no se le cumple a cabalidad, antes bien, los tribunales, afincados en la todavía vigente legislación realista, anula muchas confiscaciones devolviéndolas a sus legítimos propietarios; en tanto que buena parte de los jefes patriotas les compran a sus subalternos, por precios leoninos, los haberes militares obtenidos.

El Congreso intenta luego solventar la situación mediante la entrega de certificados o vales que las mesnadas miran con desconfianza y como excusas adicionales para no pagarles lo que juzgan se les debe. De modo que, como lo entiende y reconoce el propio Bolívar "con hombres acostumbrados a alcanzarlo todo por la fuerza... y tantas veces engañados... no pueden adoptarse sino medios extremos... no pueden ser halagados ni entretenidos con esperanzas". De suyo, siendo así, la dictadura constitucional y el centralismo personalista que anima a su obra constitucional sería la consecuencia de su mismo quehacer revolucionario.

Al volver desengañados a sus hábitos de pillaje y nomadismo, sobre todo los llaneros, si en los tiempos coloniales podían advertir alguna ilicitud en sus comportamientos, éstos los encontraban ahora purificados por haber hecho parte de la gesta libertadora: "podían disfrazar sus bárbaros impulsos proclamando principios políticos y "reformas" constitucionales, explica Vallenilla. Prefiere ajustar, morigerando la cuestión, que "con una fe absoluta en la eficacia de las leyes, los hombres cultos pretendían cambiar con preceptos constitucionales aquél estado de anarquía espontánea, sin sospechar siquiera que él era la lógica expresión de un organismo social rudimentario en pleno trabajo de integración".

Se dictan, en efecto, leyes para contener el bandidaje desatado luego de que las tropas no encontraron su adecuada reinserción en la vida nacional, como la Ley de Hurtos de 1836 que reforma la igual dictada en Colombia en 1826. Pero las mismas, cabe reiterarlo, se acatan, pero no se cumplen; tanto como el realista Domingo Monteverde dice acatar en territorio americano la Constitución de Cádiz de 1812, pero nunca ejecuta sus providencias y prefiere dar rienda suelta a sus instintos represores.

Se olvidaba, pues, "que como el principal elemento de toda revolución era precisamente aquel contra el que debía descargarse el peso de la ley, cayo ésta en desuetud, cuando los adversarios de Colombia y de Bolívar – más tarde – necesitaron halagar las pasiones populares y establecer la impunidad como sistema", concluye Vallenilla. Es una radiografía cabal lo así dicho, entonces y lamentablemente, de la Venezuela de aquel momento y de la que nos acompaña en pleno siglo digital.

No por azar, al escribir en el 2000 sobre la Venezuela del siglo XX, en lo relativo a "El Derecho: ¿práctica de vida o imposición ajena?", luego de repetir cuanto afirmaba Gil Fortoul, a saber, que la Constitución es para los venezolanos un librito amarillo que se reforma todos los años y se viola todos los días, señalo que "no cabe la idea de una cultura jurídica propia o doméstica en Venezuela...si se constata el sugerido divorcio entre las formas del Derecho y el sentir de la gente...", por defecto de Ilustración. "El perfeccionismo del Derecho tiene un precio perfecto: la no-eficacia del Derecho".

¿Cómo desandar, pues, la génesis del problema de Venezuela, a fin de zanjar el desencuentro existencial que todavía pesa sobre nuestra difusa conciencia colectiva? Pues, sea lo que fuere, dos perspectivas distintas lo encierran.

Una sería el comentado desdén de Bolívar por los hombres ilustrados, hijos de la razón y ajenos a las espadas, quienes en 1811 nos hacen a los venezolanos, primeramente, sujetos de derechos fundamentales e inalienables, capaces de formar una sociedad, y quienes luego le imponen al Estado naciente y en fragua, por vía de consecuencias, servir a tales derechos; lo que consta en el Manifiesto de Cartagena, que a partir de 1812 se propone cambiar nuestra partida de nacimiento y borrar 300 años de historia.

En otra banda, el maestro Rómulo Gallegos, cuya estela de hombre de letras alcanza a cubrir y ganar fama en toda Hispanoamérica, afirma en 1909 que el sentido de la ley no ha penetrado en la conciencia venezolana "no porque esté calcada en la de extraños pueblos – como se dice – no es esta Constitución, nuestra Constitución, sino porque no se nos ha enseñado a verla como cosa propia, y tan extraña permanecería para nosotros si ella fuera sacada de la propia alma nacional". Y desde entonces, desde los días inaugurales poco nos importa a los venezolanos que "los de arriba" tuerzan a su antojo a las leyes porque, en verdad, las mismas no le hablan al alma – lo dice Gallegos – y su desdén tampoco nos significa nada, pues incluso quienes alguna vez claman sanciones para los violadores de la ley, que siempre son otros o los otros, lo hacen con hipocresía y sin sentir que éstos atentan contra la patria ultrajada.

¡He aquí, entonces, la cuestión vertebral que, por vía de conclusiones, determinaría nuestra circunstancia, como una trampa que ha congelado nuestra evolución y nos niega a los venezolanos el pasado y el porvenir, tornándonos en hijos del presente, de lo circunstancial! Seguimos invocando al gendarme necesario, quien hace posible nuestra esperanza del Dorado, y la ley, ora sirve para apuntalar expectativas que habrán de llegar sin esfuerzo, salvo el reclamo, ya que la cotidianidad "legal" es otra cosa; ora es válida sólo cuando su peso ha de caer sin miramientos ni atenuantes sobre aquél venezolano que intente hacernos regresar al plano de la razón y ordenar nuestros instintos.

La construcción de la república civil, obra de orfebrería

Rómulo Betancourt y Rafael Caldera, forjadores junto a Jóvito Villalba de nuestra República Civil contemporánea, que dura hasta que los militares vuelven por sus fueros, auscultan el tema que nos ocupa. Lo hacen desde dos perspectivas interesantes, orientadoras en cuanto al problema de Venezuela, y la última es una corrección o complemento de la primera.

Pero un dato más cabe agregar, antes de lo anterior y me refiero, exactamente, a lo que declara Hugo Chávez Frías en 2004, al inaugurar la sede del Comando Regional 5 de la Guardia Nacional, cuando les recuerda a sus compañeros de armas que después de varias décadas de perderlo readquieren otra vez – bajo su mando – los espacios que les roban los civiles, léase los políticos, durante la República de Puntofijo.

Betancourt, en 1962, en alocución que dirige a los representantes diplomáticos de los países bolivarianos comenta que "el pensamiento de Bolívar, lo sabemos bien, ha sido falseado y deformado por los teóricos al servicio de los despotismos criollos, quienes con unas cuantas frases mal interpretadas y con citas de Le Bon, de Spencer y de otros forjaron la doctrina del "cesarismo democrático". Pero admite que "vigente continúa ese peligro para las democracias de América de los que pretenden erigirse en hombres providenciales". En pocas palabras, la primacía en Venezuela de la razón de la fuerza por sobre la fuerza ideológica de los razonantes tendría su explicación en éstos, no así en quienes, a la luz de los hechos y bajo el arrebato de ocasión, apuntalados por las armas, han impedido nuestra madurez democrática.

El entonces gobernante dirige su dedo acusador, justamente, sobre los miembros del tercer movimiento de ilustración al que varias veces me he referido, actores de la primera mitad de nuestro siglo XX. En lo particular, apunta, sin nombrarlo, al hombre de letras y amante de la sociología, Laureano Vallenilla Lanz, a quien hemos mencionado.

Rafael Caldera, a su turno, analizando el comportamiento intelectual de esta generación de levitas, que convive y buena parte de cuyos actores hacen literatura a la sombra del dictador Gómez, prefiere sostener lo siguiente: "La aventura de la Revolución Libertadora (a comienzos del siglo XX y que opone de conjunto a liberales y banqueros al dictador Cipriano Castro) es muy compleja….; pero es lo cierto que para los jóvenes venezolanos la Revolución Libertadora apareció como la última tentativa, como la última posibilidad de derribar un gobierno autocrático y permitir nuevamente el juego de los partidos y de las personalidades políticas (como lo imaginan los repúblicos de 1811 y lo alcanzan los de 1830, agregaría, pero)… lo cierto es que la pérdida de la Libertadora trajo consigo la conversión pragmática de las brillantes generaciones intelectuales de la época, que si despertaron ilusionadas con la asunción de Gómez en diciembre de 1808, después, ante un nuevo desengaño, optaron por considerar irremediable la figura del gobernante absolutista y rodearlo para servir dentro de las posibilidades del régimen los intereses nacionales".

Observa Caldera, al respecto, que así "1902, 1908 (frustrada obviamente la experiencia de la generación de ilustrados de 1830), son apenas dos hitos y no se volverán a movilizar los ánimos juveniles hacia formas de gobierno democrático, hasta el brote de la generación del 28, dos décadas después"; la que a la sazón provoca el parto de la república civil que emerge a partir de 1959.

No obstante, a fin de abrirle caminos a posibles respuestas a los interrogantes que nos hemos formulado, cabe deslindar, por lo visto, a cada movimiento de ilustrados en Venezuela; pues parecería que mantienen una suerte de hilo conductor ideológico sin solución de continuidad, pues al final, la generación de inicios del siglo XX referida por Betancourt y Caldera cambia de perspectiva – a pesar de su cientificismo – al resignarse, al ceder ante la lucha.

Dentro del conjunto extenso de nuestros hombres ilustrados, los de 1811 son, efectivamente, discípulos de la Ilustración francesa e inglesa, en tanto que también leen a Jovellanos y a Campomanes, tanto como los hombres de 1830; si bien éstos, los últimos, se hacen llamar en la circunstancia, unos conservadores, otros liberales, sin que los primeros dejen de ser liberales y los últimos bastante conservadores de los privilegios que les dispensan las guerras de la Independencia.

Los del primer tercio del siglo XX, todos a uno, masones en su mayoría, afirman, lo hemos dicho, ser discípulos del positivismo europeo. Los de 1830, si bien alcanzan su prestancia bajo la cobertura del "primer lancero del mundo", con prestigio carismático de gran caudillo, el Centauro de los Llanos, general José Antonio Páez, primer presidente de la Venezuela cabalmente independiente, y le sirven, muestran una diferencia sustantiva con relación a los primeros.

Páez busca "someter a sus propios conmilitones y acostumbrarlos a un orden civil que, si no es el de la democracia perfecta, parece una traducción tropical de la monarquía inglesa", según sus estudiosos, como el académico e historiador venezolano Elías Pino Iturrieta. Al efecto, ejerciendo su mando a cabalidad escucha "a los hombres inteligentes del país", a la oligarquía culta que quizás le estimula, a un punto tal que, en sus postrimerías, exilado y fuera del poder, se hace un hombre de letras y de pentagramas.

Pero mediando un común denominador entre los hombres de 1811 y 1830, que puede situarlos como diferentes a los de inicios del siglo XX, y admitiendo la servidumbre común al gendarme de turno entre los de 1830 y éstos, la originalidad de los primeros, quienes no logran prorrogarse en el tiempo, es que dibujan y forjan la república a despecho de los militares.

Los de 1830 ven finalizar su obra, cuando optan por prosternar y no satisfacer las ambiciones de las lanzas que hacen la Independencia; en tanto que los más recientes, quienes preceden a la luminosa generación juvenil y civil de 1928, optan por aceptar al gendarme como un mal necesario a quien deben ayudar los civiles.

La generación de 1811 tiene a muchos emblemas cuyo pensamiento es suficiente para conocerla a cabalidad intelectualmente, y concluir que, si bien beben en las fuentes constitucionales americana y francesa, acopian pensamiento propio y decantado, de suyo congruente con las ideas liberales que bullen en la España invadida por Napoleón.

Juan Germán Roscio es, sin embargo, el emblema y se revela como un acendrado discípulo del Derecho natural, y en Patriotismo de Nirgua y abuso de los reyes (1811) recuerda que "Dios no crió reyes ni emperadores, sino hombres hechos a imagen y semejanza suya". Y añade que "el gobierno republicano fue el primero porque es más conforme a la naturaleza del hombre". Antes precisa que "piensan muchos ignorantes que el vivir sin rey es un pecado este pensamiento, fomentado por los tiranos y sus aduladores, se ha hecho tan común, que para definir al vulgo a un hombre malvado suele decir que vive sin rey y sin ley". Y continúa, afirmando que "sin ley, es verdad, nadie puede vivir, porque está impresa en el corazón de todos los hombres por el Autor de la Naturaleza...; pero sin rey cualquiera puede y debe vivir, porque es un gobierno pésimo, nacido casi siempre de la violencia y del fraude, fomentado por el fanatismo y la superstición y transmitido por esta vía desde el gentilismo hasta nuestros días".

Roscio, a la vez, en Triunfo de la libertad sobre el despotismo, escrito en 1817, a cinco años de fracasada la Primera República, confesando sus errores políticos, recuerda que al igual que en Venezuela, asimismo en España se derrumbó el edificio de su Constitución liberal. Y no obstante las críticas que dirige contra La Pepa, por no haber procurado una igualdad efectiva entre la Península y los países de ultramar, afirma: "Lloré, sin embargo, su ruina, y suspiraba por su restablecimiento y mejora. Me bastaba para estos sentimientos el mirar declarado en la nueva carta el dogma de la soberanía del pueblo; sentadas las bases de la convención social; abierto el camino de la felicidad a una porción de mis semejantes; y marcado el rumbo de la perfección de una obra que debía ser imperfecta o viciosa en su cuna". Y finaliza así: "Conocía luego la causa principal del trastorno, obrado por el Rey y su facción en Valencia, a su regreso de Valencey. Me confirmé en mi concepto, cuando de la prensa ya esclavizada, empezaron a salir papeles y libros contra principios naturales y divinos profesados en la Constitución. Unos textos de Salomón y San Pablo eran los habitadores de la falange, que acababa de triunfar, de las ideas liberales que han exasperado en todos los tiempos el alma de los ambiciosos y soberbios".

Mal puede decirse, entonces, que nuestros Padres Fundadores araban en la mar, desprendidos de realidades como afirma Bolívar. El caso es que hacían estimación de sus realidades a partir de la idea de la perfectibilidad de la persona humana. Apuntaban al reconocimiento de la dignidad que a todos nos es connatural y que sólo rescata nuestra contemporaneidad sobre la tragedia del Holocausto, al reclamar el renacimiento del Derecho natural como fundamento del constitucionalismo a partir de 1945.

De modo que, poniendo de lado el hecho circunstancial de la traición al ilustrado Miranda, por su subalterno Bolívar, cabe quizás como explicación del fracaso de nuestro primer experimento democrático, el argüido por Picón Salas, a saber, el faccionalismo del mundo civil frente a la unidad de la emergencia de la guerra; pues al fin y al cabo, como recuerda el mismo Picón, reparando en el tiempo posterior de la Guerra Federal, entre 1858 y 1863, "la guerra – aunque la hayan predicado los intelectuales – la hacen los hombres de armas". Llegan allí por imperativo de lo circunstancial.

Parecería, pues, que más que las ideas cabalmente democráticas de nuestra Ilustración civil, lo que se impone al final, en efecto, no es más que la realidad de las divisiones entre los mismos hombres de levita, cuyos espacios, por obra de una ley universal y de la física, los ocupan para lo sucesivo y hasta ahora las caponas y los quepis.

Al dibujar sobre el papel el comportamiento de las élites civiles y urbanas en los albores de la Emancipación y durante el período de nuestra Independencia, Picón Salas hace, sin proponérselo, un ejercicio de actualidad descarnada, que puede sorprender al menos avisado de los venezolanos del siglo XXI en curso. Comentando sobre la gente y las facciones en la Caracas de antaño, cuya efervescencia tiene tanta fuerza innovadora como la que prende en paralelo durante el Cádiz de las Cortes y que hace posible a La Pepa, refiere la existencia de tres partidos: "La caldera está ardiendo y en ella se mezclan los intereses más opuestos". "Un primer partido sería el de los aristócratas autonomistas que quieren aprovechar la excelente coyuntura de la guerra española para mandarse solos… Creen merecer más autoridad que cualquier intruso funcionario español sobre la próvida tierra venezolana…". Aunque coincidan con los mantuanos en el deseo de liberarse del régimen español, acaso un segundo partido de gran fuerza propagandística –prosigue– es el formado por la juventud que leyó libros de Francia y vibra con el humanitarismo fraternal e igualitario de la Revolución…". Y agrega que "con desconfianza miran lo que pasa quienes se pueden llamar los hombres del tercer partido: comerciantes y funcionarios españoles que se ven desplazados ante la insurgencia del patriciado criollo; y elementos conservadores de una indecisa y borrosa clase media, cuyo viejo estilo colonial de vivir se previene de toda innovación...Y aún el pueblo, a veces, prefería al funcionario español que por no estar ligado a los intereses de la casta aristocrática, hacía justicia y aplicaba una ley pareja, al ensoberbecido patricio criollo que subrayaba su altanera preeminencia".

La traición de Bolívar a Miranda, que funge como parteaguas de nuestra historia recorrida y en cuanto al asunto que nos ocupa, en verdad y más allá del ánimo incubado en El Libertador luego de su fracaso en Puerto Cabello, parece encontrar explicación en la vesania de los civiles y mantuanos quienes le rodean en la hora.

Guillermo Burke, sin embargo, pone el énfasis en un comportamiento propio y anticipado de quienes abonan en favor de la razón de la fuerza, al precisar en su opúsculo sobre Tolerancia Religiosa (1811) que "en vano habrían trabajado los apóstoles de la tiranía si, induciendo al fanatismo, no hubiesen privado también la libertad de pensar y santificado la ignorancia". De allí que, bien apuntan los ilustrados de Cádiz y de Caracas cuando a su turno respectivo, aquellos, antes de sancionar la Constitución Política de la Monarquía Española en 1812, aprueban una Ley de Imprenta en 1810, tanto como éstos, antes de sancionar la Constitución Federal para los Estados de Venezuela, en diciembre 23 de 1811, en la Proclamación de los Derechos del Pueblo, sancionan que "el derecho de manifestar sus pensamientos y opiniones por voz de la imprenta debe ser libre", aun cuando la condicionen al respeto del dogma y la tranquilidad pública.

La Sección Legislativa de Caracas, que adopta un Decreto de Libertad de Prensa el mismo año, reconoce "que la imprenta es el canal más seguro para comunicar, a todos, las luces, y que la facultad individual de los ciudadanos de publicar libremente sus pensamientos e ideas políticas es no sólo un freno de la arbitrariedad de los que gobiernan, sino también un medio de ilustrar a los pueblos en sus derechos y el único camino para llegar al conocimiento de la verdadera opinión pública".

No huelga afirmar, a todo evento y en línea con esta apreciación, que, si acaso la tesis bolivariana del "gendarme necesario" hubiese sido cierta y realista como válidos los remedios que propone a lo largo de casi dos centurias de acontecer republicano inacabado y siempre en reinicio, la circunstancia de otras latitudes que nos son próximas – Colombia, Uruguay, Argentina – sería la misma, y no lo es. ¿O será que los causahabientes del mismo Bolívar no hicieron buena su consigna de "moral y luces" como nuestras primeras necesidades, que sí la apreciaron e hicieron suya, anticipadamente nuestros hermanos gaditanos, según lo admite Roscio, quienes al sancionar La Pepa, como cabe repetirlo, y propiciar un tránsito no violento entre el Antiguo Régimen y la modernidad, prescriben como fundamento y columna vertebral de su obra constitucional y libertaria el contenido del célebre artículo 371, situado deliberadamente en el Título sobre la Instrucción Pública: "Todos los españoles tienen libertad de escribir, imprimir y publicar sus ideas políticas sin necesidad de licencia, revisión o aprobación alguna anterior a la publicación, bajo las restricciones y responsabilidades que establezcan las leyes".

La generación de 1830, por su parte y en cuanto a su cosmovisión, puede leerse mejor y en sus enseñanzas, quizás en Fermín Toro y no sólo en Tomás Lander, resurrecto de la ilustración fundacional, quien en comunidad con Roscio es cultor del iusnaturalismo en los términos siguientes: "Las leyes de la naturaleza deben ser las primeras lecciones – lo recuerda en su Manual del Colombiano o Explicación de la Ley Natural – de todo joven que no quiera andar tropezando en cada paso de su vida", y al señalar que la sociedad implica "un contrato expreso o tácito", a perfilar la idea de Justicia y la forma en que prescribe a la misma ley natural, habla de los atributos inherentes a la organización del hombre, "la igualdad, la libertad, la propiedad". Y para que gobiernen las leyes, como expresión de la libre voluntad general, y no los hombres, sostiene Lander que, a la luz de la enseñanza natural, "es absolutamente preciso que estén separados los tres poderes: legislativo, ejecutivo, y judicial".

Toro tiene apenas 23 años cuando Venezuela se constituye finalmente como República independiente y, forjándose como periodista y tribuno parlamentario de fuste, en vísperas de iniciarse la Guerra Federal ejerce como ministro de hacienda y de relaciones exteriores, pero sobre todo preside la Convención Nacional de Valencia, en un intento por frenar la deriva despótica y antidemocrática cuando anuncia volver por sus fueros en 1858.

En un momento crítico, sobre lo fatal de la citada guerra y con vistas a la dictadura de circunstancia que ejerce Páez, quien antes fue gobernante demócrata y conciliador, le escribe a éste para decirle "duras verdades" sobre una premisa: "Creyó Usted también que para realizar su idea, necesitaba estar revestido del poder dictatorial que usted obtuvo por su poder y que hemos visto sus esfuerzos para emplearlo en realizar el hermoso pensamiento de terminar la guerra e inaugurar una época de paz". Pero le advierte que no fue así, y que ese hecho externo "en que se usa la fuerza para conseguir un fin deseado aun suponiendo éste honesto" trocó en "poder absoluto, arbitrario y tenebroso que todo lo demuele y nada crea; que ahoga la voz de la libertad e impone silencio hasta las más justas quejas".

Al caso y dado su fracaso, Toro previene a Páez, en 1862 (¿?) sobre el camino recomendable, a saber: darle a la sociedad "ciertas condiciones de existencia política a las cuales no renuncia nunca ninguna sociedad por más humillada que éste, por más marcada que sea con el sello de la desgracia y el látigo del despotismo si una vez, una vez siquiera ha respondido ésta a la libertad, ha visto la luz de la civilización, si no va a ser contada en el número de las civilizadas".

Venezuela, en su criterio, jamás podría ya renunciar a un mínimo común y ese se lo indica a través de una pregunta y otra afirmación: "¿Cree usted que puede hoy gobernarse un pueblo, valeroso e inteligente, ahogando estrechamente su libertad y aniquilando su representación política?... Hoy no queda ni aquel simulacro (de Congreso y de libertad de imprenta de los Monagas) ... Tampoco hay un solo periódico. Sí, hay uno, (comenta Toro) el consagrado oficialmente a la mentira y el delirio, para difundir en la República el engaño y el terror".

VENEZUELA, EN LA ANTESALA DE LA HISTORIA

El testimonio de Fermín Toro es revelador del credo de su generación, nuestro segundo movimiento ilustrado, que cabe destacar en su importancia pues, efectivamente, ocurre en su tiempo una verdadera división dentro del movimiento civil de estirpe democrática, y en el marco de un paradójico panorama en el que se reflexiona ampliamente y a profundidad "sobre el destino de Venezuela"; a saber: cuando "florecen los periódicos con redactores solventes y polemistas de insólita calidad", como lo destaca con su pluma fértil y sin concesiones Pino Iturrieta.

Se enfrentan "sin conciliación, dos generaciones. La de los sosegados hidalgos y letrados [ya citados, los de 1830 y los que vienen de atrás] que habían acompañado a Páez y entre 1858 y 1860 asisten a las tertulias de don Manuel Felipe de Tovar, y los que aprendieron su populista evangelio de rebeldía, en los escritos de Antonio Leocadio Guzmán".

En contra de los forjadores del constitucionalismo inaugural de 1811 y de 1830, liberales en su esencia, bajo el nombre de liberales y tras los intelectuales que así se hacen llamar a partir de ese instante, vuelven las lanzas de la Independencia para apuntalar sus despropósitos; y en el acre debate que se da entre Toro y Guzmán el viejo – padre de esa suerte de César y Napoleón que procuran los acontecimientos y es su hijo, Antonio Guzmán Blanco, autócrata durante el último tercio del siglo XIX venezolano – aquél le escribe para recordarle que "nunca daré mi adhesión a un poder arbitrario y opresor que no tiene otros resortes que el terror y la violencia. Tampoco he sido partidario de la Federación (que es el nombre del movimiento guzmancista, que se presenta como reacción

- 175 -

al centralismo paecista liderado por los centralistas de 1811) cuando su bandera (efectivamente) combatía un gobierno legítimo y una Constitución liberal".

En suma, la Ilustración de 1830, tanto como la de los Padres Fundadores, naufraga, no por argüir ideas inválidas, sino víctima del faccionalismo, de las ambiciones y el personalismo. Dice bien Pino Iturrieta, a la sazón, que "con Páez otra vez en el poder (1839-1843) y durante la gestión de Carlos Soublette (1843-1847), mientras coincide la materialización del pensamiento con una severa crisis económica, ocurre el divorcio de los notables", de esa "combinación de protagonistas integrada por patriarcas severos (quienes realizan su trabajo con ponderación para la forja de una nueva patria) y letrados díscolos (quienes pescan el río revuelto)". Y desde allí, como se ve, emergen dos oligarquías intelectuales distintas "sobre las cuestiones de mayor entidad"; una democrática contumaz, otra logrera y oportunista, sin dejar de ser ilustrada. Pero suficiente para que el país tome la senda de la disgregación, que no se supera, "como un cuero seco – copio otra vez a Pino Iturrieta – en que imperan los gamonales y sus plumarios".

El optimismo de la voluntad o el mito de Sísifo

Una vez como las espadas alcanzan en Venezuela el propósito de la libertad, arrasan y toman como cosa propia – a la manera del botín – las tierras liberadas. La anarquía posterior a la Independencia propicia despojos y nace una nueva oligarquía militar terrateniente. Son dictadas, vuelvo a recordarlo, leyes de secuestro y se instalan comisiones para el reparto de las tierras entre los soldados. Es desarticulada la sociedad civil en tímida formación y son destruidas y abandonadas las haciendas con sus siembras y ganados. Tres centurias de historia y tradición hispanas son borradas en un tris y no se permite que dejen saldo fértil alguno. La empresa "liberadora" es, desde entonces tarea épica que no concluye y a diario comienza, desde cero.

"Son numerosas las plumas que se emplean a fondo para justificar el gobierno de Gómez a través de la óptica positivista", cabalmente distinta a la de nuestros Padres Fundadores y a la Ilustración que luego nos organiza, definitivamente, como realidad independiente cabal, en 1830.

Pino Iturrieta en Venezuela metida en cintura 1900-1945, destaca dentro de aquéllas a "Pedro Manuel Arcaya, José Gil Fortoul, Laureano Vallenilla Lanz y César Zumeta". Y sostiene que, "grosso modo, (al éstos) observar en Venezuela la presencia de una raza mezclada por la unión de tres distintas etnias que en tres siglos desarrolla una caracterología cuyas tendencias trasmitidas de generación en generación, merced al factor hereditario, crean una colectividad impulsiva, valiente, belicosa y veleidosa", juzgan que "el caudillo, protagonista excepcional del siglo XIX, es la clave para la comprensión de tan descompuesta escena", que hoy sigue haciendo de las suyas.

Pero no sería justo reducir el acontecer vital de estos hombres ilustrados al papel de meros escribanos de dictaduras. De allí, quizás, la validez de la explicación que nos diera Caldera, a saber, la resignación, el pesimismo ante la adversidad, que es el mejor aliento que nutre a los autócratas, y desarticula los impulsos hacia la civilización.

Rufino Blanco-Fombona, siete años antes de su ingreso a esta Real Academia como académico correspondiente, en yunta con José Ladislao Andara, autor de la obra *Evolución política y social de Venezuela* (1904), Pedro Manuel Arcaya, Manuel Díaz Rodríguez, y el mismo Zumeta, mi predecesor, desde la misma sede del gobierno, en la Casa Amarilla, deciden crear el Partido Radical para "redimirnos de la barbarie, representada hoy por Gómez". Y al hacer constar su credo sustancialmente democrático, hablan de un "partido político, radical, civilista, civilizador... que luche contra la barbarie soldadesca, instaure una severa moral política..., plantee una nueva justicia social, despierte en el país la confianza en sí, en sus fuerzas, en su porvenir, se oponga a la farsa de los viejos liberales y al estancamiento del pétreo conservatismo anacrónico". La iniciativa se la plantean el 6 de septiembre de 1909.

Mas, el día 8 siguiente, con fe en sus objetivos y entendiendo "que los liberales de Venezuela se han convertido en conservadores; que los conservadores se evaporan como partido; y, por último, que amenaza levantarse y prevalecer, como en la época de Castro y con un hombre inferior a Castro en todo, el personalismo más rastrero y peligroso"; aun así, se preguntan si podrán lograrlos, antes de reconocer que "entre nosotros se ha llegado al más triste estado: aquel en que los hombres carecen de fe unos en otros; y en que, unos y otros, carecen de fe en el esfuerzo ya personal, ya colectivo".

Por lo mismo, diría para finalizar, en este instante en que la Venezuela civil duda y se fractura, parte de ella acusa desaliento ante el porvenir, que el tiempo en el que Venezuela logra su mayor período de estabilidad constitucional y democrática, entre 1958 y 1999, ocurre por cuanto sus actores, antes acres adversarios, pero todos a uno demócratas con fe de carboneros, hacen cesar entre ellos la conflictividad ideológica estéril y los personalismos que ésta procura. Y las distintas parcelas intelectuales y partidarias actuantes y que representan, ninguna de las cuales, por cierto, renuncia al culto de lo bolivariano, acicateadas por la noche oscura de la dictadura militar (1948-1958), encuentran como piso común la idea del pluralismo democrático y su defensa en común.

Ello, a la luz de la experiencia, es el mentís cabal al determinismo positivista que otra vez se nos sobrepone y al que nos han sujetado los gendarmes y sus escribanos de toda hora. La vuelta de éstos, hace 15 años, no cabe dudarlo, ocurre sobre un vacío de coyuntura, originado en el agotamiento y fractura de ese pacto social e institucional necesario, cuyo asiento es la Constitución de 1961; pero que los actores civiles e intelectuales de la última hornada democrática no alcanzan a recomponer, en un instante trágico cuando éstos asumen la experiencia libertaria conocida como una empresa acabada y no necesitada de su siembra cotidiana.

De modo que, por encima del panorama que domina la historia de Hispanoamérica y de Venezuela, ahogando las voces de la democracia, los pequeños intersticios temporales que ésta conquista, no obstante y en buena hora valen y bastan para sostener con optimismo esa memoria acerca de unos orígenes nada bastardos que nos anudan a una idea de libertad responsable, fundada en las virtudes de la moderación civil y política, de la tolerancia mutua, como lo recordara Tomás Lander; pero que mal podrán hacerse inmunes a nuestra indocilidad de carácter si sigue mediando, ora en el gobierno, ora en la sociedad civil y tras arrestos de prepotencia que no ceden en nuestro espíritu colectivo, con sus costos ominosos, la persecución o el aislamiento de quienes discrepen y el silencio o descalificación de sus opiniones.

Valen, en este orden, las palabra sabias y oportunas del actual Papa Francisco, quien antes de acceder a la Silla de Pedro nos pide a todos – hijos de la fuerza o cultores de la razón – volver a jerarquizar la política como obra colectiva, desvirtuada por la partidocracia utilitaria y la pérdida de las certezas. Al efecto, nos sugiere en buena hora pasar del nominalismo formal a la objetividad armoniosa de la palabra, volver a las raíces constitutivas y a la memoria histórica, salir de los refugios culturales y buscar la trascendencia capaz de enlazar sin dividir a las generaciones, caminar desde lo inculto al señorío sobre el poder, en fin, avanzar hacia pluriformidad en la unidad de los valores, descartando el sincretismo de laboratorio, sirviendo, eso sí y en todo caso, a la verdad.

Real Academia Hispanoamericana
de Ciencias, Artes y Letras

Cádiz, 18 de junio de 2014

EL SER QUE SOMOS LOS VENEZOLANOS*

---

* Exordio a la obra de Pedro Paúl Bello, *Venezuela: Raíces de invertebración*, Cognitio Books/Apps, 2014

Pedro Paúl Bello reclama de quien esto escribe una suerte de proemio o reflexión anticipada para su última obra, si bien la misma se vale por sí sola: Lo añadido, así lo creo, no hace otra cosa que postergar el disfrute de unas páginas medulares sobre el decurso histórico de Venezuela y como respuestas a sus muchos ¿porqués? en el presente. No obstante, dada su madurez como intelectual y su reconocida cordura de juicio, el autor no admite tal realidad de buenas a primera.

Le resta a su libro pretensiones como obra de historia, que la es cabalmente; si bien y en buena hora, más que una narración farragosa de los hechos y fechas ocurridos y arrumados durante el curso de nuestra existencia republicana y desde mucho antes de alcanzar Venezuela su independencia, es aquél una invitación seria para que los venezolanos, de una vez por todas, logremos cabal comprensión de lo que somos como tales y alcancemos descubrir, además y de modo previo, el Ser que somos como individuos y como personas.

Según Pedro Paúl Bello, amigo personal, catedrático universitario emérito y diplomático, esta es la necesaria condición para que todo pueblo – los venezolanos lo somos, cuando menos – podamos asumir con éxito el desafío del quehacer pendiente y permanente que demanda la misma perfectibilidad humana y social. Es lo esencial, según él, para que en Venezuela podamos asumirnos como proyecto y realidad de Nación y pretender abandonar al Estado o redituarlo, pues es y ha sido – en nuestra realidad particular – cárcel histórica y justificación única de nuestra ciudadanía; todavía más si tras el Estado que sí somos a plenitud, a pesar de su sobrevenida inflexión como expresión de la modernidad política, medra un engaño o la simple prolongación de un régimen o sistema de vocación caudillista, que nos lega para mal de nuestros males la lucha por la emancipación.

El título – ¿Por qué Chávez? o mejor El ser que somos los venezolanos – es revelador de las páginas que integran a esta nueva y más que oportuna escritura, la más reciente de Pedro Paúl Bello, ingeniero civil de profesión y también licenciado en filosofía, con estudios de posgrado en París y en Santiago de Chile.

El autor no dirige sus reflexiones hacia la construcción de una apología alrededor de quien, en la actualidad o circunstancia, conduce los destinos del país; menos se ocupa de él, como tal y a profundidad. Es apenas una pieza o si se quiere una decantación inevitable de nuestro acontecer nacional e histórico. Por ende, intenta y logra obsequiarnos una reflexión raizal que nos explica, justamente, el porqué de nuestro saldo histórico y que abandona los odres de la trivialidad, que se ha hecho hábito en la Patria y nos sirve de cómodo escape para nunca asumir, cada venezolano o venezolana, la cuota de responsabilidad que todos tenemos en la fragua del ser que somos; más allá de nuestros caudillos militares o civiles, demócratas o dictadores, sean cuales fueren sus aciertos, sean

VENEZUELA, EN LA ANTESALA DE LA HISTORIA

cuales fueren sus ominosos legados políticos durante nuestros dos siglos recortados de experiencia republicana.

Lo cierto es que tanto autores como hijos a la vez de la llamada República de Venezuela, llegamos con el atraso de una generación a la independencia, en 1830, a la modernidad, en 1935, y todavía nos falta un trecho para afirmar que desde ya confrontamos con los desafíos de la posmodernidad o mundialización en curso.

Tenemos ante nosotros, pues, un libro escrito con serenidad, con responsabilidad y sin apremio, que describe la negación que hace de sí el mismo pueblo venezolano a lo largo de su trecho vital; a un punto que nunca se siente satisfecho ni con la obra ajena ni con la propia y por ello, en búsqueda agónica de su razón de ser y de existir, apela a los mitos que crea o encuentra al azar para luego desecharlos y sucesivamente hacerse de otros, en un continuo que nos impide aún hoy adquirir el perfil de una Nación verdadera. Somos un amago como tal, en medio de un colectivo sin forma e integrado por individualidades cuyo hacer por Venezuela brilla e incluso desborda las fronteras que nos atan – son los casos de Francisco de Miranda y de Don Andrés Bello, en los '800, o, de José Gil Fortoul, José Rafael Pocaterra, Caracciolo Parra Pérez, Rómulo Gallegos, Arturo Uslar Pietri, Rafael Caldera, y del padre de nuestra República de partidos, Rómulo Betancourt, en los '900 – hasta un punto en que el ejemplo de éstos hace menos entendible por qué somos como somos los venezolanos.

Pedro Paúl Bello nos muestra lo raizal: no se puede pertenecer a una nación o a un pueblo, para reconocerse en él, si cada individuo que la compone no se descubre a sí y en primer término como lo que es: un Ser uno y único, proyecto de vida propio, pero a la vez necesitado de los otros dadas sus falencias, de suyo llamado a la alteridad; ha realizarse ante sí y ante los otros por poseer una dignidad inmanente. Y su enseñanza no se hace esperar. Primero cabe ser hombres – varones o mujeres – y luego venezolanos.

Con método riguroso, como le es propio a su pensamiento y a toda investigación histórica negada a lo panfletario, el autor realiza el estudio de las estructuras e instituciones de nuestro atraso nacional, las ordena y sistematiza; y en revelación de su disciplina como Ingeniero, luego, dentro de una perspectiva que supera a los límites de lo formal, las arma y coloca de modo sincronizado, lo que le permite interpretarlas de conjunto hasta alcanzar una síntesis teleológica, que no le es difícil dada su igual y sólida formación como filósofo.

La obra de Pedro Paúl Bello, así las cosas, parte de una consideración de base que vuelve por sus fueros e impide otra vez cerrar el debate acerca de nuestros orígenes republicanos. Observa lo que todos quizás sabemos o intuimos, pero no admitimos en ejercicio de nuestro escapismo social reconocido: hemos vivido en medio una farsa constitucional permanente que nos obliga, de tanto en tanto, a emprender de nuevo el camino de la experiencia nacional y republicana, como si nunca lo hubiésemos recorrido.

VENEZUELA, EN LA ANTESALA DE LA HISTORIA

Y al negar de plano, como lo hacemos y a manera de ejemplo, la influencia profunda que ejerce sobre nuestra condición cultural y social incipiente el dominio español de más de tres siglos, trasplantamos a nuestra realidad otras experiencias que nos son ajenas – la francesa y la americana – y que no resultan de una evolución de las ideas dentro de nuestros colectivos que luego se haya hecho experiencia digerida.

El mismo parto de la Independencia nos hace extraños a la realidad que nos es más propia y cercana y que bulle y se cuece, en medio de la tragedia que significa la invasión napoleónica a España, en los hornos de las Cortes Generales y Extraordinarias reunidas en Cádiz entre el 24 de septiembre de 1810 y el 11 de mayo de 1814. Es el seno dentro del que surge la celebérrima Constitución gaditana de 1812, La Pepa, que influye sobre el constitucionalismo portugués, italiano, mexicano, centroamericano y austral, y frente a cuyas enseñanzas Venezuela se revela arguyendo la originalidad y carácter primigenio de su iniciativa emancipadora y constitucional, que al fin y al cabo termina, con el correr del tiempo y poniendo aparte las virtudes del texto constitucional de 1811, en un mal remedo. De allí que Gil Fortoul se refiera a nuestra "historia inconstitucional", que se nutre con 23 constituciones entre 1830 y 1999, habiendo permanecido en el tiempo las dos únicas cartas civiles que nos hemos dado, la de 1830, que dura 27 años, y la de 1961, que rige por casi 4 décadas.

Por lo mismo, tiene razón el autor al destacar la incompatibilidad del modelo de Estado liberal que se instaura a finales del siglo XVIII en naciones con médula para impulsar sus desarrollos industriales

- 187 -

capitalistas con naciones que, como Venezuela, carecen entonces de un conglomerado humano mixturado y decantado que le sirva de soporte y antecedente a su esperada condición de entidad política independiente. En otras palabras, llegamos a ser Estado sobre la nada, sin existencia y conciencia previa como nación.

Cabe reconocer, como lo explica y muestra Pedro Paúl Bello con admirable dominio sobre su argumentación, que los venezolanos, antes de ingresar al purgatorio de libertad que viene a ser nuestro Estado postizo, ese que nos hace sociedad artificial primero dentro de las mesnadas revolucionarias que dominan a nuestro siglo XIX, luego dentro de los cuarteles y sucesivamente dentro de los partidos, a lo largo de todo el siglo XX, perdemos hasta el sentido de la libertad económica y de iniciativa desde la más lejana Colonia. Ella nos hace, en su primera etapa, fundo congelado, sujeto a la explotación de nuestro mito originario – El Dorado – y para la explotación – de unas por sobre otras – entre las castas naturales que se juntan en el pórtico de nuestro primer amanecer.

El recelo de unos frente a otros de los venezolanos componentes de nuestro entorno social en forja toma cuerpo desde allí. Y el aislamiento que nos es impuesto nos prepara para la conducta maniquea – la desconfianza o la deificación irracional – hacia todo lo venido desde el extranjero.

No por azar el esfuerzo precursor para la formación de nuestra nacionalidad, a manos de Francisco de Miranda, se frustra ante los suyos y los suyos más tarde le traicionan; con lo cual se hace espacio en nuestra psicología de pueblo la "saña cainita" que bien describe y con suma angustia, como inherente a nuestra realidad política, el padre de nuestra República de partidos, Rómulo Betancourt, hacia 1963.

Y es la mirada sobre la anarquía social de coyuntura – que no encuentra molde cultural y político apropiado dada la emergencia – lo que impulsa al Padre Libertador, Simón Bolívar, a ofrecernos como solución el centralismo y su establecimiento por vía de las armas, en enseñanza que luego hace buena para la posteridad, un bolivariano cabal, Juan Vicente Gómez.

Pedro Paúl Bello se resiste al perfil histórico neto de sus páginas escritas, como ya lo he dicho. Pero traza con lucidez y certidumbre los hechos dominantes – políticos y económicos – del período colonial y del tiempo inmediato a nuestra independencia y los ata para indicar cómo influyen ellos sobre nuestro carácter y a la vez son propulsores de nuestros desencuentros intestinos.

El año 1810, que marca nuestra separación de España mediante una "artimaña", como la llama Pedro Paúl Bello, nos hace reincidir en la mentira y el engaño, que se hace crónico desde entonces. Los intérpretes de dicho tiempo, en lectura que hacen de los documentos que se escriben a propósito de la proclamación de nuestra Independencia, afirman que la adhesión confesada a la autoridad de Fernando VII les permite despistar a las autoridades metropolitanas sobre la verdadera intención revolucionaria del Cabildo de Caracas y sobre su avance; pero, como lo muestran también tales documentos, se trata del primer engaño dirigido también a los integrantes del pueblo llano, en procura de evitar su sublevación por el cambio de rumbo político propuesto por una aristocracia política.

"Durante la Colonia, no se formó en nuestro territorio un verdadero pueblo porque la población estaba fragmentada en castas absolutamente separadas y opuestas entre todas ellas", narra Pedro Paúl Bello a manera de síntesis de la primera parte de su obra. Sitúa un fenómeno que se hace presente en las dificultades de unidad que se advierten en Venezuela luego del 19 de abril y que se sostienen una vez declarada la Independencia y al darnos nuestro primer texto constitucional en 1811".

Acaso, ¿por qué no?, junto al asunto de las castas o estamentos primitivos y de base racial, quizás incide, en la falta de nuestra conciencia como entidad hecha Nación, la misma psicología hispana instalada en las Américas y que hace de cada español verdad una y aislada. ¡Y es que el hidalgo, conquistador y luego colonizador, como lo sostiene el autor en esta su obra singular, tampoco ayuda desde nuestro lejano amanecer a la forja de una identidad social en la que aquél tampoco se reconoce como tal!

Tanto es así que, a diferencia del experimento revolucionario francés, que asume la idea de la Nación como expresión colectiva e impersonal, con personalidad propia y distinta de los asociados, amén de expresión sobrevenida de un pueblo amalgamado culturalmente, en el Cádiz de 1812, antes bien, se define a la Nación española como una integrada por los españoles de la metrópolis y de las Américas. Es la simple suma de estos, individuos todos y a secas.

De modo que, como lo vuelve a sugerir el autor sin decirlo expresamente, nuestra historia republicana se funda sobre una guerra civil no con España sino entre los mismos habitantes de Venezuela, animados por la idea de la igualdad social entre estamentos distintos.

La dominación colonial nos intenta dar identidad en la lengua, la religión y las costumbres, y también en nuestro encuentro alrededor de pequeñas patrias o patrias de campanario, que eso son los cabildos; pero esa forma de identidad que nos viene desde España y da soporte y la oportunidad común para avanzar junto a ella o sin ella en la ampliación de su idea de la Nación española o a la búsqueda de alguna parecida, se rompe una vez como se establecen privilegios políticos sobre los criollos; con lo cual nace de modo anticipado a la misma emancipación, el estamento de los excluidos, de los resentidos, quienes desde entonces acopian frustraciones y mascullan sus deseos libertarios, que no de libertad con su contrapartida de responsabilidades, e igualitarios, que no de igualdad como desiderátum del esfuerzo personal en ascenso que se niega al rasero de los mediocres.

La identidad en lo político, para nuestra desgracia, no toma el camino de la integración trascendente a los cabildos – según el modelo mirandino – sino que, en defecto de la unidad anterior alrededor del monarca o de la monarquía, se reafirma entre nosotros la fragmentación social más que geográfica, génesis del caudillismo e invertebración secular.

No huelga reiterar, por ende, sobre el camino inverso de nuestro avance hacia nuestra conformación como Estado nacional bajo la forma republicana; que si en Europa se alcanza a fuerza de bayonetas, es siempre una empresa colectiva dispuesta a la liquidación del Antiguo Régimen para la forja de una sociedad política distinta, en tanto que, aquí, Estado y República nos llegan impuestos a la fuerza – he allí la tarea magna del Padre Libertador, Simón Bolívar – y por sobre una realidad social sin mixtura, hecha rompecabezas, dominada por los personalismos. De allí, qué duda cabe, la visión que nos domina en lo sucesivo, la del Estado – Padre bueno – que todo lo une y controla con propósitos pedagógicos, regenerativos y de unidad social, y no la del Estado como expresión de madurez de una sociedad decantada y que le antecede.

En hilo con su genial esfuerzo de explicación sustantiva de nuestra historia social y política y también institucional, que nos dice sobre los elementos de la formación invertebrada de Venezuela a partir de las llamadas "estructuras e instituciones del atraso [nuestro]", Pedro Paúl Bello traza una suerte de síntesis al señalar nuestro defecto de fábrica: "De manera que, luego de la Independencia, en Latinoamérica y especialmente en Venezuela, al haber sido forzada la constitución de Naciones establecidas sobre la base de la división territorial determinada por la Metrópolis para administrar sus colonias, se desarrolló una fuerza o dinamismo político interior a cada sociedad que significó, históricamente, la repotenciación de la forma de feudalismo que, importada de la Península, subsistía en el subcontinente".

A partir de esta consideración nos habla Pedro Paúl Bello de la "emergencia de la sociedad de masas" que finalmente somos, pero tardíamente, condicionada por el "populismo", "el petróleo", "el capitalismo rentístico", que nos vienen como anillo al dedo durante la modernidad.

Se trata de manifestaciones – ethos de la subjetividad, feudalismo, hiperconstitucionalismo, masificación, populismo, petróleo, etc., repito – que, antes que darle sentido y proyección al país como un todo, propician "anómicas consecuencias [en] la estructuración social" nuestra, que se revelan en la "precariedad de la ciudadanía" que a todos los venezolanos nos afecta; todo lo cual se resume al final en el saldo que nos sirve de común denominador luego de despejado el Mito de El Dorado, a saber "el drama secular de la pobreza", que asimismo negamos y a la que nos negamos en repetición de nuestra larga historia de negaciones, de traiciones, y de desengaños.

Para el común seguimos siendo una nación rica, la más rica del Continente y del mundo, de donde, negados a la virtud del trabajo y del esfuerzo propio, al descubrirnos empobrecidos o materialmente carenciados, apelamos como solución al gendarme de ocasión, aún a costa de enajenarlos en el espíritu, de reprimirnos en la dignidad que nos es inmanente.

Sobre una obra densa, pero de fácil comprensión como la de Pedro Paúl Bello, resulta impertinente y hasta inoportuna, vuelvo a señalarlo, una reflexión prologal que vaya más allá de lo ya dicho y pretenda detallar o juzgar su contenido, irrespetando al lector. La justificación, *el avant-propos*, y la introducción redactada por el autor, en mi criterio, son suficientes.

No obstante, resulta interesante destacar que el estudio cuidadoso y soportado con datos y contrastes, de los elementos de la formación invertebrada de Venezuela y sobre las raíces estructurales e instituciones de nuestro atraso, en los que Pedro Paúl Bello cruza el discurso sociológico con el económico y político y avanza sobre las etapas particulares de nuestra historia, lo asienta al rompe sobre la experiencia más reciente. De allí que, al referirse a las formas históricas del Estado y de la experiencia democrática, con el propósito nada oculto de darle a su argumentación teórica e histórica un sentido de actualidad, que evite se la juzgue como escritura envejecida que apenas interese a curiosos de la historia o a personas ayunas de perspectiva, Pedro Paúl Bello nos habla al detalle del tiempo del Pacto de Punto Fijo, estigmatizado por quienes hoy distorsionan a nuestra historia para desnudarnos de toda historia y transformarnos a los venezolanos en huérfanos sin destino propio. Antes, como corresponde, revela como en el pasar de cada tiempo generacional cae en Venezuela una forma de gobierno, sucesivamente, primero la de los Mantuanos o conservadores, luego la del liberalismo amarillo, a continuación, la llamada por mí República militar, y finalmente, la República civil, que prefiero caracterizar como República de partidos.

Explica al efecto y con cuidado Pedro Paúl Bello el modelo, régimen u orientación política que se instala a partir de 1945 y alcanza a consolidarse en 1958 a la caída de la década militar perezjimenista. Lo analiza hasta su crisis terminal, desde la primera etapa democrática con Rómulo Betancourt, Raúl Leoni y Rafael Caldera I, pasando por el tiempo en que el modelo hace inflexión y concluye, con Carlos Andrés Pérez, Luis Herrera Campins, Jaime Lusinchi, hasta cuando se inicia la transición sin final que aún nos acompaña y que, en la obra colectiva De la revolución restauradora a la Revolución Bolivariana, UCAB/El Universal, 2009 me permito calificar como "La última transición". Pedro Paúl Bello prefiere llamarla la década crítica (1989-1999) y explica, antes de comentarnos sobre "el comunismo al poder" con Hugo Chávez, ese tiempo terminal de la República de partidos que alcanza hasta la administración de Jaime Lusinchi, no más allá.

Ha ocurrido una suerte de desencanto democrático. "El desarrollo de ese fatal proceso no ha discurrido oculto, sino que, como es natural, ha tenido manifestaciones diversas de su evolución progresiva", opina el autor y cita como referencia indiscutible la abstención electoral que se instala en Venezuela como fenómeno creciente a partir de 1978.

Así, desde el 27 de febrero de 1989 se abre el momento de la indefinición, por ello la transición, en el que los militares se juntan con los viejos guerrilleros de los '60, en el que la antipolítica llega a la mesa de los políticos de antes y comparte con ellos, y en donde los bolivarianos de antes mutan en neosocialistas, y entre tanto, los estudiantes, al igual que en 1928 avanzan a tientas con sus sueños ahora desnudos de mitos, e imaginan y trabajan para ofrecernos el otro modelo en el que la Nación se sitúe delante del Estado, y mire con segura esperanza el porvenir.

Pedro Paúl Bello nos da, en tal sentido, su mejor aporte, sembrado sobre la experiencia y madurado con su reflexión de hombre de pensamiento y de acción. En su obra – quizás por ello se resiste a calificarla como historia a secas – nos lega una idea fuerza que mal puede escapar al entendimiento de quienes, en esta hora nona, tienen la responsabilidad de abrirle a Venezuela las puertas de otro tiempo inédito, pero que ha de forjarse con la gente de siempre, los venezolanos tal cual y como somos...

"Estamos ante nuevas realidades – afirma Pedro Paúl Bello – que modifican radicalmente las expectativas de los habitantes de este país respecto a la política, los partidos políticos y sus dirigentes. Hay apatía, ciertamente; tenemos poca conciencia ciudadana, es verdad; también conocemos comportamientos que aíslan, por supuesto. Sin embargo, nada de eso resulta nuevo. El país es lo que es desde hace mucho: lo que somos y hacemos viene desde los primeros tiempos de nuestra existencia organizada como sociedad, pero hace cuatro décadas, los venezolanos – que no éramos otros distintos a como hoy somos y teníamos los mismos rasgos culturales, defectos y hasta "taras" si así se quiere calificar algunos de ellos – mostrábamos gran participación política".

En fin, hay pasta suficiente para moldear a la Nación que mora y darnos las nuevas y diversas categorías constitucionales que reclama el tiempo que ya nos hace compañía. En este los Estados – hijos de la modernidad – se muestran impotentes para asumir las exigencias de la mundialización, que aprecia extrañas, a la vez que resultan pesados e insensibles para la comprensión y resolución de la anomia que nos viene desde los orígenes a los venezolanos y ahora se profundiza para todos por el cambio monumental que vive la Humanidad en esta hora. Se trata de una transición que es transitoria y en la que la soledad moral nos sobreviene sin distintos al descubrir cada uno de los hombres, varones y mujeres, los efectos del vértigo planetario y de su sociedad digital. Ceden las patrias de bandera que tanta sangre nos cuesta y toman su espacio, paulatinamente, retículas o nichos sociales alrededor de las preocupaciones primarias de la existencia y en espera de otro hilo de Ariadna que las junte y les dé sentido de unidad en medio de la diversidad de cosmovisiones.

Un nuevo orden cultural y político espera en Venezuela de nuestro quehacer y reclama de fe militante. Las páginas que siguen y nos escribe Pedro Paúl Bello como su aporte a esta empresa de nacionalidad, son una necesaria guía de navegación para el tránsito por el mar proceloso que nos fustiga y nos muestra horizontes ilimitados para la imaginación. ¿Ahora Chávez?, permite el redescubrimiento de una identidad transversal dentro de la sociedad invertebrada que somos y hemos sido antes, y ahora más.

No por azar, en lúcida descripción que hace un experto en nuestra geografía psicológica como lo es Axel Capriles (De la Revolución restauradora, *op. cit.*), "nada más loco que pensar que pueda existir una relación de identidad entre un taciturno y místico chamán del Alto Orinoco, un introvertido campesino de los Andes, un ardiente y rochelero negro pescador de Choroní y un astuto conductor mestizo de la capital".

Y eso que observa Capriles es síntesis de lo que Pedro Paúl Bello nos explica a profundidad en este su más reciente libro.

"La identidad nacional – esa que en apariencia se nos pierde entre las manos y nos muestra a los venezolanos invertebrados e incapaces para la tarea común – pareciera ser – como lo ajusta Capriles – sólo un enlace narrativo que engloba y le da sentido de continuidad a muchas identidades de origen, regionales, culturales" que nos son propias e inevitables. Pedro Paúl Bello, por ende, hace un intento serio y acabado, en buena hora, para armar el rompecabezas histórico de la venezolanidad.

Lo esencial que aprecio en el libro que precede este intento de proemio, es que su artesano advierte con lucidez que la crisis de la democracia que hoy vive Venezuela ocurre dentro de la misma democracia. Es ajena al proceso importado que el gobierno actual intenta establecer a contrapelo del sentimiento mayoritario del país, obviando la emergencia del otro proceso que avanza subterráneo y no tiene caudillos.

"Las nuevas organizaciones políticas que están floreciendo en Venezuela y las viejas que aspiren honestamente a recuperarse, deben tener presente – según Pedro Paúl Bello – que el populismo se ha derrumbado en las mentes y corazones de nuestro pueblo. Que el comunismo está enterrado y lo que le sobrevive está muriendo. Que no creen más en profetas, porque generalmente han sido falsos. Que nadie los va a seguir porque hablen bonito. Que la gente lo que quiere es que la dejen hacer; que le abran espacios para realizarse y realizar. Que ya ha quedado atrás el contenido formal de la fórmula de Lincoln sobre la democracia. No se trata de hacer política "del" pueblo, porque es la de otros que no lo oyen; ni "para" el pueblo, porque es paternalismo; y menos "por" el pueblo, porque no participa y se le usa como instrumento y con propósitos de corrupción". Pide la gente a la democracia, pero como derecho humano y no, como ha sido, mera fórmula para la organización del poder político.

¡Disfrutemos, pues, de la obra de Pedro Paúl Bello, que es testimonio vivo de su amor profundo por Venezuela!

Librería Lugar Común

Caracas, 28 de octubre de 2010

LA CONCIENCIA JURÍDICA DEL VENEZOLANO*

---

* El presente ensayo recoge párrafos versionados, corregidos y ajustados, de nuestro amplio texto intitulado "El derecho ¿práctica de vida o imposición ajena", publicado en la obra colectiva de Asdrúbal Baptista, Editor, *Venezuela siglo XX: Visiones y testimonios*, Fundación Polar, 2000. Las fuentes bibliográficas mencionadas pueden consultarse en el original.

*"No olvidéis, sin embargo, que la Constitución es un libro,
materia inerte, sin vida ni eficacia, si no la inspira
el espíritu del pueblo..."*.

Pedro Gual, Caracas, 1858

*"El legislador nunca puede romper de una manera brusca
con lo pasado, ni desatender de todo punto los hábitos
é inclinaciones de los habitantes del país"*.

Luis Sanojo, Caracas, 1873

*"...el estado psicológico de los pueblos ni se modela con las
leyes establecidas a priori, ni cambia, ni se puede cambiar
sino muy superficialmente en una centuria"*

Gabriel Espinoza, Caracas, 1920

Es propósito de estas notas auscultar, en sus grandes líneas, el patrón o los patrones de conducta social que, de darse ellos, eventualmente pueden fundamentar, definir, o adherir al pensamiento jurídico venezolano del siglo XX y servirnos de astrolabio para las tareas de reconstrucción pendientes durante el siglo que corre y ya se traga casi tres décadas.

La materia revela no pocas complejidades de orden material y metodológico. Ofrece dificultades que se explican en la ausencia de estudios omnicomprensivos suficientes, acometidos por la doctrina e interesados en revelar la existencia o no de una visión o, mejor todavía, de un sentimiento nacional venezolano acerca del Derecho. Pero, además, pesa como elemento de juicio para este *excursus* la gravitación que dentro de nuestra realidad aún tiene la creencia popular, de raíz colonial, a cuyo tenor la ley se reconoce, pero no se cumple. "Los abogados venezolanos – lo dice Delfín A. Aguilera en su libro *Venezuela 1900* – como reflejo de la conciencia nacional, han sentado como principio invariable, alma de nuestra existencia social, que más vale un palmo de juez que cien varas de justicia".

En el siglo XX se le atribuye a Gil Fortoul haber afirmado que la constitución es un librito amarillo, que se reforma todos los años y se viola todos los días; y, todavía más, Gonzalo Barrios, quien fuese actor fundamental de nuestra vida política desde 1945, no tuvo reparos en declarar públicamente que nadie en Venezuela tenía razones para no robar. No menos dramática ha sido la posterior confesión del entonces presidente de la Asamblea Nacional Constituyente de 1999 y luego del "Congresillo" que esta designa a dedo, Luis Miquilena: "Aplicamos el espíritu, pero no la letra de la Constitución".

Así las cosas, quizá por haber enraizado o por haber fraguado en el estado de ánimo de la gente esta filosofía de la propia existencia, de nuevo, y en la búsqueda de distintos paradigmas institucionales y jurídicos para el país, nos hemos topado de frente al drama de nuestros desencuentros con el valor, el significado y la autoridad de la ley. De modo que, hoy puede observarse cómo el nominalismo libertario y progresista en el que aspiraba soportarse asociación de voluntades emergente entre los venezolanos a comienzos del presente siglo no hace relación alguna con la perspectiva totalizante y totalitaria que del nuevo Estado surgido y su concentración de poderes asumió nuestro último constituyente.

Lo que es más sugestivo, el texto fundamental entonces debatido y aprobado por una constituyente que nace en abierta violación de su precedente, la Constitución de 1961, y en un proceso referendario al que acude menos de la mitad del electorado, a pesar de obtener el 65,8% de los votos el llamado Polo Patriótico, partido oficial del naciente gobierno del militar Hugo Chávez Frías, se hizo de 121 de los 130 constituyentes previstos. Sucesivamente, quienes se presentaban como la oposición en bloque, bajo el nombre de Polo Democrático, al paso del tiempo y aún imperando la dictadura que fragua bajo dicho contexto, asume como propia y elemento de lucha contra esta a dicho documento constitucional.

Según el tenor de la Constitución de 1999, fuente normativa de la estrenada República Bolivariana de Venezuela, la sociedad y sus integrantes pueden quedar – como el pasado mediato – a la zaga de la iniciativa pública; rompiéndose, por consiguiente y en teoría, la idea de subsidiariedad que, partiendo desde el hombre, caracteriza a la libertad en democracia y a su ejercicio. Sin embargo, aun en presencia de este incongruente cuanto absurdo dualismo: libertad personal y tutela estatal envolvente, el grueso de la población, sin mediar racionalidad alguna y tal vez por arrojo temerario – que no tanto por instinto o percepción natural – admite, como lo hizo en otras épocas signadas ya por la anarquía, ya por el autoritarismo, que los paradigmas del modelo en ciernes representan más que su sentido el símbolo regenerador de la juridicidad patria querida; anclada en la sempiterna tesis del gendarme necesario.

Sírvanos a este propósito, como ejemplo del asunto, todo cuanto en el ámbito de la polémica social aconteció para la época con el novísimo Código Orgánico Procesal Penal de 1998. Éste no sólo vino a reivindicar la agónica tarea codificadora de nuestro tiempo; antes bien y por primera vez, rompe con la tradición represiva de nuestra doctrina en la materia adjetiva criminal, para darle a la nación un renovado régimen de procedimientos ajustado, como nunca, a las exigencias contemporáneas de la libertad y de la cultura de los derechos humanos. Mas, por obra de la misma opinión colectiva, que ha hecho cuerpo en las entrañas del común, ésta reivindica a renglón seguido el sentido mayestático de la maltrecha e ineficiente "autoridad" punitiva del Estado y acusa al susodicho Código, dada su laxitud libertaria, de los desajustes y de la violencia que acusa nuestra realidad finisecular desde los sucesos de El Caracazo de 1989.

Lo dicho quizá encuentre una razonable elucidación en los supuestos que, a primera vista, han condicionado al Derecho venezolano y a la señalada conciencia sobre su sentido y significado: la servidumbre tradicional de la "élite" jurídica a las formas y a la exégesis o bien a la sistemática como métodos dominantes para su oficio; el temor, la reverencia y recelo públicos que desde siempre ha concitado la autoridad "personal" del gobernante – de origen español o indoafricano (¿?) – y unidos ellos al carácter asistemático que nos vendría de nuestra mixtura con lo típicamente hispano: "Lo más sugestivo quizás de [la] contradicción – lo refiere Ramón Díaz Sánchez – hay que buscarlo en el propio español, [pues] este ama la libertad, es individualista, rebelde e igualitario en la misma proporción en que es místico, déspota, aristocrático, supersticioso y anticientífico".

Finalmente, no podría dejarse a un lado como elemento de juicio el innegable ánimo copista, más que codificador, de nuestros legisladores. Lo decía con lucidez Domingo Casanovas durante su charla sobre "La filosofía del Derecho en Venezuela", dictada en 1955 en la Facultad de Humanidades y Educación de la UCV: "Puestas así, las cosas, el gran problema de la conciencia jurídica venezolana es, una vez asentada la perfección del Derecho, una vez corrido el riesgo de su ineficacia, lo que podríamos llamar la encarnación del derecho".

Las posibles limitantes de una cultura jurídica "encarnada"

En principio, no cabe la idea de una cultura jurídica propia o doméstica en Venezuela, producto de la comprensión o adecuación recíprocas entre el Derecho y el ser venezolano. Y ello habría de ser así si se constata el sugerido divorcio entre las formas del Derecho y el sentir de la gente. También, de comprobarse que hemos medrado como venezolanos a espaldas de la moderna interpretación sociológica, que "trata de explicar las relaciones legales por medio del comportamiento natural del hombre en sus relaciones sociales": una constitución – lo decía Rousseau – es buena en la medida en que se adapta al carácter nacional. Todavía más, la hipótesis en cuestión quedaría validada de repararse o afirmarse que los Estados y las naciones que integran la comunidad de Occidente – y el nuestro es uno de ellos – son, en esencia, subproducto de las grandes corrientes ideológicas o de las civilizaciones que en la misma alcanzaron su dimensión universal a partir del medioevo, durante la modernidad y hasta la consolidación del llamado Estado de Derecho.

En el ahora, sin embargo, destruida como ha sido la república y desmaterializado el texto de su constitución: de clara vocación dictatorial, pero no totalitaria ni despótica como en la práctica se ha vuelto la experiencia corriente; tanto como pulverizada la nación y hecha diáspora – experiencia inédita para Venezuela – cabrá preguntarse hoy, como lo hacía Jürgen Habermas ("Ética discursiva", en *Doce textos fundamentales de la ética del siglo XX*, Madrid, 2002) desde la escuela neomarxista, sí, acaso desasidos de nuestros valores fundantes por obra de la gran ruptura que hoy sufrimos, ¿es posible discutir entre los venezolanos "como antes acerca de los juicios y las tomas de postura morales, aun cuando se ha desmoronado su consenso sustancial de fondo acerca de las normas morales básicas"?

Así las cosas, al ver y revisar el significado y la orientación que ha tenido para la Venezuela de nuestro tiempo la noción de lo jurídico – no nos referimos, por cierto, a una conciencia mayoritaria del venezolano sobre sí o sobre su ser nacional – lo importante es reconocer, como ya lo hemos dicho, que su verdadero hilo conductor mal se puede descubrir con las abstracciones.

No es suficiente la revisión cronológica y literal de las normas que, en profusión, han integrado e integran nuestro Derecho público y nuestro Derecho privado venezolano Una interpretación de tal ordenamiento fuera de su contexto, no sólo histórico sino social e ideológico, podría sugerir la imagen de un país que no es y que nunca ha sido tal y como le ha descrito su legislación, cuando menos la que llega hasta finales del siglo XX y hasta la antesala de su actual deconstrucción social y normativa.

Lo único constatable, por ahora, es que hemos hecho parte mayor o menor, querámoslo o no, de la cultura jurídica occidental y en sus fuentes nos hemos alimentado profusamente, al igual que lo han hecho los otros pueblos del hemisferio. Dentro de esta perspectiva, nuestro país, en su evolución jurídico-dogmática y en la formación de sus abogados y jurisconsultos mal podía escapar a la clásica contención especulativa entre el Derecho como producto de la razón teológica o de la razón histórica y el Derecho sea como mandato del soberano, sea como fundamento o derivativo de la constitución, sea como expresión de la voluntad general.

Piénsese, en este orden, en la obra que publicó en Filadelfia (*El tiempo de la libertad sobre el despotismo*, 1817) Juan Germán Roscio, renegando de la enseñanza por él recibida en Caracas a finales del siglo XVIII: las doctrinas sobre el despotismo – decía – "eran pasto de las aulas de teología y jurisprudencia que yo había frecuentado en la carrera de mis estudios".

Tal afirmación le lleva a concluir que, siendo equivocado el aprendizaje recibido, "teólogos, no jurisconsultos, deberían llamarse los profesores del derecho natural, civil y de gentes".

Empero, a la apertura y desmesurada capacidad receptora nacional a la influencia de las ideas que nos han venido del exterior o su manifiesta servidumbre intelectual a lo ajeno, sería de contestar que fue quizá posible dada la idiosincrasia de nuestro pueblo. La misma no sólo es obra del mestizaje, sino que, por razón de éste, bien se dice que nos ha hecho conductualmente abiertos y generosos, móviles, botarates y desprendidos en cuanto a los bienes materiales y los del espíritu – a saber, las ideas – y, esencialmente, prospectivos, mejor aún, inacabados en el "ser". Lo cual, si tampoco fuese una virtud puesto que las ideas aprehendidas, así como llegan con la misma rapidez se desarraigan de nuestro ambiente, sin sedimentar, cuando menos nos atribuiría cierta especificidad "cultural".

Al respecto, ha comentado Ernesto Mayz Vallenilla: que "lo que actúa poderosa y decisivamente en nuestra acción es el Presente. Un Presente que por lo novedoso que es con relación al Presente en que se forjó la Tradición que nos queda, como herencia cultural, es casi ajeno para ella... ¿Pero es que entonces – se pregunta el Rector Mayz – no somos todavía? ¿O será, al contrario, que ya somos y nuestro ser más íntimo consiste en un eterno no ser siempre todavía?"

Los venezolanos, al igual que el resto de los pueblos de la América española nos acercamos a la cultura occidental por vía de la savia hispana. Así ocurrió con la Ilustración patria que le da a Venezuela su primera constitución, obra intelectual propia (Véase nuestro trabajo, *Génesis del pensamiento constitucional venezolano*, Cádiz/Miami, 2018) más allá de las formas arquitectónicas dominantes, las de la revoluciones americana y francesa. Aquélla logró abrirse a las enseñanzas griegas y romanas, pero asimismo intentó mitigarlas la Corona española al contener la invasión de la jurisprudencia romano-canónica con la célebre Pragmática de Madrid de 1499.

De esta asimilamos su incipiente espíritu renacentista, que nos lo trasladó, pero quedándose la España de la Colonia, paradójicamente, acunada en su estructura medieval. Como parte de la tradición jurídica romana o como su heredera, pertinente es decirlo, la cultura jurídica occidental logró discernir y distinguir entre las instituciones legales *stricto sensu* – aun cuando se viesen influidas por la política, la moral, la religión o la costumbre – y aquellas otras forjadas a partir de estas últimas fuentes. Del mismo modo, la gestión de tales instituciones legales fue siempre confiada a un cuerpo social especializado y preparado para dicho fin. Y pudieron ser insertadas dentro de un marco sistemático y orgánico en cuya interpretación influyeron, decisivamente, los mismos juristas desde el ángulo de la doctrina.

Hacia un acervo ideológico sobre el Derecho nacional

Ahora bien, el posible vacío conceptual propio, pedagógico y doctrinal, y la servidumbre formalista, teórica y legislativa de dominante vocación exógena imperante en Venezuela, no quiere decir que nuestra orfandad intelectual e ideológica haya sido tanta que hubiésemos derivado en incapaces para otear o asimilar como élite o como conglomerado, en sus trazados fundamentales, el desarrollo de una legislación patria propia y en su relación de ambivalencia o su influencia en doble vía con el ser y la conciencia del venezolano. Pero este descubrimiento o preocupación sólo despierta de modo muy incipiente en la segunda mitad del siglo precedente. Y no le restamos méritos, en modo alguno, a las obras que sobre sociología venezolana fueron escritas en su primera mitad, de modo destacado *Cesarismo democrático* (1919) de Laureano Vallenilla Lanz. Mas, es de subrayar que para Vallenilla lo único claro era el citado dualismo y la impermeabilidad de la correspondencia venezolana entre el orden y la conducta disoluta de las mayorías; en cuya virtud mal podía creer éste en una encarnación, así fuese incipiente. Esto nos lo da a entender con sus propias palabras, al narrar el drama de Páez una vez que asumió la condición de jefe Supremo del Ejército:

"De entonces comenzó el declinar de su popularidad; de entonces comenzó a sufrir la misma ley que ha conducido al pueblo en toda época de anarquía a quebrar sus ídolos, cuando éstos, guiados por otros sentimientos y otros intereses más elevados y más nobles, y con las responsabilidades que trae consigo el ejercicio del Gobierno, dejan de halagar las pasiones innobles de la turba, convirtiéndose de encubridores o cómplices de sus delitos en defensores del orden social, en ejecutores de la justicia y en representantes de la soberanía nacional".

Rogelio Pérez Perdomo es, a nuestro entender, quien mejor ha intentado auscultar esta problemática compleja de la encarnación del Derecho en el venezolano y la forja de una conciencia jurídica nacional con una visión de conjunto; si bien predomina en él la angustia por descubrir, hasta donde hemos leído, la incidencia del Derecho en la ordenación social nacional y no a la inversa. Bástenos con citar a título de emblemas de su esfuerzo intelectual el *Ensayo de periodización de la historia social del Derecho en Venezuela* (1981) y, por, sobre todo, su papel de trabajo *El Derecho venezolano: Una introducción histórica* (1993), en el que describe "la relación entre ese Derecho formal, de los libros, y ese otro más informal de la operación práctica del sistema".

La Academia de Ciencias Políticas y Sociales, por su parte, interesada en fijar un marco conceptual para su programa de publicaciones, que constaría de cuatro series (Los siglos provinciales – XVI, XVII, XVIII y XIX hasta la Independencia –; las normas vigentes durante la Independencia; las leyes, decretos y resoluciones de la República hasta el presente; y, los estudios doctrinarios sobre dichas etapas), tuvo la iniciativa de organizar el Primer Seminario de Historia del Derecho Venezolano. Sus sesiones, realizadas durante 1982 bajo la dirección de T.E. Carrillo Batalla, a la sazón presidente de la Academia, nos legaron un interesante material de estudio. Sin embargo, este concentra su atención sólo "en las normas jurídicas emanadas de las autoridades peninsulares y también de las que actuaron aquí en Venezuela" durante los siglos XVI al XVIII".

A pesar de la inmensa tarea de reflexión y de investigación pendientes acerca de la identidad o de la conciencia jurídica del venezolano, es de admitir que aquellas tampoco serían posibles en la actualidad sin el testimonio importante que representa, aun desde la vertiente codificadora y formal, la obra de quien ha sido uno de los más importantes exégetas y compiladores de nuestro ordenamiento en el siglo que concluyó: el maestro Tulio Chiossone. De su extensa labor y de cuanto interesa a los fines de este ensayo deja constancia parcial pero muy representativa en su libro sobre la *Formación jurídica de Venezuela en la colonia y en la república* (1981). Él fue, ciertamente, un animador y celoso garante de la preservación del acervo legal y doctrinario de nuestro país, en especial durante su desempeño como ministro de Relaciones Interiores en fecha posterior a la caída del gomecismo.

De la iniciativa sin par emprendida por su antecesor, Luis Gerónimo Pietri, primer titular de la Cartera del Interior en la administración de Eleazar López Contreras, y que concluyó su sucesor en el cargo, César González, nos viene como precioso aporte la compilación verde (*Leyes y decretos reglamentarios de los Estados Unidos de Venezuela*, 1942), en diez y ocho (I-XVIII) volúmenes.

Ella reúne las normas de aplicación general que han regido desde el nacimiento de la República, incluidas las leyes de la Gran Colombia, hasta 1942.

Igualmente cuenta la *Compilación legislativa de Venezuela* o compilación roja de la Editorial Andrés Bello, preparada a partir de 1942 por los eminentes juristas patrios A. Pulido Villafañe, Luis Loreto y

Andrés Aguilar Mawdsley, en unión de los profesores españoles F. Carsi Zacarés y Julio Vásquez. De esta última llegaron a publicarse un número similar de diez y ocho (18) volúmenes, que comprenden la primera publicación de las leyes vigentes para la época y su posterior edición actualizada, más los anuarios que corren desde 1942 hasta 1962-1963, cuando se frustra la continuación de tan esencial obra de historia legislativa.

No menos relevante el famoso *Índice general alfabético de la recopilación de leyes y decretos de Venezuela*, que en dos volúmenes preparó para la época quien fuera Procurador de la Nación, el doctor G.T. Villegas-Pulido. Su obra sistematiza los sesenta (60) tomos (sesenta y tres volúmenes) constantes de 33.095 páginas que dan cuenta de toda la normativa venezolana desde 1830 hasta 1938. Y, según la información que nos aporta Pérez Perdomo, la citada recopilación llegó a sumar noventa (90) volúmenes hasta 1968.

Finalmente, es de mencionar por su continuidad y por la eficiente ordenación que hace de la inconmensurable suma de leyes, reglamentos y resoluciones que integran el Derecho venezolano al corriente, el *Índice de leyes vigentes* preparado inicialmente para la industria petrolera por los doctores Carlos Romero Zuloaga y Luis Guillermo Arcay, a partir de los años sesenta.

Todas las fuentes previamente mencionadas y que han sido de amplia y general divulgación, como podrá observarse es producto casi exclusivo de la preocupación intelectual de los juristas del siglo XX.

Entre la codificación y el Estado social de Derecho

No obstante, dicho lo anterior, la codificación para Venezuela tal y como lo sugiere la lectura de su historia no parece ser el desiderátum de una evolución o necesidad social tomada en cuenta. Antes bien, el conocimiento primario de la ley escrita, y más luego del ordenamiento sistemático, pudo haber significado en el aborigen una ruptura violenta con sus costumbres y prácticas ancestrales; preservadas al inicio por la Colonia, pero paulatinamente desfiguradas mediante la incorporación de éste a los beneficios o exigencias de la "civilización" dominante.

¿Qué ocurrió en términos reales?

La codificación se inicia en Venezuela hacia la segunda mitad del siglo XIX bajo la égida de Páez, quien promulga entre 1862 y 1863 los códigos penales, civil, de comercio, de enjuiciamiento criminal y de procedimiento civil. Los mismos, no obstante, y con excepción del Código de Comercio, fueron en breve derogados al asumir el poder, por obra de la Revolución Federal, el general Juan Crisóstomo Falcón.

La anarquía se hizo del país durante el tiempo que corre hasta la asunción de Guzmán Blanco, quedando aquel sin legislación sustantiva y de carácter civil lato sensu. En 1867, cuando menos, fue sancionado un Código Civil. En el interregno, apartadas las diversas leyes administrativas aprobadas (sobre el Distrito Federal, sobre Hacienda Nacional, sobre tierras baldías, sobre aduanas, sobre correos, sobre el sistema métrico decimal, entre otras) y que más interesaban al Estado que al pueblo, se produce una relativa regresión a la legislación grancolombiana. Esta hizo posible, nuevamente, la aplicación en Venezuela de la antigua legislación española, como la contenida en las Siete Partidas de Alfonso X El Sabio en lo relativo al campo criminal.

Mas, a pesar del juicio severo que recibe de la historia patria el período de la Guerra Federal (1858-1863) y los años subsiguientes de asonadas, conspiraciones, crisis económica y de disolución general – que antecedieron al septenio (1870-1877) o primer gobierno del "autócrata ilustrado" Antonio Guzmán Blanco, cuya imagen domina en la práctica hasta finalizado el siglo XIX –, Chiossone reconoce que durante el mismo no se paralizó la acción legislativa. Cita, así, que por decreto de 1868 se crearon las Comisiones para redactar los nuevos Códigos nacionales, destacando como proyectistas del Código Civil requerido los eminentes jurisconsultos Luis Sanojo, Manuel Cadenas Delgado, Cecilio Acosta, Pablo Rojas Paúl y Ramón Hernández Feo. Pero, en cuanto nos interesa, vale destacar lo afirmado por el ministro del Interior y de Justicia en su Memoria de 1869:

"Entre nosotros, doloroso es decirlo, esta preciosa institución [la Administración de Justicia] ha fracasado...De aquí que en lo criminal falte valor al juez para sentenciar al culpable, a menos que así no lo ordene el poderoso; y en lo civil, o languidece el derecho sin fe el litigante, o sacrifica una parte de sus intereses en transacciones inmorales, seguro de que perdería más en el litigio".

Ahora bien, si el tiempo jurídico de Guzmán fue de actividad sustancialmente codificadora, tanto que emprendió incluso la codificación (¿?) de las leyes administrativas dándonos el primer Código de Hacienda y estableciendo los Tribunales Nacionales sobre la materia, es durante el siglo XX y, de modo puntual, durante el castro-gomecismo cuando nuestros codificadores logran sedimentar la juridicidad formal en el país. La apoyaron sobre el proceso de integración nacional apenas alcanzada para esta época. De modo que, es acucioso Lares Martínez al observar que más que por obra de la codificación la integración nacional vino a cristalizar en virtud del carácter uniforme de la legislación, es decir, por su aplicación sobre la totalidad del espacio geográfico de la República. No obstante, lo significativo es que tal proceso se da en abierta y manifiesta ruptura con la disgregación ideal y material que significó la vigencia del caudillismo en el siglo precedente.

Bien que, como ya lo dijimos, al hacer suya la tesis de Mariano Picón-Salas – "el siglo XX venezolano se inició en 1936" – y que compartió Augusto Mijares –"[en el] gobierno de Cipriano Castro... es imposible encontrar orientación alguna política o administrativa" [y] "solamente a partir de 1936 se comienza a pensar en Venezuela que el obrero tiene derechos, se inicia una legislación del trabajo" –,se cuida al:

"El pueblo sobrevive. Las características socio-económicas, las líneas socioculturales del país venezolano son también muy semejantes a lo largo del tiempo entre 1830 y 1936. En términos generales, los modos de producción mantuvieron al pueblo en lo que se ha conceptuado como una comunidad rural, con mayorías analfabetas". "La economía petrolera se incrusta en la economía agraria del país durante las dos últimas décadas gomecistas...Pero la mentalidad rural del gobernante contiene la afluencia del dinero fiscal, a tal punto que ya, país petrolero en 1936, sólo se ve la cara rústica, agricultora y ganadera a la antigua, de la Venezuela que ingresa a la historia contemporánea en aquel año, ...".

Tulio Chiossone, a quien hemos citado repetida y obligadamente en estas notas, juzga como injusta por absolutista la afirmación anterior. Al admitir que la juridicidad nacional "habrá de tomar rumbos modernos en el ciclo que se inicia en 1936, con *el cambio político que establece el basamento de la evolución social venezolana*" (cursivas nuestras), y más ganado por la visión formal del Derecho propia de la ideología codificadora ortodoxa, es puntual al escribir que:

"la evolución jurídica que se inicia en 1936, si en verdad marca una nueva y prodigiosa etapa de desarrollo, no por eso vamos a parodiar la frase de Picón Salas, porque, como lo dejamos expuesto y comprobado, el siglo XX del progreso jurídico empezó con el siglo, pues de atrás venía la obra constructiva que sirvió de base a ese progreso".

En buena lid, no es de regatear lo no regateable. Venezuela, como puede apreciarse, contó con avances en cuanto a su juridicidad formal durante el período histórico que concluye en 1935. Tampoco es del caso y menos nuestro propósito abundar en el análisis de los códigos sancionados para la época. Empero, excepción hecha del carácter regresivo que se le atribuye al Código Civil de 1922 por eliminar el principio de la inquisición de la paternidad natural, no podríamos dejar de mencionar que el Código Civil de 1904, además de consagrar el divorcio vincular, estableció el instituto de la protección del hogar del deudor para impedir su total indigencia ante la adversidad.

El de 1916, que se inspiró en el Código italiano de 1865, redactado por la Comisión Revisora que dirigió Pedro Manuel Arcaya y acerca del cual José Muci Abraham dice que fue "uno de los más famosos y mejor logrados", estableció la posesión de estado como prueba de la filiación natural, simplificó las formalidades para el matrimonio de los concubinos, y equiparó los hijos naturales a los legítimos en la herencia de la madre.

De todo lo antes dicho y enunciado una sola cosa se nos presenta incontrastable, sea cual fuere el juicio de valor que sobre el antes y el después tengan intelectuales de la talla de Chiossone y Morón. 1936 marca un punto de inflexión trascendental para la historia contemporánea de Venezuela. Tratándose de la modernización jurídica y de la afirmación del Estado social de Derecho, Pérez Perdomo prefiere hacer las cuentas a partir de 1958 dada la existencia de un proyecto nacional cierto y no meramente formal, o arrastrado por tradición, en las páginas de la Constitución de 1961.

Tratándose de la codificación, es verdad que su impulso dejó mucho que desear durante la segunda mitad del siglo XX. Lo cual no desdice de muchas iniciativas adelantadas al respecto luego de 1958. No podrían olvidarse, en lo particular, los proyectos animados por el entonces ministro de Justicia, Andrés

Aguilar Mawsdley, a saber, las "reformas de los Códigos Civil, Penal y de Procedimientos", amén de otras reformas legislativas importantes como las "del Régimen Penitenciario, del uso de la energía nuclear, de defensa del nombre y de la personalidad......[y del] Registro Público y las Notarías", entre otros.

Por supuesto, al consolidarse la intervención y el interés creciente del Estado por la actividad económica y social bajo influencia de las tesis socialistas, emergidas con ocasión de la primera y la segunda guerra mundiales, se produce un fenómeno de desplazamiento del interés por las ramas tradicionales del Derecho hacia el Derecho público, en especial el laboral, el administrativo y el contencioso administrativo. Pérez Perdomo coincide en buena parte con esta apreciación y, en su juicio calificado, observa lo siguiente:

"El resultado de la política legislativa seguida para la totalidad del período (1961-1990) es de descodificación, en el sentido que la legislación no codificada es crecientemente importante mientras que los códigos reciben una menor atención. (*Omissis*). Esta característica de la legislación contemporánea, que es aún más clara en materia administrativa en la cual mucho de lo legislado es de origen ejecutivo y los cambios son frecuentes, convierte en una dificultad grande el mantenerse informado de los cambios legislativos".

En cuanto al tiempo que viene desde 1936 hacia acá puede constatarse, a manera de ejemplo, que una vez sancionado el Código Civil de 1942 "con la finalidad de adaptar la legislación al medio social" (se estableció la comunidad concubinaria; la libre investígación de la paternidad natural; el carácter de heredero forzoso el hijo natural con relación a su padre; y, entre otras innovaciones más, la asunción por el Estado de la tutela de los menores abandonados), el mismo no perdió, sin embargo, su matriz italiana de 1865. Y, no es de sojuzgar en todo caso el valor de la reforma que de tal código fue realizada 1982, promovida por Mercedes Pulido de Briceño. Vino a corregir, como lo apuntamos en misiva suscrita por el autor de estas notas, del 26 de julio de dicho año, dirigida por cuenta del Ejecutivo a los Gobernadores de Estado y del Distrito Federal, las desigualdades derivadas del matrimonio y de la filiación; y para lo cual, la susodicha reforma se fundamentó en las modernas tendencias orientadas hacia la realización del valor igualdad y fue concebida como vía para la consolidación de la familia como célula básica de la sociedad venezolana. La misma, por otra parte, autorizó el divorcio *ope legis* a solicitud de cualquiera de los cónyuges, cuando éstos hubiesen permanecido separados de hecho por más de cinco (5) años.

Lo significativo de todas las reformas ocurridas durante la república civil de partidos apalancada sobre la Constitución de 1961, en su comparación con las antiguas, es que tienen lugar bien para favorecer el igualitarismo social o para facilitar el desmembramiento que de la codificación del Derecho privado se hacía imperativo, dada la retracción del viejo modelo de Estado liberal y la paulatina inserción de Venezuela en los esquemas contemporáneos y supranacionales de integración económica (ALALC/ALADI, Pacto Andino o Acuerdo de Cartagena, etc.). De modo que, a partir de 1936 y hasta finales del siglo

XX, excepción hecha del espacio de inflexión del intervencionismo del sector público que cubre el decenio 1989-1999, se produce una explosión y fragmentación legislativa con incidencia básica en el ámbito económico y, de manera preeminente, para favorecer reivindicaciones igualitarias.

El igualitarismo: ¿Fuente extranormativa del Derecho nacional?

La constante que ha movilizado desde siempre y hasta ahora la conciencia popular ha sido la del igualitarismo. Animó en buena parte el proceso político y legislativo, sobre todo durante la segunda parte o del tramo democrático de finales del siglo XX. Paradójicamente es el mismo espíritu que motorizó la igual adhesión colectiva a las causas más infaustas de la vida venezolana durante los siglos XIX y la primera mitad del siglo XX. Por lo mismo, ella quizá podría ofrecernos una clave para resolver el dilema entre la juridicidad formal y la conciencia jurídica del venezolano hasta el instante de la deconstrucción jurídica que arranca en 1999, tal y como lo plantean los discursos de Chiossone, de Morón o de Pérez Perdomo; para sólo insistir en estos nombres y no en el de Picón-Salas o en el de Díaz Sánchez, entre otros tantos.

En cuanto hace al siglo XIX es de destacar que la célebre igualación social – depresiva, tal como la adjetiva Morón – de la Guerra Federal (1859-1863) equiparó rangos al distribuir "generalatos" entre el "pueblo llano" sin fracturar, antes bien profundizando, el latifundio y el feudalismo agrarios. Al finalizar la primera mitad el siglo XX declinante el sentimiento de igualdad favoreció la conquista del voto universal, directo y secreto; pero al precio de un golpe de Estado el 18 de octubre de 1945, que apenas logró encubrir el verdadero móvil de una lucha cruenta que, sin solución de continuidad, aún hipoteca a nuestro escenario político interno: el conflicto sempiterno de la élite política por el monopolio del fervor popular. No era distinto este móvil, por cierto, del que otrora confrontó a liberales y a conservadores durante el siglo XIX y que, al igual que siempre, se ha cocido sobre las carencias y los resentimientos del ciudadano común.

De modo que, así como la búsqueda inconforme e insatisfecha del igualitarismo animó y también frustró en su realización a la empresa emancipadora durante el siglo XIX, el siglo XX venezolano concluye con una de las más severas crisis de adaptación y de encarnación que jamás haya conocido nuestra contemporaneidad: crisis de cambio, cierto es, también influida por el mismo sentimiento de cambio global universal y por la misma crisis de la añeja cultura de Occidente; pero crisis de cambio que nuevamente toca en sus raíces más profundas a lo social y a sus exigencias de reconducción igualitaria e importando poco las formas que hagan posible este remozado pero muy antiguo anhelo, fatalmente inconcluso, casi agonizante, pero impostergable.

Al escudriñar sobre el devenir venezolano y sobre sus desajustes recurrentes durante el siglo XX, no pocas veces producto de un calco sobre el siglo XIX y que han arriesgado toda posibilidad de un proyecto de país afirmado sobre una identidad cultural endógena, propia del pueblo y no sólo fragua de élites o de algo más que esa nación abstracta que a su vez fraguó en el Estado, mal podemos olvidar y en cuanto nos interesa la sentencia de Morón:

"Porque se sale a la luz en 1936, como para empatar, anudar la historia a la parte positiva de la Independencia. Tal vez porque las profundas raíces de la unidad de la cultura popular, la igualación social del viejo mestizaje y *los nexos del idioma español*, fueron suficientemente sólidos..." (Cursivas nuestras).

Así las cosas, nos acompaña de manera fatal una suerte de divorcio entre las formas y la realidad de las pautas de conducta que han hecho posible la existencia de la Nación y su organización como Estado. Por ende, como lo decíamos al inicio de estas páginas, no resulta fácil presentar de manera honesta y no desfigurada una visión y revisión del pensamiento jurídico venezolano en el curso del siglo XX, a menos que logremos descubrir y discernir sobre el ser nacional y a partir de su esencia inferir la constante hacia la cual se acerca o de la cual se aleja la norma legislada por nuestros repetidos congresos, incluidos los constituyentes.

Pues, la misma permitía evidenciar las situaciones de infidelidad que han determinado, desde los mismos inicios de la república, nuestro decurso entre la autocracia y la anarquía, con pocos atisbos de convivencia civilizada.

Al hilo con lo señalado, la voz de Arturo Uslar Pietri marca una pista invalorable para el entendimiento vertebral de lo venezolano y para la comprensión de esas normas de base que, adecuadas o no a la querencia popular, han intentado ejercer su imperio para la configuración de nuestro pensamiento jurídico durante el curso del presente siglo. Nos dice el escritor lo siguiente:

"El español, el indio y el negro han formado, en proporción variable, las gentes que nos pueblan". *Omissis...* "El mestizo venezolano es la confluencia de esos tres elementos raciales. Su sensibilidad es delicada, su don de adaptación rápido, su inteligencia viva y ligera; muy cargado de intuición, ambicioso, igualitario, devoto de lo mágico, violento, generoso, imprevisor, pobre en arte popular, sensible a la música, reñido con la sistematización, con el orden y la jerarquía. Es el alma del mestizo la que va a darle su psicología a la nación y a caracterizar su historia. Atormentada por sus dos pasiones fundamentales: la igualdad y el mesianismo".

Un igualitarismo atípico, por huérfano de repartos conductuales constantes y ajeno a la descripción jurídico formal, más que la igualdad, y el mesianismo, muy posiblemente expliquen el sentido de esa contradicción sostenida en el curso de nuestra historia. Esa que ha hecho posible, durante casi dos siglos de vida republicana, la prédica cotidiana de la libertad tanto por el pueblo como por los autócratas de turno, dentro de condiciones institucionales que, casi siempre, favorecieron el autoritarismo. De allí, justamente, la apreciación de Uslar en cuanto a que hemos medrado como sociedad en riña permanente con la sistematización, con el orden y con la jerarquía, sin abandonar el sentido igualitario de la vida y nuestra devoción innata ¿de origen indo-africano? hacia lo mágico y lo sobrenatural, hacia el "mesianismo" a fin de cuentas.

VENEZUELA, EN LA ANTESALA DE LA HISTORIA

Esa ansia de igualitarismo, de sentimiento "parejero" como lo llama el común o de igualdad instintiva, vale decir, no sobrevenida o aprendida y que caracteriza al ser venezolano, en efecto, es el producto inicial de la alquimia que se generó a bordo de los barcos negreros cuando fueron desplazados hacia nuestras costas en tiempos de la Colonia. En esto conviene Díaz Sánchez cuando escribe sobre las características del conquistador español, del habitante africano emigrado a las Américas y del indígena que hizo cuna originaria en el suelo patrio. Aquél, si condicionado estaba por las tradiciones aristocráticas su altivez e individualismo lo llevó a entender las diferencias como necesarias a la función de cada uno en la sociedad, mas no como separación de las gentes en categorías. Y es así como puede entenderse, según lo narra el sociólogo alemán W. Beinhauer citado por Díaz Sánchez, que "la misma criada que iba tan humilde detrás de su señorita al acompañarla a sus compras, a lo mejor tiene tanta confianza con ella que le cuenta como a una hermana sus más íntimas cuitas amorosas".

Aparte del carácter guerrero de algunos de nuestros indígenas y de la mansedumbre expresada por otros en su primer contacto con el descubridor y los conquistadores, a aquellos los califica el mismo Díaz Sánchez de refractarios a la nueva cultura por carentes de capacidad para la abstracción y de vocablos para el desarrollo de ideas sustantivas. Por lo demás, el indígena venezolano no alcanzó a desarrollar culturas integradas y sistemas sociales complejos y jerarquizados como sí ocurrió en las civilizaciones prehispánicas de México y de la cordillera de los Andes.

A su vez, si los negros representaban inicialmente distintos orígenes y hábitos diferenciadores, como lo observamos arriba y haciendo nuestras las siguientes palabras del sociólogo brasileño Arthur Ramos, tomadas del autor mencionado:

"...en el barco negrero en el que se mezclaban negros provenientes de los puntos más diversos, y pertenecientes a pueblos de culturas desiguales, se produjo una solidaridad en el dolor, una asociación en el sufrimiento por una comprensión mutua del destino común. Como lo observa Ramos, los esclavos a bordo del buque negrero se llamaban unos a otros malungo, esto es, compañero, camarada".

Dicho esto, en función de precisar o determinar el elemento conductor de la conciencia jurídica del venezolano y de la estimación valorativa que éste hace de la ley, sería de analizar si ésta, en su molde fundamental que es el constitucional, logró o no durante el curso de la historia republicana, en especial en el siglo XX, realizar una descripción fiel de la dimensión sociológica venezolana.

O acaso su molde fatal es el del gendarme necesario, recreado y exacerbado a partir de la Constitución vigente de 1999.

¿Han sido el igualitarismo como fuerza telúrica y la igualdad como desiderátum racional factores de regeneración o no de la espiritualidad del orden jurídico venezolano? He aquí el núcleo del debate ideológico que sobre la igualdad y el igualitarismo aún nos acompaña en el presente y de cuyo desenlace, aquella, la igualdad, dada su contextura tanto ética por teóricamente realizadora de la Justicia como

VENEZUELA, EN LA ANTESALA DE LA HISTORIA

normativa en tanto que descripción de la realidad social, podría o no hacer encarnar el Derecho venezolano y con el título de valor superior. ¿Es acaso ella la pauta rectora de la conciencia jurídica del venezolano y de su adhesión o no al orden establecido?

Este problema no es bizantino, pues la igualdad, lo mismo que la ley formal, ha sido y es fuente de Derecho dentro de la tradición jurídica occidental. Por lo pronto, nos atreveríamos a decir, a manera de hipótesis, que, así como la ley formal y su exégesis fue la fuente de nuestro Derecho hasta la primera mitad del siglo XX, posteriormente lo ha intentado ser la igualdad como norma, como realidad o aspiración histórica y como principio de estimación en lo moral a partir de 1936, y todavía más, luego de 1958.

No olvidemos, a este respecto, que el mismo Pérez Perdomo precisa que el tránsito desde el Estado liberal de Derecho hasta el Estado social de Derecho se da definitivamente en Venezuela con la Constitución de 1961; para advertir luego, como obra del siglo XX, una clara evolución hacia el establecimiento de una "escuela" jurídica venezolana.

Es de tener cuidado, sin embargo, con la apreciación amplia y autorizada que en orden a lo anterior hace el autor de marras.

Al relatar el tránsito de nuestras corrientes jurídicas a partir de la exegética – que paradójicamente se afianza durante el período de la codificación nacional contrariando la esencia de este método y que pierde su vigor en favor de la dogmática, más propia del método codificador, y al justamente "descodificarse" nuestro sistema jurídico – dice que la crítica jurídica

- 229 -

que realiza esta última tendencia "se basa en un criterio de rigurosidad conceptual, no de relevancia o funcionalidad social".

Si ello es así, podría concluirse sin más, como lo apuntamos al inicio de este ensayo y como bien lo advertía Casanovas en 1955, que el Derecho venezolano no ha logrado encarnar en la conciencia popular. Y tanto parece serlo que, al precisar Pérez Perdomo que la dogmática es una tendencia propia a nuestra contemporaneidad, agrega que junto a ella se ha hecho campo, pero muy tímido, otra tendencia que repara más en la "orientación social de la investigación jurídica"; tendencia que emerge a partir de los años setenta, pero enclaustrada en los institutos de investigación de nuestras universidades.

Condado de Broward, 28 de febrero de 2024

CRÓNICA DE «PUNTOFIJO»
Ó
EL ESPÍRITU DEL 23 DE ENERO

Un gobierno respetado, hasta que dejó de serlo

El Gobierno de Marcos Pérez Jiménez funcionó, teóricamente, como un aparato de relojería. Por su formación castrense tenía un entendimiento particular acerca de la organización de la Administración Pública. La reformó, como consta en su Mensaje al Congreso de 1954. En él explica que "para hacer eficaz y económica la administración del Estado es necesario situar las actividades donde lógicamente deben estar", pues entendía al Gobierno, efectivamente, como una maquinaria funcionalmente jerarquizada, de prestación de servicios y de realización de obras, a la luz de los objetivos del Ideal Nacional.

La estructura militar con sustento real del poder fue atendida con preferencia, "no obstante el descuido de las condiciones económicas de los oficiales de las Fuerzas Armadas en las postrimerías del gobierno militar". Oscar Mazzei Carta, ministro de la Defensa, será, así, quien asuma la Presidencia como Encargado en las pocas salidas de Pérez Jiménez al exterior, quien fue celoso con el tema de la soberanía y del principio de autodeterminación.

Sus relaciones con los demás países, dentro de las que contaban como privilegiados los vínculos con Estados Unidos de América, no fueron óbice para que se moviese con tacto, pero con firmeza en determinados asuntos. Su condición de militar y de dictador no le significaba al principio una suerte de rémora, dado el cuadro de la Guerra Fría en efervescencia, que le impulsaría a la ruptura de relaciones con la Unión Soviética el 13 de junio de 1952.

Con Colombia mantuvo relaciones muy cordiales durante todo el mandato, trabando amistad con los presidentes Arbeláez y Rojas Pinilla. Y lo cierto fue que en 1953 le hará devolución a dicho país del testamento de El Libertador, que había desaparecido de la Quinta San Pedro Alejandrino.

Sin embargo, tales relaciones encontrarán un momento de tensión durante el año de 1952 cuando Pérez Jiménez ejercía como ministro de la Defensa y miembro de la Junta de Gobierno. En enero de dicho año la Cancillería del país vecino realizó una publicación con el nombre de Territorios Nacionales, declarando su soberanía sobre el Archipiélago de Los Monjes y el 1° de marzo siguiente la fragata colombiana Almirante Padilla ancló en los Monjes del Norte e hizo disparos de artillería contra pesqueros venezolanos. Ya en 27 de febrero Venezuela había instalado un faro en dichas islas y el 8 de septiembre, a pesar de las disculpas ofrecidas por la Embajada colombiana en Caracas, el gobierno decidió la ocupación militar y artillada de Los Monjes, obligando a la Cancillería del vecino país a emitir una declaración de reconocimiento de nuestra soberanía nacional, que firmaría el 22 de noviembre.

Luego, cuando la Guayana Inglesa hizo saber de su deseo de independencia, el Canciller venezolano Aureliano Otañez cuestionó en octubre de 1953 el intento de la Gran Bretaña de sostener la condición de vasallaje de dicho país, en tesis que acompañará también el dictador nicaragüense Anastasio Somoza durante su visita oficial a Venezuela argumentado al respecto el valor de la Doctrina Monroe. No obstante, el Gobierno de Venezuela pudo firmar favorablemente con la Corona inglesa la delimitación de sus áreas marinas y submarinas en el Golfo de Paria en el mes diciembre inmediato.

A inicios del Gobierno dictatorial, el Congreso chileno atacaría a Pérez Jiménez por sus atentados a la democracia, y al final, en 1957, Chile – nación donde fallece en el exilio Valmore Rodríguez, fundador del Diario El País y vicepresidente de Acción Democrática en la clandestinidad – rompe relaciones con Venezuela luego de que la Seguridad Nacional detiene al Agregado Civil de la representación diplomática chilena en Caracas, Jorge Basulto Guillén, quien se habría expresado en términos denostosos para con el régimen.

En el mismo año de 1957 Argentina también rompe sus relaciones con Caracas, luego de que su Embajador, el General Carlos Toranzo Montero, fuese acusado de no asistir a los actos de la Semana de la Patria. Pero el asunto tendría otro matiz, pues Juan Domingo Perón, acompañado por una Hermana de la Caridad y una joven rubia, sería recibido y protegido en Venezuela, a donde ingresó por Maracaibo procedente de Panamá siendo recibido por un General Tanco, quien habría conducido una revuelta en la nación sureña. Más tarde, el 25 de febrero del año de la ruptura de relaciones diplomáticas que obligarían a su vuelta a Caracas al Embajador Atilano Carnevali, el carro de Perón – coincidiendo con las celebraciones patrias de su país – sería objeto de daños por una bomba que estalló antes de que su chofer recogiese al exmandatario en su vivienda de la Urbanización El Rosal.

Morirían en el exterior, también exilados, José Rafael Pocaterra en Canadá, y Andrés Eloy Blanco en México. En tanto que, habiendo regresado de su exilio, fallecería en Caracas el General Isaías Medina Angarita.

Más allá de las formas, de las exigencias protocolares o de las anécdotas, lo cierto es que Venezuela, desde 1953, fue víctima de una presión sostenida por parte de los productores petroleros independientes norteamericanos, quienes, asociados a los productores de carbón, se quejaban y piden la disminución de las importaciones del crudo venezolano.

Luis José Silva Luongo, historiador y experto en la materia dará cuenta, más tarde, del ingreso que por 2.118 millones de bolívares obtuvo la República por las nuevas concesiones petroleras: consideradas por su acérrimo cuestionador – Juan Pablo Pérez Alfonso – como las más diligentes, metódicas y rendidoras de nuestra historia, pues "se recibió 100 veces más que en 1943-1944".

VENEZUELA, EN LA ANTESALA DE LA HISTORIA

La suma del caso, que no gastaría Pérez Jiménez y que, se supone, dejaría en el Tesoro a su caída, empero, se contrariaba con un gobierno que, antes de caer, comienza a atrasarse en el pago de sus deudas a los contratistas y proveedores de materiales de sus grandes obras. El presidente se hace el desentendido y hasta se muestra irritado cuando se le pregunta al respecto, dirán estos.

Dada la "cuestión de las importaciones petroleras", ya al final de la dictadura, el 28 de diciembre de 1957, el Canciller de la República anunciaría revisiones en la política exterior si Estados Unidos insistía en sus medidas restrictivas afectando con ellas la "cooperación entre las naciones del mundo libre".

Es el momento, pues, en que el gobierno militar recibe su primer ataque mortal, que lo llevará al derrumbe. Monseñor Rafael Arias Blanco, arzobispo de Caracas, hará leer una pastoral en mayo del año mencionado donde denuncia la irritante e insostenible realidad vigente en el país: "Una inmensa masa de nuestro pueblo está viviendo en condiciones que no se pueden calificar de humanas... mientras que los capitales invertidos en la industria y el comercio que hacen fructificar sus trabajadores aumentan a veces en forma inusitada".

El malestar, pues, se instaló en todos los órdenes y logró permear hacia el gobierno y hasta en la milicia.

Todos esperaban, incluidos los actores partidarios en el exilio, entre éstos el propio Rómulo Betancourt, que unas elecciones generales dieran término al régimen 'perezjimenista': provocasen su derrumbe mediante el voto. Pero ello no fue posible y Vallenilla

Lanz, autor de la Ley Electoral que instalara el írrito plebiscito que se realizó el 15 de diciembre anterior, no pudo tener el éxito que le brindó a su jefe el 2 de diciembre de 1952, al compararlo con Napoleón. El estudiantado toma las calles y sorprende la protesta de los alumnos de la Universidad Católica Andrés Bello frente a la farsa plebiscitaria, dada la vinculación de dicha Casa de Estudios con la Iglesia.

La historia posterior será corta. Una Junta Patriótica, con los partidos opositores, entra en acción y en el ámbito militar se organiza el movimiento conspirativo, con Hugo Trejo, jefe militar de Caracas, a la cabeza. A su vez, el mayor Martín Parada conduce las operaciones aéreas desde la Base de Palo Negro. No tienen éxito el 1° de enero, pero el día 10 siguiente se alza la Marina siendo contenida por el diálogo y las ofertas del General Rómulo Fernández, jefe del Estado Mayor General.

Pérez Jiménez cede ante el pedido de Fernández, hace a un lado y envía al exterior a sus aliados más cercanos – Vallenilla Lanz y Pedro Estrada – reorganizando su gabinete, con Rómulo Fernández en el Ministerio de la Defensa: quien dura en su cargo hasta el 13 de enero, cuando lo hace preso el propio Pérez Jiménez con el apoyo de Luis Felipe Llovera Páez, a quien había preterido desde el mismo 2 de diciembre de 1952. Pero el envalentonamiento de nada le sirve. El 21 de enero estalla la huelga general y se cuenta que Llovera le habría dicho a Pérez Jiménez que "los pescuezos no retoñan" y era llegada la hora de la partida.

VENEZUELA, EN LA ANTESALA DE LA HISTORIA

En la madrugada del 23 de enero de 1958, aborda La Vaca Sagrada, como llamaba el pueblo al avión presidencial. Pérez Jiménez, su familia, acompañados de Llovera Páez y familia, Pedro Gutiérrez Alfaro, Raúl Soulés Baldó, Antonio Pérez Vivas y Fortunato Herrera, entre otros, despegan desde el Aeropuerto de La Carlota para no volver.

Marcos Pérez Jiménez, ya General de División por decisión del Senado, dejaría en el apuro una maleta, cuyo contenido serviría de prueba para su posterior enjuiciamiento por peculado y su extradición, favorecida por el Gobierno de los Estados Unidos de América, que lo condecoró y lo sostuvo hasta el momento en que consideró llegado el momento de construir alianzas en América Latina más duraderas, con mandatarios demócratas y electos mediante voto universal, directo y secreto.

La vieja República Militar llegaba así a su término, por lo pronto. Se abriría otra etapa del siglo XX venezolano, la de la República Civil, que es de partidos y también acaudillada, obra de un amago transicional muy complejo, nada fácil, hijo de la madurez, de la amarga experiencia del exilio y el fracaso del sueño octubrista de 1945 que le hizo lugar a la llamada «década militar».

La iglesia del 23 de enero

La política se hace y renace en la plaza pública, su lógica es ciudadana. Bajo los despotismos, medra la resistencia. Es dispersa en la Venezuela antes de la caída de la dictadura, el 23 de enero de 1958. Algunos de los suyos ceden en la oscurana presas del miedo, sin luces de libertad, atenazados por el instinto de la sobrevivencia. Es el contexto donde florecen las negaciones, pariente del otro en el que bullen los odios entre los que pierden el poder usufructuado antes en jolgorio de complicidades: Marcos Pérez Jiménez y Pedro Estrada, derrocados, se separan más tarde.

Sobre el 23 de enero de 1958 y la predicada unidad de los políticos se vierten cántaros de agua llegado cada aniversario. Ocultan la otra historia, la de su "alma", que es delta de circunstancias, obra del coraje cural, un deslave de la naturaleza.

Miguel Otero Silva escribe sobre la inmediatez: "Centenares de presos, centenares de torturados, centenares de muertos era, al cabo de nueve años de tiranía, el balance de una oposición heroica pero hondamente dividida". Ramón Díaz Sánchez recrea el ambiente de conmociones que arranca con el 18 de octubre de 1945, mientras Arturo Uslar Pietri, certero, apunta que "si el 18 de octubre fue el movimiento de un partido y un sector del ejército", el 24 de noviembre de 1948 un golpe militar seco, el 23 de enero ha sido singular y distinto.

A seis meses del derrocamiento del dictador, sobre el estado del alma venezolana en ebullición, cuando "huye de la oscuridad de la noche", es cuando la Junta Patriótica, formada por URD y los comunistas se establece. Luego llaman al COPEI y la clandestina AD; partidos que, una vez superado el puente se reorganizan y paren sus líderes el Pacto de Puntofijo, para darle salida de largo aliento y estabilidad al huracán incontrolable: "Caracas es una vasta conspiración. Y cada casa de la ciudad una tertulia de conjurados. Se conspira en los barrios residenciales, en los sectores de clase media, y en los bloques obreros", narra desde el teatro quien luego será presidente de la Cámara de Representantes neogranadina, el poeta y diplomático José Umaña Bernal.

Frente al despilfarro y el grosero enriquecimiento dentro de la «boutique» caraqueña se disimulan las condiciones infrahumanas en que viven las mayorías. Son los párrocos y el arzobispo, Rafael Arias Blanco, quienes interpretan esa injusticia y enfrentan la vanidad del dictador.

El Vaticano se activa. Llega a Caracas el Cardenal Caggiano y desde el Municipio observa que "hay tanta riqueza que podría enriquecer a todos, sin que haya miseria y pobreza". Arias intima a la organización sindical, para que de ella surja una opción "entre el socialismo materialista y estatólatra que considera al individuo como pieza... y el materializado capitalismo liberal, que no ve en el obrero sino un instrumento de producción". La invita "a completar lo que aún falta a la paz social". Enciende la mecha.

Pio XII dedica tres veces su palabra al pueblo venezolano sufriente. En 1956, al Canciller de la dictadura le dice, sin concesiones, que sólo habrá desarrollo armónico cuando entiendan que el progreso significa "elementos otorgados no a una persona exclusivamente sino a toda una sociedad que debe sentir sus provechosos efectos".

Sorprende al régimen, sí, el cese del silencio de los intelectuales, los hombres de negocios y profesionales. Pasado el alzamiento del 1° de enero, cuando trepidaran sobre Caracas los fuselajes aéreos, firman remitidos antes de la huida del sátrapa: "Es necesario, para la recuperación institucional y democrática de Venezuela, que el gobierno garantice el pleno ejercicio de los derechos ciudadanos", mascullan cuidadosos.

La crónica de Gabriel García Márquez, El Gabo, en ese momento germinal de nuestra democracia – cuan-do "ya está el helado al sol" según la descripción de Llovera Páez – muestra el verdadero rostro de la diosa Tique del destino. El clero es el actor principal.

El arzobispo es llamado por el ministro del interior, Laureano Vallenilla – "no iba a misa, pero conocía los sermones", escribe García Márquez –, y lo hace esperar hora y media para darle una lección. El padre Hernández Chapellín, director de La Religión, ante Vallenilla espeta: "Voy a hablarle como sacerdote, que sólo teme a Dios... casi todo el pueblo los odia y los detesta".

El padre Sarratud sabe que lo buscan. Se entrega a manos del segundo de Estrada, Miguel Sanz. A él y al padre Osiglia de la Candelaria y a Monseñor Moncada de Chacao, llevados a la Seguridad Nacional donde se encuentran Hernández Chapellín y el padre Barnola – el semi-interno le llaman – se les acusa de haber instigado el levantamiento.

El padre Álvarez de La Pastora se mueve, para que, al llegar los esbirros por haberle impreso volantes a la Junta Patriótica, ello no impida que los huelguistas del 21 de enero suenen las campanas de la Iglesia. El Nuncio Apostólico protege a Rafael Caldera, quien sucesivamente viaja al exilio, y al joven oficial Roberto Moreán Soto. Y Monseñor Jesús María Pellín, hombre de bibliotecas como el actual Papa Emérito, sermonea sobre el prevaricato imperante.

En la fecha, Monseñor Hortensio Carrillo – trujillano, de quien fuésemos monaguillos el hoy Cardenal Baltazar Porras y este simple escribano – protege en la Iglesia de Santa Teresa a los médicos manifestantes. El régimen la profana con sus fusiles y ametralladoras. "Una bomba estalló a pocos metros de Monseñor… los fragmentos se le incrustaron en las piernas y con la sotana en llamas se arrastró hasta el Altar Mayor". Las mujeres "mojaron sus pañuelos en el agua bendita de la sacristía y apagaron la sotana", reseña quien más tarde será Premio Nobel de Literatura.

"El heroico pueblo de Caracas, con piedras y botellas, descongestionó el sector… el párroco [presa de terribles dolores] experimenta una inmensa sensación de alivio. La misma sensación de alivio que experimenta Venezuela". La dictadura ha sido derrocada. "El hambre carece de color político, y el dolor y la esclavitud, son siempre la tierra de nadie", precisa Umaña.

Un estado del alma

"No hay líderes, ni jefes ni oradores; sólo la inmensa corriente de hombres y mujeres, que avanza, de los cuatro puntos cardinales hacia el centro de la ciudad. Al principio, empecinada y silenciosa, como una sombra tenaz, sofocada por muchos años, que sale de la sombra", es el recuerdo que le queda en su memoria a Umaña Bernal al declinar el año. Ya se inicia el decurso venezolano hacia el 23 de enero 1958, hacia su libertad.

Describe al celebérrimo barrio La Charneca, a la derecha del río Guaire, ese que ilustrará no pocos discursos del presidente Rómulo Betancourt quien asume el gobierno a partir de 1959, en el primer tramo de una experiencia democrática que trastabillará en sus inicios: – "No es esa la tarea de un momento de fugaz alegría y de momentánea generosidad", advierte Arturo Uslar Pietri; pero Umaña lo hace para dar cuenta de algo que está allí presente, como un volcán en las vísperas de su erupción y sin que se le pueda mirar para describirlo, pero se le siente. Sólo captan sus signos los más perspicaces, como el animal que escucha los mensajes de la naturaleza. Nadie puede apropiarse del hecho, de la gente que se amalgama sin proponérselo, casi por instinto y en la hora agonal.

"Gente de bronce, si las palabras no estuvieran infamadas por el uso; hombres y mujeres de bronce, maliciosos y alegres, duros y tenaces... un pueblo con sentido de clase, que conoce los términos de la libertad" incluso bajo la férrea dictadura de los militares, pues si teme tampoco le disciplinan. El pueblo venezolano, en efecto, es paciente y silencioso ante sus pesares así los masculle o los grite de tanto en tanto para drenarlos. "El primero de enero – cuando se alzan los aviadores y sus pájaros metálicos trepidan sobre el cielo de la Caracas que amanece – el pueblo no está en la calle. Y por muchas horas nadie sabe lo que pasa", relata la crónica.

Comprender la esencia de esa chispa del venezolano común que prende después y casi al azar envuelve a todos, cuando menos lo espera el que la genera, no es, por ende, tarea fácil. Es casi oficio para taumaturgos sociales. Algunas veces lo logran hombres de Estado muy decantados y esquilmados por el ostracismo, no los políticos logreros o de medianía. De tanto en tanto los intelectuales madurados a fuerza de tener como su objeto de observación y para fabularla al alma popular, como en el caso de Rómulo Gallegos, lo logran con finura.

De nada sirven para comprender lo inédito de la «revolución de 1958», cuyos efectos bienhechores cubren a las tres generaciones siguientes, los papeles que describen a la circunstancia; esos del tiempo previo y posterior a los hechos del 23 de enero y sobre un vértice social que se mixtura a lo largo de la historia patria de una manera accidentada, en lucha contra los amagos o artificios de poder que forjan las espadas o el látigo o se montan en las escribanías del oportunismo.

Otero Silva mira también al margen de su cuaderno cuando escribe acerca de los presos y los torturados atribuyéndolos como efecto de las mezquindades partidistas: – "en tanto que no arriaron sus divergencias y sus contradicciones para enfrentarse al enemigo común, lograron apenas llenar las cárceles con sus militantes". Pero lo cierto es que sobre esa colcha de retazos que impone la lucha clandestina contra la dictadura de Marcos Pérez Jiménez, al término quien domina es el difuso «espíritu del 23 de enero». Es lo que importa destacar, lejos de los gendarmes y traficantes de ilusiones, sean de charreteras o de levita.

Lo veraz, como lo narra Umaña, es que mientras militares soportes de la dictadura avanzan en sus estrategias – cada uno con su portafolio de intereses en la mano del disimulo, predicando cambios «gatopardianos» o libertades tuteladas – entonces "no baja el pueblo de La Charneca, ni se mueven los trabajadores de Catia".

El pueblo de Caracas, frívolo y desorganizado, zamarro y calculador como lo es el venezolano, en la circunstancia se hace generoso, decidido y audaz al extremo. Si bien apuesta al éxito de los alzados a la vez que se mantiene reservado, no ajeno a las tensiones interiores que se le vuelven nudo en la garganta y alimentan frustraciones recurrentes. Y el fracaso aparente del 1° de enero, en la hora de los cuarteles alzados, y también de la huelga general del 21 siguiente atizan ese estado de ánimo. Entretanto la realidad muestra que cae bajo las metrallas la gente del pueblo llano – se dice al término que han fallecido más de 1.000 venezolanos durante las refriegas. ¡Y es que las rupturas históricas y las revoluciones que las amamantan – así ocurre de modo inesperado y germinal en los días previos al 23 de enero – durante sus deslaves terminales se vuelven "un estado del alma"! No tienen nombre propio, ni linderos sociales.

"La revuelta – dice Umaña – es el puesto fronterizo a donde, temprano o tarde, llegan todos los desterrados de la libertad y de la justicia. "No es la de los importantes y los oportunistas", machaca.

Más allá de los conciliábulos en el Palacio de Miraflores o de la Academia Militar que en el clímax hacen convencer al dictador que perdió el apoyo y lo llevan a abandonar el país, lo que no se dice es que "Caracas preparó su revolución". Lo confirma El Gabo: "Todo el mundo, desde el industrial en su gerencia hasta el vendedor ambulante en la calle estaba conspirando". No hubo héroes ni jefes providenciales, ni caudillos victoriosos, "ni minorías que cabalgasen sobre el lomo de la historia".

Una sola gran verdad, Venezuela

"No es Caracas una ciudad alegre este fin de año… es hoy una ciudad millonaria, pero, también, una ciudad melancólica… Bajo su espléndido cielo del trópico, Caracas es una ciudad que se asfixia. Le falta aire. El aire de la libertad" que se le ha negado a Venezuela. Eso vuelve a escribir Umaña Bernal en su Testimonio de la revolución en Venezuela, en vísperas del 23 de enero de 1958.

Cambiando lo cambiable, el párrafo hace descripción viva de lo actual venezolano; pero en sus entrelíneas se lee a la ciudad que asfixia bajo la violencia de la ambición construida sobre el vil metal que igualmente mata, tanto como aquella que es carne del mesianismo, del narcisismo dislocado en los altares del poder.

Lo supo antes el Libertador, Simón Bolívar, al observar las trágicas consecuencias de su quehacer épico que aún hoy no cesan, pues hoy como ayer han vuelto a la nación nuestra una nada que es agonía, ilusión vana para quienes la reducen a su yo personal, tal y como lo revela la carta que dirigiese a su tío Esteban Palacios desde el Cuzco: "¿Dónde está Caracas?, se preguntará Usted. Caracas no existe, pero sus cenizas, sus monumentos, la tierra que la tuvo, ha quedado resplandeciente de libertad y está cubierta de la gloria del martirio".

¡Y es que, en ese anhelo de libertad, fueron disueltas como arena u olvidadas como ahora las palabras que son memoria del maestro Andrés Bello, dichas en la antesala de nuestra emancipación y como conjuro! "En la gobernación de Venezuela era el hallazgo del Dorado, el móvil de todas las empresas, la causa de todos los males...". Y agrega lo que para él resultará auspicioso al revisar en 1810 nuestro decurso: "En los fines del siglo XVII, debe empezar la época de la regeneración civil de Venezuela", luego del quehacer de unos hombres antes guiados por la codicia... "Entre las circunstancias favorables que contribuyeron a dar al sistema político... una consistencia durable debe contarse el malogramiento de las minas que se descubrieron a los principios de su conquista", ocupando el espacio la religión y la política. Así reza el texto del filólogo de América que acompaña a su Calendario Manual y Guía Universal de Forasteros editado en Caracas por la imprenta de Gallagher y Lamb.

Umaña nos recuerda el papel crucial que otra vez juegan en la circunstancia de 1957 la Iglesia Católica y sus sacerdotes, pero trae también la voz de los intelectuales, universitarios, dirigentes obreros y empresariales y hasta hace relación diaria de las actividades que despliega la Junta Patriótica desde su instalación el 11 de junio. Es memorable el reportaje de García Márquez a quien cito antes, y quien ejerce el periodismo en nuestra ciudad capital: "Me di el gusto – decía entonces el ministro del interior, Laureano Vallenilla – de hacer esperar al arzobispo durante hora y media". Y cuenta del coraje y firmeza de los curas párrocos venezolanos al momento de enfrentar a la tiranía. "El sacerdote, que no se había escondido, se echó al bolsillo el breviario y se dirigió en automóvil a la Seguridad Nacional. Lo recibió Miguel Sanz, quien sin fórmula de juicio lo mandó a la celda".

La relectura de este libro habría de ser, incluso en tiempos de inmediatez como los que nos acogotan, una suerte de catecismo, ya que sólo quien sepa escapar a las tentaciones de la diosa Calypso, la que intenta ofrecer gloria y paraíso a Ulises para impedirle su regreso al hogar, a Ítaca, será capaz de entender lo que luego se calificará de milagro, el 23 de enero. Hace posible lo que Rómulo Betancourt refiere como intersticio – la libertad – entre gobiernos despóticos y opresores, alcanzando a durar cuatro décadas hasta 1998.

Betancourt advierte sobre las responsabilidades de la comunidad internacional a fin de que se logre la verdadera democratización del país: "Las propias denominaciones de derechas y de izquierdas resultan un poco artificiales, ante el insoslayable imperativo común de impedir el retorno de sistemas que no establecen distingos… cuando se trata de abolir libertades y humillar la dignidad del hombre", recuerda. Seguidamente expresa sin ambages que "le resta autoridad ética al mundo libre – se refiere a la actitud de organismos como la ONU o los europeos – porque resulta moralmente contradictorio condenar los sistemas brutales de gobierno de los totalitarismos en otros continentes cuando en forma amistosa se coexiste con los totalitarismos americanos".

Rafael Caldera, con igual clarividencia le sale al paso al freno de nuestros atavismos: "Que no se diga que, porque Pérez Jiménez se fue, ya nadie trabaja en Venezuela; que no se diga que el manguareo es enfermedad de la democracia y que es necesario el sable desnudo, inclemente, sobre el cuerpo, para poder cumplir con el deber de hacer la grandeza nacional". Y destaca que la Iglesia, que ha estado al lado del pueblo sin denominación de partidos, sabe que los derechos de la persona no son "planta que pueda desarrollarse con lozanía a la sombra corruptora de los poderosos".

Jóvito Villalba, sólido constitucionalista, el de más experiencia dentro de los líderes de la generación de 1928, recuerda la lección de los fracasos habidos en 1936 y 1948 para evitar los errores del sectarismo: "En el lugar antes ocupado por voluntades dispares e irreconciliables, se levanta una sola gran verdad: Venezuela. Hay que salvar a Venezuela, como una patria para nosotros y para nuestros hijos".

Transcurrida la ominosa década dictatorial, marcados por la cárcel y el exilio, aprendieron los parteros del Pacto de Puntofijo que más allá de ellos estaban la nación y su destino. La unidad que les era imprescindible mal podía ser "máscara de fariseos de quienes se unen para repartirse el botín a espaldas de quienes trabajan, para conservar el statu quo y mantener en pie los privilegios de las minorías antipopulares".

El tiempo de las ideas y de los partidos

El doctor Edgard Sanabria, presidente de la Junta de Gobierno, quien sucede como tal al Contralmirante Wolfgang Larrazábal Ugueto a finales de 1958, al comentar sobre el período iniciado a la caída del dictador Marcos Pérez Jiménez, padre del Nuevo Ideal y – según éste mismo – redentor de la Nación, dice bien y no exagera en su última Alocución a los venezolanos, el 13 de febrero de 1959, que "el año que hemos pasado en la actividad incansable del Gobierno será memorable". Señalaba el insigne romanista y catedrático universitario que la Junta recibió "una nación en la que ninguna libertad subsistía y en la que la vida y la dignidad del hombre sólo tenían existencia retórica y en cambio la abyección y el agravio eran las notas distintivas del trato político".

En su mensaje anterior de final de año, Sanabria explicaba la razón de fondo de su predicado: "Como consecuencia de los sufrimientos pasados, cada parcialidad política y cada grupo social ha revisado su conducta de ayer. El resultado ha sido el propósito de rectificar, si no la rectificación misma. Unidad, concordia, convivencia, ha sido llamada esa posición a la que todos hemos llegado por un mismo camino de dolor".

El presidente Sanabria miraba hacia el futuro con visión aguda, tanto que previno sabiamente sobre aquello que medio siglo después se tornará en cruel fatalidad: "Todo el pasado nos enseña que la alternativa de esa unidad, de esa concordia, de esa convivencia, no es ya el sectarismo o la dictadura, sino la destrucción total de nuestras instituciones".

La prensa del 23 de enero de 1958 da cuenta, pues, en grandes titulares, del derrocamiento de la dictadura luego de la medianoche del día anterior. El ya general de división Marcos Pérez Jiménez, junto a su familia y otros colaboradores había viajado a Santo Domingo desde el Aeropuerto de La Carlota, cerca de las 3 de la madrugada.

Ramón J. Velásquez escribirá años después sobre la sorpresa que anidó en el Ejército al verse abandonado por el dictador; pero lo cierto es que la fractura militar sobrevenida y el error del plebiscito (diciembre 15,1957) que hicieron posible, ambas, el cambio de gobierno, igualmente lo hicieron inviable. Su fuerza la perdió de improviso y a fuerza de los señalados atropellos a la dignidad de propios y de ajenos.

La historia de este corto pero nutrido y fecundo proceso de ruptura y de revolución, que no solo de renacimiento democrático, dirá mucho acerca del país del porvenir y sus inmediatos perfiles. Cabe entenderlo, para situar lo sucesivo en su contexto adecuado.

El alzamiento militar del primero de enero, conducido por los capitanes Hugo Trejo, en Caracas, y Martín Parada, aviador, en Maracay, fue el hito que corre el velo mostrando a la dictadura en su precariedad. Mas, por tratarse de una iniciativa netamente militar – eran 114 oficiales, un general, un coronel, el resto desde tenientes coroneles hasta subtenientes, los investigados por el gobierno luego de los sucesos o detenidos antes de ellos – cabía suponer que ocurriría un eventual y simple paso de manos dentro del amago restaurador de la República Militar que fuera el régimen depuesto. Ello fue así, aun cuando los militares complotados desde septiembre anterior mantuviesen contactos individuales con algunos civiles como Lorenzo Fernández y Godofredo González de COPEI, Orestes Di Giácomo, cabeza de la Asociación Venezolana de Periodistas y miembro de AD, o el mismo Saverio Barbarito, ministro de Agricultura durante el régimen de Medina.

Sea lo que fuere, la insurrección fallida del 1° de enero de 1958: animada – ¿qué duda cabe? – por el ambiente provocado por el Frente Universitario (que integraran Enrique Aristeguieta Gramko y Remberto Uzcátegui por COPEI, Jesús Carmona y Jesús Petit Da Costa por AD, y por el PCV Faustino Rodríguez Bausa y Mercedes Vargas Medina) asesorado por Gonzalo García Bustillos, y la huelga estudiantil del 21 de noviembre, ayudaron a la pérdida de miedo por la población e hicieron posible lo que era un imposible: El giro profundo, luego concordado, de la historia política de Venezuela y la final cristalización de nuestra experiencia democrática, que ya no del fatal o conocido cuartelazo, el ¡quítate tú para ponerme yo!

Las Fuerzas Armadas hubieron de entenderse, en lo sucesivo, con los civiles, quienes desde entonces tomaron la calle y propician la nueva insurgencia. Y los civiles – forzados ahora por la experiencia lacerante vivida durante la llamada "década militar" (nombre del esclarecedor libro de José Rodríguez Iturbe, dedicado al estudio del período) – hubieron de ceder en sus protagonismos estériles y avenirse en lo fundamental para la construcción de otro modelo de República. Éstos entendieron, por vez primera, que de nuevo tenían el poder suficiente como para acotar al estamento castrense, pero disponiéndolo al servicio de la Nación toda y sin necesidad de vejar, aislar o sorprender en su buena fe a los integrantes de la milicia.

La antesala de la unidad civil para la lucha final contra la dictadura tuvo como sede efectiva a la Junta Patriótica clandestina.

Antes del plebiscito decembrino, desde Nueva York, Rómulo Betancourt venía impulsando junto a los otros dirigentes partidarios venezolanos una iniciativa – el llamado "pacto a tres" (AD, COPEI, URD) constante en su declaración de 8 de agosto de 1957, para atender el proceso eleccionario que Pérez Jiménez y Vallenilla Lanz habían trucado para derivarlo en un plebiscito reeleccionista: mediante una Ley Electoral inconstitucional que le exigieron aprobar al sumiso Congreso. Las acciones desde el exilio, sin embargo, no lograrían concretarse a nivel interno por razones prácticas explicables, dado que, como lo reconocería el propio Rafael Caldera, la insurgencia – que tendría como focos a la Junta Patriótica mencionada y también al Frente Universitario – no fue obra de "las cúpulas": "fue un verdadero estallido colectivo, que se había venido gestando bajo la dictadura, agudizándose con la materialización del plebiscito y culminando con los movimientos militares iniciados desde el 1° hasta el 23 de enero" de 1958.

En todo caso, el acuerdo o pacto, indispensable para mostrar ante la opinión internacional – sobre todo norteamericana – que la salida del dictador no implicaba la sucesión del caos o la ingobernabilidad, terminaría siendo la base fundacional del tiempo posterior.

VENEZUELA, EN LA ANTESALA DE LA HISTORIA

En el seno de la Junta Patriótica, cuya gestación arrancara hacia junio de 1957 pero logrando estabilidad hacia finales de año, se juntaron finalmente y antes de hacerse más amplia luego del 23 de enero, los partidos URD, Comunista, el socialcristiano COPEI, y Acción Democrática, pero con un espíritu suprapartidista que supieron defender sus miembros a cada instante. Ellos eran Fabricio Ojeda, presidente de la Junta, Guillermo García Ponce, Enrique Aristeguieta Gramcko, y Silvestre Ortiz Bucarán, quien sustituye a Moisés Gamero.

Los manifiestos varios de la Junta denunciado tanto el plebiscito como la violación constitucional consumada con éste, y haciéndole un llamado a las Fuerzas Armadas a objeto de que le pusiese fin a los atropellos del dictador, quedaron coronados con su documento de enero de 1958, donde reconoce la unidad necesaria del "pueblo y Ejército" para dar término a la usurpación; y al hacer pública la honda fractura existente en el Ejército denunció al paso la prisión del general Hugo Fuentes y del coronel Jesús María Castro León, detenidos y vejados por el "triunvirato" gobernante: Pérez Jiménez, Vallenilla Lanz y Pedro Estrada, una vez como se develó el golpe fallido de comienzos de año.

De modo que, la acción del 1° de enero fue seguida por la huelga de los diarios del día 6, la detención de profesores universitarios el día 7, los rumores del día 8 que apuntaban al descontento dentro de la Marina y el inicio, el día 9, de la denominada "gimnasia revolucionaria" – así la califica Rodríguez Iturbe – con manifestaciones localizadas en la ciudad de Caracas y enfrentamientos con la policía en las distintas barriadas populares.

- 255 -

El 10 de enero cede el dictador y cambia el Gabinete bajo presión del general Rómulo Fernández, jefe el Estado Mayor General, como se ha señalado. Y el 17 de enero la Junta Patriótica convoca a una huelga general para el día 21 y de concierto el llamado Comité Militar de Liberación se pronuncia contra el Régimen. Llegado el momento de la huelga, no circulan los periódicos.

La población comprende que la misma no fue aplazada a pesar de la contrainformación puesta en marcha por el gobierno. La policía toma las puertas de las Iglesias para evitar que suenen las campanas llamando a huelga y a las 12 del mediodía el sonar de las cornetas de los vehículos y las sirenas de las fábricas anuncian el paro general del país. En la tarde caen muertos y heridos en número importante producto de las refriegas y de los ametrallamientos hechos por la policía, y se dicta un toque de queda a partir de las 5 de la tarde. Se reseñan como bajas civiles y según datos de los hospitales: 302 muertos y 1234 heridos: "sin duda aquella jornada era, como pocas veces en la historia turbulenta de la patria, la jornada de una polifacética insurrección popular", dirá en su historia Rodríguez Iturbe y no sin razón. La acción militar no llegó ese día, a pesar de lo anunciado y prometido por el Comité Militar, pues las coordinaciones habrían fallado.

A las 5.30 a.m. del día 22, los buques de la Armada de Venezuela atracados en La Guaira se hicieron a la mar para apoyar el movimiento popular insurgente y en ciernes, y en tal condición permanecieron hasta el anuncio cierto de que Pérez Jiménez había cedido en su pretensión de mantenerse en el poder. Éste, avanzado el día, ordena sin ser acatado la salida de aviones militares en su defensa, y notificado en Miraflores – donde jugaba al dominó con el Gobernador de Caracas – de la sublevación de la Marina y de la Guarnición capitalina en curso decide invitar a dialogar a los sublevados, cuyos dirigentes se encontraban en la Escuela Militar.

El almirante Larrazábal conversa telefónicamente con los coroneles Roberto Casanova y Abel Romero Villate, leales a Pérez Jiménez y los invita a sumarse al movimiento, aceptando éstos a condición de integrar la nueva Junta Militar y dado lo cual aquél le solicita al presidente Pérez Jiménez abandonar el país.

El Ejército – quedaba demostrado – ya no era capaz por sí solo de hacerse y de sostener el poder sin el apoyo de las otras fuerzas militares, a pesar de la unidad de mando que les diera, hasta 1958, la figura institucional del Estado Mayor General.

El acotamiento civil sobre el mundo militar, inédito hasta entonces, encontraría su mejor testimonio en la ampliación que hubo lugar durante el mismo día 23 de enero de la Junta Militar de Gobierno, que se constituyera inicialmente en la Escuela Militar siendo ya la 1 a.m. del día mencionado y bajo la presidencia del contralmirante Wolfgang Larrazábal Ugueto. Compuesta la misma junto a los coroneles Abel Romero Villate, Roberto Casanova, Carlos Luis Araque y Pedro José Quevedo, hubo de cambiar su nombre por Junta de Gobierno y sumar a su seno al empresario Eugenio Mendoza – sito en Nueva York – y a Blas Lamberti, ex presidente del Colegio de Ingenieros.

Habiendo abandonado el país el dictador, la presión de la opinión no se hizo esperar en los días siguientes, originando la renuncia de los coroneles Romero Villate y Casanova, señalados por sus estrechos vínculos con el gobierno depuesto, quienes salen con destino a Curazao, siendo sustituido el Secretario de la Junta, doctor Renato Esteva Ríos, ex Embajador en Chile, por el doctor Sanabria; personaje éste quien antes acompañara la renuncia de varios profesores de la UCV en protesta contra el régimen de Pérez Jiménez, encabezados por el profesor y jurista François Ciavaldini Ortega.

En la reacción popular habida en lo inmediato, los saqueos inevitables contra bienes de los jerarcas del régimen depuesto, la rabia manifestada contra la Seguridad Nacional, y en el reclamo colectivo para que se atendiese la orden de liberar a los presos políticos – sitos en la dependencia de ésta de Plaza Morelos y en la cárcel del Obispo, en el Guarataro – dada por la Junta, se producen 161 muertos y 477 heridos, como lo registra el diario El Universal de 24 de enero.

La mayoría de los altos funcionarios, sin embargo, no fueron detenidos y muchos tomaron la vía del exilio ingresando a distintas Embajadas, en tanto que algunos de los esbirros y espías de la "Seguranal" son linchados en la vía pública.

Pérez Jiménez, en todo caso, no se va para siempre, pues años después regresa extraditado con base en los papeles y valores que mostraban sus actos de peculado y que reposaban en una maleta que dejó en su apresurada partida a bordo de La Vaca Sagrada, nombre del avión presidencial cuyo despegue motivó una estruendosa manifestación de júbilo popular no conocida hasta entonces en Venezuela. Las campanas de las iglesias repiquetearon una vez más y hasta más no poder.

Llegan los padres de "Puntofijo"

La Junta Patriótica, ampliada – por iniciativa de Miguel Otero Silva y para doblegar el llamado "pacto a tres" – con los nombres de Irma Felizola, viuda del general Medina Angarita, Lorenzo Fernández, Numa Quevedo, Manuel R. Egaña, Raúl Leoni, Ignacio Luis Arcaya, entre otros más, hicieron fe de su respaldo a la Junta de Gobierno sobre las bases de los principios democráticos que anunciara defender el mismo Contralmirante Larrazábal al asumir el mando: "Libertad dentro de la Ley, unidad dentro del honor, generosidad dentro de la justicia", son sus palabras. Lo que implicaba para éste llevar al país, en lo inmediato, hacia "las prácticas universales de la democracia y del derecho".

La Junta hizo constar, por lo mismo, su decisión de sostener la "unidad nacional" de todas las fuerzas que contribuyeron al derrocamiento de la dictadura; de encaminar la unidad hacia la realización de elecciones generales de todos los poderes públicos; y de su compromiso, sin mengua de la independencia doctrinaria y organizativa de los partidos que coexisten en su seno, de "establecer una tregua en sus actividades en la lucha inter partidista", sembrando los presupuestos sustantivos de lo que luego se concretará en el Pacto de Puntofijo y que imaginan en su encuentro de Nueva York – apenas caída la dictadura –

Rómulo Betancourt, Jóvito Villalba, y Rafael Caldera, líderes fundamentales de los partidos Acción Democrática, Unión Republicana Democrática y el social-cristiano COPEI.

Durante los meses de enero y de febrero ha lugar la saga hacia el país, la "vuelta a la patria" de centenares de exilados, a cuyo efecto el gobierno establece un puente aéreo con apoyo de la Pan American Airways para la repatriación desde México de cerca de mil exilados. Gustavo Machado, cabeza del Partido Comunista, radicado en este país, pondrá de nuevo su pie en el Aeropuerto Internacional de Maiquetía y también los complotados del primero de enero, quienes habían escapado hacia Colombia. De otros destinos volverán también Raúl Leoni, Luis Lander, Domingo Alberto Rangel y Luis Augusto Dubuc, entre otros tantos.

Los líderes de Nueva York llegan a Caracas: Jóvito el 27, Caldera el 2 de febrero, y Rómulo el día 9 siguiente. Todos a uno, rodeados del pueblo y cada cual en mítines de recepción realizados en la plaza Diego Ibarra del Centro Simón Bolívar, le darán su respaldo al gobierno de la Junta.

Todo era unidad inédita nunca imaginada y bajo el llamado "espíritu del 23 de enero". Rómulo apoyaba a la Junta de Larrazábal, quien, como capitán de Fragata y comandante de las Fuerzas Navales, apoyó antes el derrocamiento de Rómulo Gallegos. Jóvito se aproxima a Betancourt, su compañero de la Generación de 1928, luego de que los separara el derrocamiento por Betancourt del gobierno de Medina. Y Caldera, quien participó de los grupos que durante el "lopecismo" le dieron lucha sin cuartel a los comunistas, a su regreso en 1958 recibe en su casa Puntofijo la visita de Gustavo Machado y Pompeyo Márquez: ¡Por la patria! brinda Caldera, a lo que Machado le responde: ¡Por la unidad!

En febrero de 1958, se levanta la censura de prensa instaurada por la dictadura desde 1950 y de nuevo se practica la confiscación de los bienes de un gobernante, tal y como ocurrió con Juan Vicente Gómez a su muerte.

La Junta dicta sus decretos números 28 y 29, mandando la ocupación preventiva de todos los bienes del expresidente Marcos Pérez Jiménez, disponiendo la integración provisional de una Comisión Investigadora de Enriquecimiento Ilícito ya prevista por la Ley sobre la materia y asignando las competencias judiciales más altas, al respecto, a la Corte Federal.

La lista inicial de los investigados no sería tan extensa como aquella de la Revolución de Octubre, pero la Comisión Investigadora de Enriquecimiento Ilícito la haría pública para inicios de marzo de 1958 y en ella figuraron Laureano Vallenilla Lanz, los generales Luis Felipe Llovera Páez y Néstor Prato, Silvio Gutiérrez, Antonio Pérez Vivas, Pablo Salas Castillo, el teniente coronel Juan Pérez Jiménez, Julio Santiago Azpúrua, Guillermo Cordido Rodríguez, el teniente coronel Guillermo Pacanins, Alberto Caldera, Pedro Estrada y Rafael Pinzón.

ASDRUBAL AGUIAR A.

Un militar demócrata

Wolfgang Larrazábal, carupanero de nacimiento, marino e hijo de Fabio Larrazábal y Jerónima Ugueto, hace parte de las hornadas de militares de academia formados durante la dictadura de Juan Vicente Gómez. Ejerce por dos veces la Comandancia de la Armada, en 1947 y luego en enero de 1958, antes de la caída de Marcos Pérez Jiménez. La primera vez y en tal calidad firma el acta de derrocamiento del presidente Rómulo Gallegos, el 24 de noviembre de 1948.

No obstante, durante su mandato como presidente de la Junta Militar – luego Junta de Gobierno – entre el 23 de enero y el 14 de noviembre de 1958, se revela como un líder carismático, de reconocida bonhomía y espíritu conciliador, quien sabe administrar sus arrestos populistas – que para algunos le aproximaban a la figura de Juan Domingo Perón – hasta transformarse en candidato presidencial de los partidos URD y Comunista. No ganará, pero llega de segundo detrás de Rómulo Betancourt con un caudal significativo de votos entre los que cuentan, de manera determinante, los de las masas sitas en la capital de la república. Caracas, que hasta hoy será una suerte de hervidero indócil, colcha de retazos sin horma permanente, producto del acelerado fenómeno de urbanización metropolitana a que la sometiese la obra física desplegada sobre ella durante la década militar.

La primera expresión convulsiva de la capital estará compuesta por las manifestaciones de desempleados, campesinos llegados a ella y atraídos por el olor de la bonanza o por extranjeros venidos en búsqueda de un mejor destino, quienes deciden no abandonar a esta tierra poblada sobre las faldas del Ávila, originalmente llamada San Francisco y más tarde Santiago de León. Ella es, lo denuncia el mismo Rómulo Betancourt, una suerte de "boutique" extraña a la realidad dramática de la provincia. Pero por ello mismo Larrazábal no puede evitar la adopción de medidas urgentes – el llamado Plan de Emergencia: con un fondo de 127 millones de bolívares – para atender la crisis social sobrevenida y que, a juicio de sus críticos, por tratarse de una suerte de subsidio colectivo al desempleo, no hace sino agravar la situación fiscal del país consagrando el sedentarismo e indolencia ciudadanos.

Sea lo que fuere, bien parece que no tenía otra alternativa, lo que bien grafica su ministro de Relaciones Interiores, Numa Quevedo, al declarar que sólo había dos alternativas: "o plata, o plomo". Así de simple. Y no le faltaba razón, dado que, durante los meses del mandato de la Junta conducida por este atípico marino, hubo de enfrentar su gobierno varias asonadas golpistas que buscaron impedir el avance hacia la democracia civil y que pudo dominar sobre todo con "apoyo popular" y no con el uso de las armas.

Entre tanto los partidos realizaban concentraciones unitarias, como aquella del Nuevo Circo, de 7 de marzo de 1958, compuesta de 10.000 mujeres entre las que destacaban Isabel Carmona (AD), Leonor Mirabal (COPEI), Argelia Laya (PCV) y Rosa de Ratto (URD). Seguían siendo detenidos jerarcas del régimen anterior y despachados hacia el extranjero, como Miguel Moreno, Rafael Heredia Peña, Leonardo Altuve Carrillo, Gregorio Rivas Otero y Julio Santiago

Azpúrua, entre otros más. Y se elaboraban las listas de la infamia en los gremios profesionales, para repudiar públicamente a maestros o a periodistas acusados de servir a la dictadura.

El ambiente de tensión y de revancha parecía incontenible, tanto que fue necesario organizar un acto nacional en defensa de los inmigrantes, con participación del empresariado, del gobierno y de la

propia Junta Patriótica y dado que habían sido acusados, aquéllos, de votar a favor del dictador durante el plebiscito.

Las denuncias de peculado – como el negociado que habría realizado Llovera Páez para la construcción de la siderúrgica nacional con la empresa italiana Innocenti – y el embargo judicial de bienes copaban las páginas de los periódicos, en un momento en que las restricciones a las importaciones petroleras desde Venezuela hacia Estados Unidos afectaban nuestra economía, y a su vez, los partidos y movimientos políticos de todo género trabajaban infructuosamente en la búsqueda de un candidato presidencial de consenso, señalándose al efecto el nombre del catedrático y ex rector de la UCV, Rafael Pizani.

Faltará superar algunos escollos, sin embargo, antes de que la primera campaña presidencial democrática de la República de partidos llegue a buen puerto.

"Los hombres que desde el 23 de enero hemos sido llamados a desempeñar funciones de gobierno, actuamos con la convicción de que un deber se destacaba por encima de todo: el de propiciar y garantizar unas elecciones mediante las cuales los venezolanos pudieran darse su gobierno con entera libertad. Creemos haberlo cumplido para bien de todos. Cábenos la íntima satisfacción de haber iniciado nuevos procedimientos...", declarará al respecto el presidente Sanabria, en su alocución del 13 de febrero de 1959, al asumir el poder Rómulo Betancourt.

El clima de unidad no cesa

A finales del mes último indicado de 1958 la Junta de Gobierno promulga un Estatuto Electoral, redactado bajo la presidencia de Rafael Pizani, y con la participación de actores políticos hasta entonces irreconciliables. El general Eleazar López Contreras ocupa sitio de honor al lado de Rómulo Betancourt, cuyo gobierno lo persiguió escarnecidamente después del 18 de octubre de 1945, y de Rómulo Gallegos, derrocado por la misma institución castrense de la que antes formara parte López.

El mes de julio trae de nuevo las aguas encrespadas cuando se inician agresiones a la residencia de Rómulo Betancourt y son detenidos los miembros de la Junta Patriótica, como antesala del intento de golpe militar que lleva adelante entre el día 22 y 23 el general Jesús María Castro León, ministro de la Defensa. Éste, a la sazón, le ofrece la presidencia de la Junta a Eugenio Mendoza en presencia, se cuenta, de Rafael Caldera y de Jóvito Villalba. Mas el rechazo de éstos tuvo eco en paralelo. 7.000 estudiantes de la UCV se declaran dispuestos a defender con las armas a la Junta de Larrazábal y 300.000 trabajadores se fueron a un paro simbólico contra la intentona golpista. Larrazábal logra dominar la situación y a su lado, en acto público en el Palacio de Miraflores, Castro León renuncia a su cargo y sale al extranjero junto con otros oficiales complotados, entre ellos los comandantes Luis Evencio Carrillo, Juan Merchán López, Clemente Sánchez Valderrama, Martín Parada, Juan de Dios Moncada Vidal y José Elí Mendoza Méndez, y los mayores Oswaldo Graziani Fariñas, Edgar Duhamel Espinoza, Manuel Azuaje Ortega, Edgar Trujillo Echevarría y José Isabel Correa.

Más 80.000 venezolanos se congregan durante el día 23 en la plaza de El Silencio, animados por los discursos de Betancourt, Villalba, Caldera, Machado y el mismo Fabricio Ojeda, en representación de la Junta Patriótica.

Durante el año de la Junta, cabe reseñarlo, fallecen dos ilustres venezolanos, Mario Briceño Iragorry, quien llega del exilio para entregar sus huesos en suelo venezolano, y Pedro Manuel Arcaya, historiador y jurista de fama, ministro de Relaciones Interiores durante el gomecismo.

En septiembre Moncada Vidal y José Elí Mendoza Méndez reinciden en su actitud golpista, al regresar clandestinamente al país e intentar en la madrugada del 8 de septiembre – fallidamente – la toma del Palacio Blanco, en una rebelión que cuesta 10 muertos y 84 heridos y da lugar a una huelga general y a otro acto de unidad y de reafirmación democrática en El Silencio. El mismo día Larrazábal anuncia la degradación pública y el enjuiciamiento militar de los alzados.

De conformidad con el Código de Justicia Militar, el Ministro de la Defensa, general Josué López Henríquez, ordenó el juicio por la rebelión de septiembre de 1958, ante Consejo de Guerra, contra los tenientes coroneles Juan de Dios Moncada Vidal, José Ely Mendoza Méndez, Clemente Sánchez Valderrama, Juan Merchán López; los mayores Alcibíades Pérez Morales, Alí Chalbaud Godoy, Rafael Marcelo Pacheco, Luis Alberto Vivas Ramírez, José Isabel Gutiérrez Rodríguez, Manuel Alfredo Azuaje Ortega, Oswaldo Graziani Fariñas, Edgar Eloy Trujillo Echeverría, y Edgar Duhamel Espinoza; los capitanes Francisco Pavón y Rafael González Windevoxchel; y los tenientes Carlos Quintero Florido, Manuel Silva Guillén y Víctor Gabaldón Soler.

Luego vendría la detención de los civiles vinculados a la acción insurreccional, entre quienes se señalaron a Antonio María Colmenares y Antero Rosales, como escogidos para asesinar al Presidente de la Junta de Gobierno y otros dirigentes de AD y el partido Comunista; quedando a la orden de las autoridades policiales, además, el periodista Franco Quijano, el ex ministro José Trinidad Rojas Contreras, Alfredo Kell – ex ayudante de Vallenilla Lanz –, Eugenio Romero de Pasquali y su secretario, Enrique Cabezas, como el ex diputado y ex gobernador Roberto Betancourt. La Junta de Gobierno, dado los hechos, procedería a la reforma del Código Penal, al objeto de incrementar las penas de los conspiradores civiles.

A los que la presente vieren, ¡salud!

Frustrada la intención de una candidatura presidencial única los partidos fundamentales se entregan a la tarea de escoger sus propios candidatos. A inicios de octubre, Luis Miquilena, en nombre de URD le anuncia al país la aceptación por Wolfgang Larrazábal de su candidatura presidencial. Acto seguido COPEI proclama como candidato a Rafael Caldera, y luego AD, arguyendo la insistencia de los primeros partidos en candidaturas propias, señala que tendrá como candidato a uno de sus militantes: Rómulo Betancourt, designado por acuerdo del Comité Nacional de su partido realizado los días 11 y 12 de octubre.

Los partidos en cuestión, conscientes de la delicada situación nacional y de los desafíos graves que le esperaban al país, deciden avenirse en un "pacto de unidad" suscrito el 31 de octubre y que en lo sucesivo se le conocerá como el Pacto de Puntofijo, nombre de la residencia de Rafael Caldera, situada en Las Delicias de Sabana Grande. El mismo implicaba el compromiso de los partidos firmantes para la defensa de la constitucionalidad y del derecho a gobernar conforme al resultado electoral, el establecimiento de un gobierno de unidad nacional, y la ejecución de un programa mínimo común a ser ejecutado por el candidato que resulte electo en los comicios de diciembre. "El mantenimiento de la tregua política y la convivencia unitaria de las organizaciones democráticas" se afirma luego – en apéndice al Pacto que suscriben los candidatos el 6 de diciembre de 1958 y que incluye el programa mínimo común – como necesaria hasta el afianzamiento y permanencia de las instituciones republicanas.

El documento de octubre, que lleva las firmas de Jóvito Villalba, Ignacio Luis Arcaya y Manuel López Rivas, por URD; de Rómulo Betancourt, Raúl Leoni y Gonzalo Barrios, por AD; y de Rafael Caldera, Pedro del Corral y Lorenzo Fernández, por COPEI, no cuenta con la adhesión del Partido Comunista, que luego respalda públicamente los "puntos positivos" del Pacto, pero haciendo constar que seguiría "luchando por una candidatura de unidad extrapartido [por lo que] mal puede suscribir acuerdos contrarios a esta justa aspiración popular".

Larrazábal entrega la Presidencia de la Junta de Gobierno a Edgar Sanabria el 14 de noviembre, y al día siguiente inscribe su candidatura en el Consejo Supremo Electoral, luego de que lo hicieran, sucesivamente, Rafael Caldera, con 42 años, y Rómulo Betancourt, de 50 años. Larrazábal tiene para el momento 47 años, y días después recibe el apoyo electoral de los comunistas no sin advertir: "No soy comunista ni tengo relación política de ninguna especie con las teorías comunistas".

Mientras ello ocurre, reunido Sanabria en su casa para celebrar su designación como nuevo gobernante interino hasta que asuma el gobierno que decidan las urnas electorales, un último movimiento subversivo queda al descubierto y es controlado, teniendo por cabecilla al coronel Héctor D'Lima Polanco, Jefe de la Oficina Técnica del Ministerio de la Defensa, y del que participan el capitán Ramírez Gómez y los tenientes Américo Serritiello, José María Galavis Cardier, Enrique José Olaizola Rodríguez y Alberto Ruiz González.

Sanabria, caraqueño, hijo de Jesús Sanabria Bruzual y de Teresa Arcia, formado por los Padres Franceses y el Instituto San Pablo, egresó como bachiller en 1928 del Liceo Caracas y más tarde como doctor en Ciencias Políticas, en 1935, alcanzando a titularse incluso como Maestro normalista. Inicia su actividad pública durante los gobiernos de López Contreras y Medina, fungiendo ora como Cónsul General en Nueva York, ora como Consultor Jurídico de la misma Cancillería o de los despachos de Hacienda y de Fomento, y más tarde, luego de su breve presidencia, será embajador con distintos destinos y casi a perpetuidad: pero alguna vez la chismografía popular le atribuye haber osado sentarse en la silla del Papa cuando fue Embajador de la República ante el Vaticano. Sea lo que fuere, el neo presidente de la Junta centra su vida en la docencia universitaria y en la academia, quedando marcado por las mismas y alcanzando, por mérito propio, ser Individuo de Número de las academias Venezolana de la Lengua (1939), de Ciencias Políticas y Sociales (1946), y de la Historia (1963).

Edgard Sanabria, de suyo, es en buena lid el primer gobernante de la República Civil y con tal sentido ejerce su breve pero fructífero gobierno.

"Al descender del poder, una de las mayores satisfacciones que, como profesor universitario, puedo experimentar, es la de que mis discípulos comprueben que no he traicionado mis prédicas, ni como ciudadano ni como gobernante. Aquí estamos destruyendo el mito de que, al frente de los destinos del pueblo venezolano, maestros y universitarios no podrían jamás concluir en paz su mandato. Me siento orgulloso de que, habiéndose respetado con dignidad al poder militar, me haya cabido la honra de reivindicar a José María Vargas, y junto con él, a la majestad augusta del poder civil", reza la alocución que pronunciará en el acto de transmisión de poderes a Rómulo Betancourt.

En propiedad, sobre la base incluso de la experiencia o de la simbiosis cívico-militar provocada por los acontecimientos que llegaron a cristalizar en el señalado "espíritu del 23 de enero", Sanabria desanda, en efecto, la madeja que impedía la relación constructiva entre los militares y el sector civil venezolano: determinante de todo ese complejo proceso de transición – el estira y encoge entre políticos y los hombres de uniforme, para decirlo de algún modo – que se da entre 1936 y 1958. Y haber hecho ceder definitivamente a la República Militar salvaguardando a la Fuerza Armada en su dignidad institucional, sin mengua del ingreso pleno de Venezuela en los espacios del Derecho y de la democracia, en los que sólo cuenta la soberanía popular, fue cometido que Sanabria reivindica como obra de la Junta.

"Hallamos un ejército receloso de los civiles y expuesto a la discordia interna. Procuramos hacer una amistad limpia que borrase las susceptibilidades con que los hombres de uniforme planteaban sus problemas específicos, y en beneficio de la paz doméstica, que debe ser irrenunciable derecho de todos los ciudadanos, comenzamos a eliminar la desconfianza absurda por culpa de la cual se miraban como adversarios el civil lleno de presagios y el militar inficionado de prejuicios. Quisimos que esos dos mundos ficticios que interesadamente se habían creado dieran paso a una sola comunidad de venezolanos unidos por la aspiración igual de encauzar la República. Considerando con perspectiva lo ocurrido en este intenso año de Gobierno, creemos que nuestros propósitos han tenido resultados felices", prosigue en su citada alocución.

El debut de Fidel Castro Ruz

En vísperas de las elecciones Larrazábal declara que el proceso electoral a realizarse debe considerarse "como la más brillante página de la historia política" venezolana y la decisión de no "saber más de dictadores". Para Caldera el país se juega la suerte por toda una generación y no la de determinados hombres o partidos. Betancourt, al situar el hecho como un hito histórico, dice que se trata de "otra vez" y no la única cuando el pueblo venezolano demostrará "su capacidad plena para el ejercicio y disfrute de los sistemas democráticos".

Montado sobre la elección presidencial en la que vence Betancourt y quien acto seguido visita a sus contrincantes, Larrazábal y Caldera, desde Miraflores Sanabria apresura la marcha de su breve gobierno.

Deja firmes varios actos que marcarán su emblemática gestión. Aprueba la Ley de Universidades proclamando la autonomía y crea la Universidad de Oriente, con sede en Cumaná. El 18 de diciembre se realiza, con su presencia, un acto histórico en el Aula Magna de la UCV, para reafirmar la necesaria independencia de las ideas y de su debate dentro del claustro universitario, y el 19, procede a firmar la Reforma de la Ley de Impuesto sobre la Renta, eliminando un gravamen injusto que pechaba a las operaciones comerciales con un 5 por mil, favoreciendo la elevación de hasta el 66% de la participación del Estado en los ingresos netos de la industria petrolera, dejando atrás el célebre fifty-fifty.

Venezuela, en la antesala de la historia

La protesta de la Creole no se hace esperar y ante ella el ministro de Minas e Hidrocarburos de Sanabria, Julio Diez, cierra el capítulo magistralmente: "No se trata de relaciones contractuales sino de un acto de soberanía".

El 20 de diciembre de 1958, Sanabria reincorpora al servicio activo como oficial almirante de la Armada a Larrazábal y luego le nombra embajador en Chile; ello, antes de ascender más tarde al rango de Vicealmirante por disposición de Rómulo Betancourt. El 30 de diciembre, crea el presidente de la Junta la célebre Oficina Central de Coordinación y Planificación de la Presidencia de la República, desde donde se elaborarán todos los planes nacionales de desarrollo durante la República Civil en nacimiento.

A días de hacer entrega del poder, luego de juzgar en su alocución de fin de año la citada jornada electoral de 1958 como "el propósito [de todos] de rectificar, sino la rectificación misma", Edgard Sanabria da testimonio de coherencia intelectual y de transparencia al someter de conjunto la obra de la Junta de Gobierno – originada en los hechos – a la consideración y aprobación de un parlamento de Derecho nacido con las elecciones de 1958.

No solo eso. Al declarar con sinceridad que el Plan de Emergencia, puesto en marcha por la Junta para atenuar la crisis social y económica incubada antes de la caída del dictador, no dio los resultados satisfactorios esperados, se muestra leal y agradecido – excepción de nuestra historia política – al dejar constancia, en su mensaje, "del desinterés y el noble afán con que el contralmirante Larrazábal se dedicó al desempeño de su histórico destino, iniciando una gestión que la patria habrá siempre de agradecerle".

Sobre la obra material de gobierno afirma Sanabria que no había sido suntuosa, pero tampoco escasa y que tuvo, eso sí, presente a la provincia.

Durante el gobierno de la Junta se creó el Estado Mayor Conjunto y se le da autonomía a las distintas ramas de las Fuerzas Armadas; se firmó la Declaración de Bogotá, primer esbozo de la decisión de crear un mercado común entre las naciones andinas; fueron reincorporados los militares dados de baja o enviados a disponibilidad durante la década militar; se dictan las reglas para el catastro industrial, la creación del Consejo de Industrias, y el establecimiento de las normas industriales; se elimina la Seguridad Nacional y se crea el Servicio Criminológico y luego el Cuerpo Técnico de Policía Judicial y reorganizado todo el Poder Judicial, incorporándose como jueces a los mejores abogados de las promociones más recientes; se concluyó el ferrocarril Puerto Cabello-Barquisimeto; nacen las Universidades de Carabobo y de Oriente; se terminan los estudios para el puente sobre el río Orinoco y la construcción de la autopista Valencia-Puerto Cabello; es creada la Escuela de Aduanas; se establecen 2.823 centros de alfabetización, se reabrió el Liceo Fermín Toro y se crearon otros 19 liceos diurnos y nocturnos; se construyó el dique para la Presa de Lagartijo y se iniciaron los trabajos del acueducto submarino que dota de agua a Margarita y Coche; cedieron las epidemias, salvo la de rabia que hizo crisis, y ha lugar la vacunación masiva de la población contra las enfermedades contagiosas; de los 500.000 niños sin escolaridad se reinsertan 200.000, creándose 295 escuelas e incorporándose un plantel de 3.300 maestros; se decreta la autonomía universitaria; la producción petrolera alcanza a 2.596.763 de barriles diarios; se elaboran los proyectos de Código Penal y de Procedimiento Civil y la Ley de Carrera Judicial; es eliminada la visa de reingreso al país para los venezolanos; se activan las negociaciones del Modus Vivendi con la Santa Sede; se firman todas las Convenciones de Ginebra sobre Derecho del Mar; Venezuela respalda la creación de un Banco de Fomento Regional Interamericano y reingresa como miembro de la Organización Internacional del Trabajo, que designa a Rafael Caldera presidente de las delegaciones gubernamentales ante la Conferencia; se reforma el Impuesto sobre la Renta e incrementa el ingreso fiscal petrolero de Venezuela; se elaboró el proyecto de Ley de Bancos Hipotecarios Urbanos.

Dos hechos en apariencia inocuos dejan su estela sobre el destino de la dinámica democrática que recién se inaugura: uno, la decisión de la Junta Patriótica de recolectar fondos para apoyar a la revolución cubana en su momento más crítico de lucha contra la dictadura; dos, la petición pública de la Asociación Venezolana de Periodistas al gobierno de la Junta, para que rompiese relaciones con el gobierno del dictador Fulgencio Batista, dada "la lucha de resistencia" que libraba el pueblo y los ataques a éste por la dictadura, ante la imposibilidad de "contener la ofensiva del Ejército de Liberación que comanda Fidel Castro".

No pasarán tres semanas desde el petitorio firmado por los periodistas de Caracas el 30 de diciembre, cuando Castro, un año exacto después desde la caída de la dictadura 'perezjimenista' y en un 23 de enero haga su entrada pacífica a Venezuela como nuevo gobernante de la isla. Será su primera incursión en nuestro suelo, antes de intentar repetir la misma, más tarde, pero por vía de la violencia armada durante el gobierno de Rómulo Betancourt.

A todos los que la presente vieren, ¡Salud!, era la consigna de factura hispano medieval y saludos repetidos de Sanabria como Presidente y luego como ex Presidente, quien llega al poder como Secretario de la Junta de Gobierno, luego como su miembro, siendo sustituido en la secretaría por Héctor Santaella, y finalmente como Jefe del Estado y Comandante en Jefe de las Fuerzas Armadas, teniendo por Secretario a Ignacio Iribarren Borges.

La saña cainita de los venezolanos

El país queda, así, en las manos expertas de un hombre a quien la historia postrer le asignará el título de padre de nuestra democracia: Rómulo Betancourt. Y la verdad es que la República le abre espacios en su dirección a este civil de a pie, hijo de un modesto inmigrante canario, Luis Betancourt y de Virginia Bello, nativa de la humilde población de Guatire. Y tanto lo fue de a pie que él mismo diría de sí, a través de Alfredo Tarre Murzi, "del pueblo vengo, en cuna pobre nací, me formé a puñetazos con la vida, y codo a codo con los trabajadores".

Sin embargo, corre con la suerte de estudiar en el Liceo Caracas dirigido entonces por el escritor Rómulo Gallegos, donde compartirá con la pléyade de condiscípulos quienes más tarde integran como estudiantes universitarios la brillante Generación del 28.

Jóvito Villalba, Raúl Leoni, Juan Bautista Fuenmayor, Isaac J. Pardo, Carlos Eduardo Frías, Miguel Acosta Saignes, Armando Zuloaga Blanco, entre otros, son los nombres de aquellos personajes que interactúan con el novel presidente durante su juventud.

Asume el poder el 13 de marzo de 1959, pero esta vez – y a diferencia de su anterior presidencia colectiva de 1945 – mediando el voto universal, directo y secreto del pueblo: reclamo éste que le hiciera participar, justamente, como un primer actor en el golpe cívico-militar del 18 de octubre de 1945. Se trata, pues, de un hombre curtido en la acción y constante de espíritu.

La protesta estudiantil de los carnavales de 1928 le lleva a prisión y dos meses después, quizás acicateado por tal experiencia, decide compartir desde el ámbito estudiantil la fallida conspiración militar del 7 de abril de dicho año contra Juan Vicente Gómez, quien lo envía por vez primera al exilio, hasta 1936.

Pero Betancourt es también un hombre ganado para la cultura y para la escritura, "con obsesión intelectual" como bien lo describe Simón Alberto Consalvi y a pesar de que los avatares de su lucha le impiden graduarse como abogado en la Universidad Central.

Desde el lejano 1925 inició sus colaboraciones en la Revista Billiken y en otros medios, y no deja de estudiar ni producir panfletos, ensayos, opúsculos y hasta libros sobre la política y el país como su celebérrima Venezuela, Política y Petróleo. Una de sus primarias y reconocidas muestras de escritura fue, sin duda alguna, Las huellas de la pezuña: hecha al alimón con Miguel Otero Silva, que cuenta con un prólogo de José Rafael Pocaterra. Es una protesta más y muy propia contra la dictadura del Benemérito.

De modo que, a la luz de todo cuanto ocurrirá en el período 1959-1963, vale observar que no hubiese sido nunca suficiente "el espíritu del 23 de enero" para asegurarle al país, así no más, su naciente experiencia de civilidad democrática y su proyección durante el medio siglo posterior. No hubiese bastado el Pacto de Puntofijo como soporte, si acaso el responsable del mando no hubiese comprendido su real necesidad y significación, a la par de tener una recia e integrada personalidad.

Al concluir el primer año de su mandato constitucional, en el que ocurren la expulsión de la Universidad Central de los profesores 'perezjimenistas', la ruptura de relaciones diplomáticas con República Dominicana, la acusación al ex dictador Pérez Jiménez por peculado y la solicitud de su extradición a los Estados Unidos, reconoce Betancourt ante el Congreso que "fue patriótico acierto el de los líderes de los tres grandes partidos nacionales, Acción Democrática, COPEI y Unión Republicana Democrática cuando suscribieron el pacto del 31 de octubre de 1958".

"No faltan opiniones – ajusta el mandatario – en el sentido de que sería más cómodo y expeditivo para mí como jefe del Estado escoger mis colaboradores sin tomar en cuenta el pacto [en cuestión]. El "Yo acabaré con los godos hasta como núcleo social", de la conocida frase del autócrata, que se exhibía con externo atuendo liberal, es expresión que tipifica esa saña cainita que ha dado fisonomía a las pugnas inter partidarias en Venezuela, señala Betancourt. "La Coalición ha significado y significa la eliminación de ese canibalismo tradicional en nuestro país en las luchas entre los partidos, realizadas en los limitados interludios democráticos, paréntesis fugaces entre largas etapas en las que se impuso sobre la nación el imperio autoritario de dictadores y de déspotas", concluye.

Y es que el mismo Caldera, consecuente con el compromiso asumido, desde la televisión recuerda, evocando en 1960 la jornada contra la dictadura precedente que "el 23 de enero constituye en Venezuela un hecho singular. Tiene algunos antecedentes en nuestra historia; pero, en medio de los paralelismos históricos, el 23 de enero va corriendo hasta ahora con mayor fortuna, porque cada vez que parece que puede naufragar el experimento que se está realizando, una voluntad superior se impone en todos los venezolanos, para deponer diferencias y para robustecer la decisión común de defender la libertad y buscar, a través de ella, la justicia social y el desarrollo del país."

Mas agrega lo que es esencia del mandato que fijase el pueblo venezolano tras la jornada del 23 de enero y que los firmantes del Pacto de Puntofijo tenían la obligación de acatar: "Y si alguna recompensa de la posteridad pudiéramos tener derecho a desear los hombres que hemos actuado desde diversas filas en la dirección de los asuntos nacionales, ninguna podría ser mayor que la de que se pueda escribir en las páginas de la historia patria que tuvimos la suficiente reflexión, la suficiente generosidad y el suficiente patriotismo, para poner la lección de la historia y los

intereses de Venezuela por encima de nuestras rencillas y de nuestras preocupaciones personales o de
grupo."

Domeñar a los militares y ganarse a la Iglesia

Rómulo Betancourt vuelve así al poder a contracorriente de la historia común para domeñarla, en su
obsesión por hacer de Venezuela una República Civil.
Regresa a Miraflores, empero, con un pesado fardo
sobre las espaldas que le costará zafárselo.

No lo querían los militares y tampoco simpatizaba
con él la Iglesia Católica; y hasta los americanos como
sus procónsules petroleros albergaban severas reservas acerca de él: pues nació en el ala izquierda de la
política y alguna vez se hizo militante comunista, aun
cuando luego pudo definir con el tiempo y a partir de
su Plan de Barranquilla, en 1931, una visión o cosmovisión propia: que tituló como "izquierda a la criolla".

Tras bastidores, felizmente, sirve de eficiente arti-
culador de voluntades durante el período y limador
de asperezas con los sectores indicados el secretario
presidencial, el historiador Ramón J. Velásquez,
quien logra su propósito y el creador, por cierto, del
Archivo Histórico de Miraflores. Décadas después, en
otra hora de crisis, ocupará la misma silla del jefe del
Estado.

Lo cierto fue que, a los militares, desde antes de
asumir el mando, Betancourt les prometió – en corrección del pasado – no hacerlos "objeto de ninguna ma-
niobra partidista", pidiéndoles a cambio "respeten el
orden institucional de la República".

Pero es que también hubo un cambio sustantivo en la política militar del presidente, claramente expresada a inicios de su gestión: "He podido observar... cómo detrás de las fachadas de espectaculares edificaciones, no solicitadas ni deseadas por la institución castrense, se ocultan muchas dificultades y problemas para la mejor estructuración de nuestras Fuerzas Armadas". Vio, con agudeza, no cabe duda, a los ojos de cada soldado y no al Ejército como logia o institución vertebral de nuestro Estado. Y en verdad, les abre el camino a los militares para su servicio a la comunidad en tiempos de paz, organizándolos alrededor de la Operación Cayapa que ayuda a los campesinos a recoger sus cosechas obtenidas gracias a la Reforma Agraria. Transforma a los oficiales y suboficiales en maestros alfabetizadores, disponiendo la ingeniería militar para la construcción de carreteras en el Amazonas, o integra a la milicia dentro de la Operación Pittier para reforestación y el cuidado de nuestros recursos naturales. En fin, les da seguridad social personal y familiar con preferencia, sin mengua de su apresto bélico: la Armada recibe, durante el quinquenio, su primer submarino, El Carite.

Y en cuanto a la Iglesia Católica – granjeándose su afecto con base en una relación de recíproco respeto y armonía – logra su adecuada separación del Estado. Le puso término antes de concluir su mandato a la Ley de Patronato Eclesiástico, perteneciente – como lo dice el mismo presidente – "a la prehistoria de nuestro Derecho Público".

La sustituye por un Modus Vivendi convenido de mutuo acuerdo con la Santa Sede y firmado el 6 de marzo de 1964. Ésta retribuirá al país durante dicha primera presidencia de la República Civil, donándole un primer cardenal y príncipe de la Iglesia Católica universal en la persona del ya arzobispo de Caracas, monseñor José Humberto Quintero, quien ocupa la sede del combativo monseñor Rafael Arias Blanco, fallecido trágicamente en 1959 en compañía de monseñor José Humberto Paparoni, Obispo de Barcelona.

"He dicho, y reiterarlo no es baldío, que el acatamiento del principio constitucional de la libertad de cultos no es incompatible con el reconocimiento por el gobierno de que determinante proporción del pueblo venezolano profesa la fe católica", dirá Betancourt en su Mensaje Anual de 1962.

Era clara, pues, la rectificación histórica de Betancourt, pero su vuelta desde la izquierda marxista tendría un costo adicional que paga durante el gobierno y que sufre Venezuela toda: pero permite cimentar a la democracia como experiencia ganada y no regalada. Su partido se dividirá. Unión Republicana Democrática se irá del gobierno dando al traste con el Pacto de Puntofijo en protesta por el anticomunismo presidencial. Y sobre la ebullición de la izquierda extrema y extremista conoceremos la traumática experiencia de las guerrillas urbana y rural.

El espíritu del 23 de enero y el derrocamiento de la dictadura militar, efectivamente, logran emparentarse en algunos ánimos – equivocadamente y en un momento inicial de euforia colectiva – con la igual acción que emprendiera en La Habana y por la vía armada Fidel Castro Ruz, quien visita a Venezuela como jefe de su revolución triunfante – como se dijo – una vez declarado presidente electo Betancourt.

El parlamento, en discurso encendido de Domingo Alberto Rangel, militante del partido Acción Democrática, declara ante Castro que tiene carta de naturaleza en Venezuela y "es hoy un héroe, quizá el único héroe que ha producido América Latina desde que terminó la gesta de los Libertadores".

Castro viene en 1959, justamente, para agradecer el gesto de Venezuela, pero también para prometerle, como lo hiciera en el soberbio mitin que se realiza en la Plaza O'Leary el día 25 de enero, que contase con sus hombres y con sus armas pues "aquí en Venezuela hay muchas más montañas que en Cuba".

En los mentideros se afirma que éste no pudo entenderse con Betancourt, a quien le pidió petróleo a crédito o trocando productos cubanos. Pero el mandatario venezolano, conocedor de la materia petrolera y de su valor estratégico para el desarrollo nacional, lo frenó en seco advirtiéndole que el crudo eran divisas y nada más.

Por encima de todo, el desencuentro de marras si acaso ocurrió o si estuvo o no en el origen de la citada explosión guerrillera de los años '60, sirvió por vía de efecto para resolver un problema central que hubiese hipotecado o contribuido a la fractura de la experiencia democratizadora naciente: despejó la reserva que el Ejército tenía frente a Betancourt y la misma guerrilla ocupará al Ejército de sus menesteres propios, separándolo de la política cotidiana.

Fidel se irá de Venezuela en medio de vítores y aplausos, aclamado sobre todo por los jóvenes de la izquierda radicalizada a quienes magnetizó, y con un Betancourt atravesado entre ceja y ceja. Y partió bajo un signo trágico o anunciante del tiempo turbulento que nos esperaba: la sangre de su escolta, el comandante Paco Cabrera, queda regada sobre el aeropuerto de Maiquetía al ser triturado por la hélice del avión que lo llevará de regreso hasta La Habana.

¡Ese señor sí que ha repartido agua!

El fin de toda su política pública es, para Rómulo Betancourt, "sembrar el petróleo", como lo pedía desde atrás Arturo Uslar Pietri, su antípodas en la lucha de calle y como él mismo lo entiende cabalmente a la luz de dos ideas que macha sin tregua: una, el nacionalismo prudente y constructivo; otra, el "atender las muchas necesidades insatisfechas de una nación donde millones de familias viven al margen de las ventajas de la vida civilizada" y quienes durante la campaña electoral sólo le pedían "agua, agua, agua…". Y lo cierto es que la gente del pueblo, al verlo en televisión, lo primero que decían de este presidente quien gustaba llamarse a sí mismo "presidente andariego", era que repartía agua a diestra y siniestra, inaugurando pozos y acueductos a lo largo de la geografía patria.

"Los cimientos de la nación venezolana serán endebles y avergonzadores para un país con las riquezas naturales del nuestro, mientras sigan malviviendo sin agua potable, sin cloacas y sin otros servicios elementales, centenares de pueblos y de caseríos", refiere Betancourt en alocución de Año Nuevo de 1962.

VENEZUELA, EN LA ANTESALA DE LA HISTORIA

Al final de su azaroso quinquenio y en lucha cruenta contra la violencia de las fuerzas extremas antidemocráticas, Betancourt logra que los embalses de los sistemas de agua operados por el INOS crezcan desde 32 millones de metros cúbicos en 1958 hasta 400 millones de metros cúbicos para marzo de 1964. Así, la población servida se incrementa en un 65 % en relación con 1958, situándose la misma en 2.968.000 por acueductos urbanos y 1.415.000 por acueductos rurales.

La expectativa de vida crece a un promedio de 10 meses por año, para ubicarse en 66 años, siendo la más alta conocida en una zona tropical como Venezuela. Las tasas de mortalidad general e infantil descienden a 7,3 por mil habitantes y 48 por mil nacidos vivos, respectivamente, para 1963. Y ha lugar un incremento de más de 5 mil camas en los hospitales del Estado, equivalente a un 20% del total de los servicios asistenciales oficiales.

La matrícula escolar crece en un 70% alcanzándose la cifra de 1.700.000 alumnos y se construyen 6.300 aulas para la educación primaria, frente a las 5.700 construidas en los sesenta años anteriores. Nace, por iniciativa de Luis Beltrán Prieto Figueroa, el Instituto Nacional de Cooperación Educativa (INCE).

Se repartieron cerca de 1.800.000 hectáreas de tierra para beneficio de 60.000 familias campesinas, al objeto de detener el éxodo del campo a la ciudad. Se incorporan a los sistemas de riego existentes más de 30.000 Ha. y se inicia la construcción de 8 sistemas de riego con capacidad para 73.000 Ha. Adicionales; terminándose las represas de Guanapito y la de Las

Majaguas, y quedando en desarrolló las de Boconó, Guanare, Santo Domingo, Cariaco, El Pilar y Tamanaco.

Entre intentos de golpes de Estado y una guerra de guerrillas que llega a cubrir montañas y ciudades, el país, paradójicamente, avanza sin pausa ni desaliento hacia su crecimiento físico e industrial, obviándose, lo repetimos, el modelo suntuario que diera lugar, según lo refería el mismo Betancourt, a la "boutique" caraqueña del 'perezjimenismo'.

Se construyen 2.537 kilómetros de carreteras, con lo cual la red vial nacional aumenta en 1.500 kilómetros; siendo que, de esa red vial, para 1958, solamente estaban pavimentados 5.500 km., un 37% del total. Para 1963, han sido pavimentados 11.000 kilómetros, o sea, el doble. Y se pone en funcionamiento la autopista Puerto Cabello – Caracas, tanto como se construyen 107 km. de autopistas a un costo de 400 millones de Bs.

En los nueve años anteriores, la dictadura había construido 118 kilómetros a un costo de 600 millones de Bs.

En suma, entre 1959 y 1963 se suscriben 3.500 contratos colectivos que cubren a más de 400.000 trabajadores, alcanzando los beneficios de la contratación a un número doble, incidentes aquéllos en salarios, vacaciones, elevación de indemnizaciones por despido, jubilación y vivienda. El PTB pasa de 24.327 millones en 1958 a 30.140 millones en 1963, con una tasa de incremento del 4,5 %, y en el ámbito agrícola el crecimiento es de 6,5 %, superior en 1/3 al crecimiento 1951-1959. El producto industrial aumenta a

VENEZUELA, EN LA ANTESALA DE LA HISTORIA

razón del 8% anual, al pasar de 3.456 millones en 1958 a 5.105 millones en 1963; con lo que el crecimiento de este sector en el PTB significó un aumento desde 14% hasta 17%. La Planta Siderúrgica del Orinoco alcanza para 1963 el 50% de su capacidad instalada, momento en que se inician los trabajos de la represa de El Guri.

Y en cuanto a la vivienda, deja Betancourt en marcha el Programa Nacional de Vivienda Rural orientado a la erradicación del rancho o viviendas de paja en el campo, que en número de 700.000 se encuentran plagadas de chipos o chupones, vectores del mal de Chagas, además de proveer a la construcción directa por el Estado de 55.000 viviendas y financiar otras 12.500 adicionales. Establece asimismo el Sistema Nacional de Ahorro y Préstamo, para canalizar fondos internacionales y privados destinados a la solución del problema del techo propio y la erradicación del rancho urbano.

Betancourt entrega el mando con una Hacienda Pública saneada y un superávit acumulado en el Tesoro de 744 millones de bolívares, luego de haber recibido un fisco sobre el que gravitaba una deuda flotante a corto plazo de miles de millones de bolívares. E incluso, habiendo roto el mito gomecista de lo dañino que era para el país tener deuda externa y soportado la acusación de que ¡se está hipotecando al país!, decide atender la diversificación industrial con empréstitos tomados en el extranjero para no comprometer los recursos del fisco sino en el desarrollo de la infraestructura y en los servicios reclamados por la comunidad. La deuda pública nacional, sin embargo, alcanzará para el 31 de diciembre de 1963 a

1.985 millones de bolívares, de los cuales sólo 662 millones de bolívares, o sea 192 millones de dólares, corresponden a deuda externa.

"Debo ser enfático al decir que al utilizar su crédito externo el Gobierno de Venezuela ha procedido como la casi totalidad de los gobiernos del mundo. Revela mala fe, por cuanto aquí no cabe suponer ignorancia, afirmar que el Estado enajena parte de su soberanía cuando adquiere un préstamo externo en condiciones sanas y sin cláusulas, en el contrato que perfecciona esa operación, lesivas para su estatus de nación libre y autónoma", dice ante el Congreso de 1960.

Hubo, en suma y dada una voluntad presidencial férrea, espacio hasta para pensar en el hábitat, en el derecho de los venezolanos a los derechos de tercera generación y en un momento en el que apenas se adentraban en el ejercicio de sus derechos primarios y secundarios, los políticos y los económicos. El proyecto del Parque del Este y del Parque Naciones Unidas – éste sobre los predios del viejo Hipódromo Nacional, que tanto visitara Juan Vicente Gómez, comienzan a ser realidad tanto como los balnearios de Catia La Mar y Naiguatá, y la recuperación del histórico balneario de Macuto.

Ni la derecha ni la izquierda

"La democracia es el lugar en donde los extremismos no prevalecen (y si lo hacen se acabó la democracia)", afirma con buena razón a finales del siglo XX el célebre pensador italiano Norberto Bobbio. Ello, mucho antes, lo había entendido así Rómulo Betancourt a contrapelo de lo que declarara en julio de 1960 y en su "vuelta a la Patria" el Almirante Larrazábal, militar de la transición hacia la República Civil: "el problema político de Venezuela debe plantearse entre derechas e izquierdas".

Al denunciar las distintas conjuras, revueltas, guerrillas y sediciones múltiples padecidas por su gobierno, aquel afirmó acerca de éstas, categóricamente, que en virtud de una ironía en que la historia parece complacerse, "la extrema derecha de rancia estirpe criolla y la extrema izquierda de novedoso atuendo sovietizante, han confluido y coincidido en sus objetivos básicos de minarle los cimientos al régimen democrático. Y de intentar la implantación en el gobierno de una tiranía nuda y primitiva, que no pretenda justificarse sino en las solas apetencias de mando incontrolado de quien la ejerza, en asocio de sus camarilla palaciegas; o la otra, en la que el tirano, se atribuye al ejercicio unipersonal de todos los poderes del estado, pero dándole al control omnímodo de la sociedad un barniz de fraseología revolucionaria y creándose una base de sustentación en las masas populares, a través de la satisfacción de algunas de sus más justas reivindicaciones, pero regimentándolas dentro de moldes rígidos de control a sus libertades para organizarse en partidos, asociaciones o sindicatos; para ejercitar la libertad del pensamiento; para vivir como seres humanos y no como robots manejados por implacables maquinarias de propaganda y de policía".

Así, el 8 de abril de 1960, por otra parte, la dirigencia juvenil de Acción Democrática abandona dicho partido político y se abre por el camino de la extrema izquierda, luego insurreccional.

Allí coinciden, entre pichones y algunos veteranos Domingo Alberto Rangel, Simón Sáez Mérida, Gumersindo Rodríguez, Helí Colombani, Américo Martín, Gabriel Quintero Luzardo, Moisés Moleiro, Héctor Pérez Marcano, Lino Martínez, Isabel Carmona, Jesús Petit Da Costa, Rómulo Henríquez, entre otros. El 13 de abril se constituye Acción Democrática de Izquierda, con los dirigentes mencionados y la presencia de Jorge Dáger: quien se separa del Tribunal Disciplinario adeco, y de Jesús María Casal Montbrun. Y el 20 de abril, no distante el tiempo del 5 de marzo cuando Betancourt le pone el ejecútese a la Ley de la Reforma Agraria en el Campo de Carabobo, en otra banda Jesús María Castro León, ya retirado de las Fuerzas Armadas por razones disciplinarias, vuelve por sus fueros e intenta, sin éxito, alzarse en San Cristóbal tomando el Cuartel Bolívar. Allí cuenta con el apoyo del coronel Francisco Lizardo y del teniente coronel Alcides González Escobar. Lo hacen preso días después los propios campesinos de Capacho afiliados a COPEI, y son dados de baja de la milicia, por el alzamiento del caso, varios oficiales, entre ellos Martín Parada.

El gobierno, ante cada alzamiento, si apela a las armas igualmente busca el respaldo de la calle, convocando al pueblo, luego de cada asonada o en el curso de la misma, a la Plaza O'Leary. Esta nunca deja de desbordar. Es una práctica establecida desde 1958 y bajo el espíritu del 23 de enero: "Se informaba al pueblo que todo estaba dominado, que los facciosos se entregaban y pedían que la gente se retirara. Pero nadie hizo caso, obstinadamente: pese a las balas y las bajas sufridas, la multitud permanecía allí, gritando contra los enemigos de la democracia", reseña el diario El Universal de 8 de septiembre.

Pero en el fragor de la lucha interna e internacional que ocupa a Betancourt, también encuentra el respaldo del Congreso Pro-Democracia y Libertad, que él intenta inaugurar en el Aula Magna de la UCV con la presencia de los líderes Carlos Lleras Restrepo, de Colombia, Eduardo Frei Montalva y Salvador Allende, de Chile.

La tragedia se hace espacio inevitable, sin embargo, el 24 de junio, Es el Día del Ejército. A las 9.20 a.m., transitando por el Paseo Los Próceres para presenciar el desfile militar de la efeméride, el presidente es víctima de un magnicidio fallido del que sale con las manos quemadas y otras heridas graves. Allí fallece su jefe de la Casa Militar, el coronel Ramón Armas Pérez. Pero no llega a su plenitud el día siguiente sin que Betancourt reaccione con el dominio pleno de sí y la valentía que le eran reconocidas. Antes de la medianoche se va al Palacio de Miraflores y desde su cama de enfermo, horas después, le habla a la Nación: "No me cabe la menor duda de que en el atentado de ayer tiene metida su mano ensangrentada la dictadura dominicana... Ocho horas después del atentado, con las manos vendadas me vine a Miraflores, porque el puesto del timonel es el timón", afirma.

Las Fuerzas Armadas no dudan en apoyar al jefe del Estado. Son detenidos en lo inmediato como autores materiales del hecho, el capitán de Navío Eduardo Morales Luengo así como Manuel Vicente Yanes Bustamante, el capitán Carlos Chávez: propietario de la empresa aérea RANSA que trasladó el artefacto explosivo a Venezuela, Lorenzo Mercado, Juvenal Zabala, Luis Álvarez Veitía, Herman Escarrá Quintana y Luis Cabrera Sifontes, este último señalado de haber detonado el potente explosivo que destroza el vehículo presidencial; que también hace víctimas, hiriéndolas, a la esposa del ministro de la Defensa, Josué López Henríquez, al capitán López Porras y al guardaespaldas Elpidio Rodríguez. Azael Valero y Félix Acosta, chofer y motorizado del presidente salen ilesos.

La VI Reunión de Consulta de ministros de Relaciones Exteriores de la OEA, actuando en consecuencia, le aplica sanciones a República Dominicana, determinando la separación de ella de todos sus embajadores y representantes consulares. Se aísla a Chapita, quien muere asesinado el 30 de mayo de 1961 a manos de sus propios militares, encabezados por el general Juan Tomás Díaz, inaugurándose en Santo Domingo, así, el primer mandato del también líder histórico civil Joaquín Balaguer.

Otros amagos de alzamiento tendrán lugar a finales de 1960 e inicios de 1961, cuando un teniente de la Guardia Nacional, Jesús Valdivia Celis, toma la emisora Radio Continente para vocear consignas subversivas, o cuando el coronel Edito Ramírez, director de la Escuela Superior de Guerra, decide encabezar una intentona golpista secundado por el sacerdote Simón

Salvatierra. Otro tanto ocurre con el amago golpista provocado, con apoyo de militares retirados y ex policías de la extinta Seguridad Nacional, por Oscar Tamayo Suárez, ex jefe de la Guardia Nacional de la dictadura.

Pero lo cierto es que tras estos avances militares puntuales y sin eco en las Fuerzas Armadas, se va montando, poco a poco, el otro frente de presión contra la democracia que tiene como punto de referencia a la Cuba de Fidel Castro. De modo que, el argumento luego dado acerca de la no participación del Partido Comunista en la firma del Pacto de Puntofijo y por verse preterido dentro de la experiencia democrática naciente, no bastaba para predicar su decisión de irse a la insurgencia.

Sea lo que fuere, así como en abril Rafael Caldera, presidente de la Cámara de Diputados, le pide al dictador de La Habana cese en su paredón de fusilamientos, en julio del mismo año 1960 José Herrera Oropeza, diputado quien preside a la sazón la Comisión de Política Exterior le otorga su respaldo a Cuba. Se generan disturbios en el Capitolio.

En agosto es detenido Humberto Cuenca, presidente del Comité de Defensa de la Revolución Cubana y ha lugar la crisis que deja fuera del gobierno a Ignacio Luis Arcaya, canciller de la República, quien se retira de la VII Conferencia de la OEA celebrada en Costa Rica por desacuerdo con sus colegas y con el mismo presidente Betancourt, en la decisión condenatoria que hicieran de las interferencias extracontinentales en América y de Cuba en los asuntos de los demás países americanos.

El ambiente, pues, comienza a caldearse y el 14 de octubre el MIR, legalizado como partido mes y medio antes, hace pública su línea insurreccional en el semanario Izquierda. Son asaltados el día 27 los talleres donde se imprimen Fantoches, el Semanario de URD y Tribuna Popular, el 5 de noviembre siguiente. Son detenidos José Vicente Fossi, José Gregorio Contreras y el doctor Erasmo Contreras Vito, acusados de terroristas y por haber puesto 20 bombas.

El 17, sensiblemente, URD abandona definitivamente el Gobierno a Tres, poniéndole término al Pacto de Puntofijo, a cuatro meses de haber suscrito el Reglamento de éste junto a AD y COPEI y de haber declarado, públicamente, el carácter indivisible de la coalición.

"Fácil resulta explicar y comprender por qué Venezuela ha sido escogida como objetivo primordial por los gobernantes de La Habana para la experimentación de su política de crimen exportado. Venezuela es el principal proveedor del occidente no comunista de la materia prima indispensable para los modernos países industrializados, en tiempos de paz y en tiempos de guerra: el petróleo. Venezuela es, además, acaso el país de la América Latina donde con más voluntariosa decisión se ha realizado junto con una política de libertades públicas otra de cambios sociales, con simpatía y respaldo de los sectores laboriosos de la ciudad y el campo.

Resulta así explicable cómo dentro de sus esquemas de expansión latinoamericana, el régimen de La Habana conceptuara que su primero y más preciado botín era Venezuela, para establecer aquí otra cabecera de puente comunista en el primer país exportador de petróleo del mundo", reza el mensaje de Rómulo Betancourt al Congreso de 1964.

Betancourt le recuerda al país, en todo caso, que no ahogará "en ríos de sangre" a quienes ejecutan la violencia, sino que los enviará a los tribunales: y usa de estos, efectivamente, para allanar la inmunidad parlamentaria de distintos diputados participantes de la guerrilla – como Teodoro Petkoff o Eloy Torres – o golpistas, como también para ilegalizar al Partido Comunista y al Movimiento de Izquierda Revolucionaria (MIR). La prensa o los tabloides de la izquierda como Clarín, La Hora, Tribuna Popular, no se salvan de la arremetida oficial legitimada por la mayoría del pueblo.

Ni renuncio ni me renuncian

Acción Democrática, partido fundamental del gobierno, a la par y habiendo abandonado Kennedy el suelo patrio sufre su segunda división en enfrentamiento contra lo que Raúl Ramos Jiménez, jefe del grupo llamado ARS, califica de "vieja guardia", representada por el mismo Betancourt, Raúl Leoni y Luis Beltrán Prieto Figueroa. Aquél, César Rondón Lovera y José Manzo González, forman AD-Oposición.

Ya allanado Petkoff e intimando los estudiantes a la OEA por su planteada intervención sobre Cuba, y habiéndole pedido éstos a Betancourt que renunciara: quien responde "ni renuncio ni me renuncian", el 2 de marzo de 1962 queda marcado como la fecha histórica de la insurgencia guerrillera comunista en

Venezuela. Ella copará al resto del período de Betancourt y prorrogará sus efectos sobre los gobiernos sucesivos hasta Rafael Caldera, quien, al iniciarse 1969, sobre los amagos de su antecesor, Raúl Leoni, se fija como objetivo crucial la pacificación.

"Me anima la confianza de que, para honra suya y bien de la Nación, las Fuerzas Armadas de Venezuela tendrán en lo futuro una conducta tan ceñida a las pautas de Ley y al honor profesional, como ha sido la suya durante estos cinco años de régimen constitucional", será su mensaje ante el Congreso, en 1964, al término del primer gobierno de un período excepcional que se inicia entre el espíritu del 23 de enero y la saña de Caín, abroquelado por el Pacto de Puntofijo y que cerrará su ciclo constitucional 40 años más tarde, bajo el mito de Sísifo. Un texto constitucional, concreción del Pacto y adoptado en 1961, fue la barrera para evitar el desafuero y asegurar la vigencia de una democracia civil y republicana en Venezuela

La Constitución de 1961, ciertamente, que durará hasta 1999, es el odre donde queda recogida esa nueva visión, de largo plazo, hija de los equilibrios propios a la democracia, y acerca de un país distinto, modelado por el mismo pueblo, ajeno a la gendarmería, e incluso hecho bajo inspiración "bolivariana".

"La norma a seguir nos la señaló el Libertador, en su lúcido y magnífico Mensaje de Angostura: «No aspiremos a lo imposible – dirá Rómulo Betancourt –, no sea que por elevarnos sobre la región de la libertad descendamos a la región de la tiranía. De la libertad absoluta se desciende siempre al poder absoluto, y el medio entre los dos términos es la suprema libertad social. Teorías abstractas son las que producen la perniciosa idea de una libertad ilimitada. Hagamos que la fuerza pública se contenga en los límites que la razón y el interés prescriben; que la voluntad nacional se contenga en los límites que un justo poder le señala; que una legislación civil y criminal, análoga a nuestra actual Constitución domine imperiosamente sobre el Poder Judicatario, y entonces habrá un equilibrio y no habrá el choque que embaraza la marcha del estado, y no habrá esa complicación que traba en vez de ligar la sociedad", precisa Betancourt en su Mensaje Anual al Congreso, en 1961.

La verdad es que el texto constitucional de 1961 fue la obra paciente de un parlamento activo, con luces, plural, representativo de todo el país y de todas sus fuerzas, incluidas las extremas. No fue la resultante de una Constituyente de circunstancia: que como tal sólo hubiese expresado una circunstancia de nuestra historia, sin vocación para lo permanente. Hizo reunir bajo un mismo seno, uno al lado del otro, en calidad de Senadores Vitalicios y en inédita tregua pedagógica hacia el porvenir, a dos actores fundamentales de la primera mitad de nuestro Siglo XX: el último de la República Militar, quien le abre el paso a los civiles y a sus aspiraciones democráticas, el general Eleazar López Contreras, y el primero de la imaginada República Civil, electo por el pueblo y derrocado por la milicia, el escritor Rómulo Gallegos.

La Comisión Bicameral designada el 28 de enero de 1959 para que acometiese la grave comisión de estudiar y redactar el nuevo texto fundamental de la República, es emblemática al respecto: Raúl Leoni, Luis Beltrán Prieto Figueroa, Lorenzo Fernández, Luis

Hernández Solís, Jesús Faría, Elbano Provenzali Heredia, Ambrosio Oropeza, Ramón Escovar Salom, Martín Pérez Guevara, Carlos Febres Poveda, y Arturo Uslar Pietri, como Senadores. Y como Diputados, Rafael Caldera, Jóvito Villalba, Gonzalo Barrios, Gustavo Machado, Octavio Lepage, Godofredo González, Enrique Betancourt y Galíndez, Guillermo García Ponce, Germán Briceño Ferrigni, Elpidio La Riva y Orlando Tovar. Todos a uno son actores fundamentales de la República Civil y firmantes de un texto que no tuvo reservas y se aprobó por unanimidad. Algunos firmantes – Pedro Ortega Díaz, Luis Miquilena, José Vicente Rangel – luego serán los responsables del proceso que dará término a la República Civil y la empujará hacia otro tiempo de desmantelamiento constitucional y destrucción nacional, a partir de 1999.

El texto de marras presenta semejanzas con la Constitución de 1947 dictada durante el trienio "octubrista", que sirve de guía para los trabajos de la Comisión Bicameral designada para los fines de su redacción. Pero la Constitución de 1961 adquiere también rasgos propios, obra de la decisión parlamentaria de avanzar sobre los denominadores comunes de nuestra azarosa experiencia política e histórica y formadores de la identidad nacional, dejando de un lado y al efecto los debates ideológicos que pudiesen romper el espíritu de unidad o restablecer la pugnacidad partidaria acre: esa que dio al traste con el experimento revolucionario de 1945-1948.

Ella diseña un sistema de controles sobre el Poder Ejecutivo que teóricamente impiden su vuelta o regresión hacia las dictaduras o autocracias: sujetándolo al parlamento en formas varias sin que ello implique la asunción del modelo parlamentario de organizador del poder, y sin que tales ataduras impidan, dentro del marco de la evolución política del mismo país, un fortalecimiento relativo del presidencialismo. Hubo a la vez una suerte de transacción histórica, que da término a la controversia – no pocas veces cruenta a lo largo de nuestra evolución patria – entre los partidarios del centralismo o del federalismo; a cuyo efecto, la Federación queda reconocida como desiderátum y mira "hacia [la] cual debe tender la organización de la República".

La Constitución prevé, por ende, la elección directa de los gobernadores una vez como lo dictamine el Congreso y en un momento propicio, sin mengua de sostener un Estado centralizado que proteja a la democracia de sus enemigos existenciales situados en la derecha y la izquierda, como lo advirtiera y probara hasta la saciedad Rómulo Betancourt: partero la democracia venezolana por obra y gracia de su tenacidad y del apoyo indiscutido que le dieran sus colegas de hornada, Rafael Caldera y Jóvito Villalba.

En su memorable mensaje de 1964, dejará Rómulo Betancourt dos párrafos aleccionadores, hijos como efectos del constitucionalismo reseñado, cuya vigencia todavía interpela, en pleno siglo XXI

"Nadie en Venezuela se atreve a decir que el jefe de Estado en vísperas de transferir su mandato a quien habrá de sucederle en Miraflores… ha aumentado su peculio privado en forma ilícita, … He cumplido no sólo con un deber legal, constitucional, al presentar a ustedes éste mi último mensaje como presidente de Venezuela. Mientras lo redactaba iba creciendo dentro de mí mismo un sentimiento de satisfacción venezolana, de orgullo de ser venezolano... Ya en nuestro país los gobernantes no se autoeligen, sino que el pueblo les otorga un mandato con la cédula del voto... Haber contribuido, con modesto aporte, a este cambio histórico en Venezuela no es para mí motivo de envanecimiento sino de humilde, íntima, profunda satisfacción... Este tesoro muy mío y no cotizable en bolsas de valores, de salir del ejercicio de la Presidencia de la república después de haber aportado un tenaz esfuerzo de alfarero para contribuir a la modelación de una Venezuela democrática, es algo que nadie podría arrebatarme. No aspiro ni deseo, después de que Venezuela me ha dado en dos etapas de su historia la oportunidad de conducir sus destinos, a nada más... Los más suspicaces y prejuiciados apreciarán cómo hago buenas mis palabras de no ser en lo futuro factor activo y beligerante en la vida pública de la nación".

De modo que, al despedirse, se retira con una firme convicción acerca del drama venezolano y de la circunstancia difícil que le tocara vivir durante su segunda presidencia. "Es una constante histórica en la América Latina, dirá, la de conceptuar el gobierno de las Repúblicas como botín de audaces...La mala herencia del pronunciamiento militarista español se aprecia como un factor de importancia en este fenómeno tan generalizado. Pero en el específico caso venezolano, después del auge petrolero, el madrugonazo para llegar a Miraflores por el atajo del golpe de Estado y no por la vía ancha del sufragio libre tiene una explicación local fácil de descubrir y señalar.

El fisco venezolano es rico y las oportunidades de enriquecimiento ilícito tentadoras para quien gobierne sin sujeción a las leyes y al margen de la vigilancia de una opinión pública asfixiada por el rigor de todas las formas de censura", concluyó.

Condado de Broward, 23 de enero de 2024

«LIMINALIDAD» CONSTITUYENTE DE LO VENEZOLANO

Carta de un venezolano

Sé que estimados amigos, juristas o dirigentes políticos, de preguntárseles sobre si acaso es importante plantear un nuevo debate constituyente que le permita a Venezuela el renacer de sus instituciones y la recomposición de su sociedad, hoy pulverizada como nación, dirán que lo primero es salir de la dictadura por ser la destructora de las voluntades democráticas. O que, al cabo, si el problema prioritario fuese la Constitución bastaría con tener en el futuro a jueces idóneos, probos e independientes, que reexaminen las desviaciones interpretativas a las que ha sido sometida la vigente, la de 1999, por el Tribunal Supremo del régimen. Así lo digo y escribo en columna de opinión que lleva como título el precedente.

Sin embargo, en cuanto a lo primero cabe preguntarse sobre si – con la sola salida de la dictadura luego de la eventual realización de unas elecciones presidenciales que, por lo pronto, excluyen como candidata a la inconstitucionalmente inhabilitada María Corina Machado, electa en primarias por abrumadora mayoría – ¿será posible reensamblar a la venezolanidad en diáspora que, a contrapelo de su historia ha tenido que emigrar por vez primera dispersándose en el mundo?

ASDRUBAL AGUIAR A.

Frisan casi 8 millones los compatriotas que vagan sin un decálogo o Torá que les permita sostener la identidad común, sin que les baste compartir un mismo documento difícil de obtener, tener un talante propio, o la realidad de ser hijos de una geografía privilegiada: la mejor del mundo, como decimos.

De ser cierto lo segundo, si lo que pesa y determina la vigencia de unos valores constitucionales que asumimos compartidos es que bastará una exégesis adecuada de los mismos, la hipótesis puede ser una: volveremos al mismo punto de partida en el que nos situase Hugo Chávez Frías a partir de 2000, al imponer su Constitución cesarista. Hizo depender la existencia nuestra como nación y como patria de su voluntad omnímoda, refrendada por unos jueces constitucionales designados por él, a los que controló y estimó como cagatintas a su servicio.

Ello pasaría por alto algunos datos de la experiencia que no deben ser subestimados: uno, que la Constitución Bolivariana, más allá de haberse proclamado sobre una violación palmaria del texto de su precedente, la de 1961, fundamento de la república civil, fue la obra de una constituyente de vocación militarista entonces emergente. Su aprobación hubo lugar en un referéndum al que acudió el 44% del padrón electoral nacional. El otro dato es que dicha Constitución, más allá de su desbordante nominalismo libertario – se dijo y repitió hasta la saciedad que era la pionera en materia de derechos humanos – quedó atada a una ingeniería constitucional reforzadora de un presidencialismo totalitario y sujeta a una triple visión que vino a caricaturizar a la libertad: a) subordina a la persona humana y no solo a la nación al

- 306 -

designio del Estado, conjugándose siempre a favor de este y su soberanía; b) fija el dogma doctrinal bolivariano, esencialmente dictatorial, como principio de la exégesis constitucional; y c) consagra el carácter transversal sobre el orden constitucional de la idea de la seguridad nacional, bajo un binomio militar-cívico en el que se privilegia la actuación de la Fuerza Armada.

Podría decirse, sin yerro, que la Constitución bolivariana recrea una narrativa consistente con la desviación histórica que ha hipotecado el devenir de Venezuela luego de la caída de la Primera República, la del gendarme necesario, de cuya apología se encargaron los positivistas de inicios del siglo XX, en lo particular Laureano Vallenilla Lanz.

La prórroga de esa cosmovisión por razones de conveniencia – a la que adhieren el Foro de São Paulo, el crimen trasnacional organizado que ha secuestrado al poder político en Venezuela, tanto como la asumen quienes con afán se lucran del patrimonio de esta, como 'alacranes' – al cabo no hace sino repetir las esencias de ese citado gran pecado de nuestra génesis nacional que cristaliza tras la emancipación y la independencia (1810 y 1811). Lo podemos resumir así: a) la creencia bolivariana de que el pueblo, por débil, no está preparado para el bien supremo de la libertad (Cartagena, 1812); b) sostener que la independencia se la debemos a los hombres de armas (Angostura, 1819), significando antes que libertad un simple cambio en la forma gobierno y la separación de España, mientras que, en el interregno, se valida el modelo de presidencialismo monárquico vitalicio (Bolivia, 1826); todo ello a costa de una destructora guerra fratricida que describe el propio Libertador y que con sus cartas recrea vívidamente no sólo el ayer de los venezolanos sino nuestro presente:

"Los campos regados por el sudor de trescientos años, han sido agostados por una fatal combinación de los meteoros y de los crímenes. ¿Dónde está Caracas? Se preguntará Ud. Caracas no existe; pero sus cenizas, sus monumentos, la tierra que la tuvo, han quedado resplandecientes de libertad, y están cubiertos de la gloria del martirio" (A Esteban Palacios, 10 de julio de 1825).

"Yo concibo que el proyecto de Constitución que presenté a Bolivia puede ser el signo de unión y de firmeza (en el gobierno de Colombia) para estos gobiernos... Tan firme y tan robusto con un Ejecutivo vitalicio y un vicepresidente hereditario, evitará las oscilaciones, los partidos y las aspiraciones que producen las frecuentes elecciones" (A Antonio Leocadio Guzmán y Diego Ibarra, el 3 de agosto y el 6 de agosto de 1826).

Así que, regresar al ámbito constituyente tras la forja para ello de una «conciencia de nación» como estado del espíritu y para que esta se restablezca a sí misma y para que racionalmente pueda discernir sobre sus auténticos valores superiores fundantes, hasta asegurarse en su gobernabilidad, lógicamente que asusta a quienes, erróneamente, sostienen que hemos abusado los venezolanos de esa vía liminar. Denuncian el acopio en Venezuela de más de 26 constituciones o, los que aspiran a conservar la actual, dicen que servirá para desmontar con rapidez el desaguisado de la misma dictadura.

Lo veraz es que Venezuela sólo ha conocido de tres grandes procesos constituyentes, uno para divorciarnos de la Madre Patria, el otro para separarnos de la hermana Colombia, y el siguiente en dos tandas tras su interrupción, en 1947 y en 1961, para la forja de la república civil. Las otras constituciones tenidas, con sus particularidades y exquisiteces – como la suiza de Antonio Guzmán Blanco (1881) – son sólo reformas o enmiendas de circunstancia sobre sus precedentes; apenas para asegurarle el ejercicio del poder al mandamás de turno. Ninguna, eso sí, rompe con la genética de lo patrio y nacional como sí ocurre a partir de 1999 con la Bolivariana. Tras el diluvio en curso, pues, urge reconstruir en libertad.

La nación por constituir

La idea de reconstituir a la nación, rehacer sus raíces a la luz de los valores que queden en pie y puedan sostener la esencia de lo venezolano, al término es lo que en buena lid significa impulsar un proceso constituyente. No se trata de un ejercicio circunstancial, formal, político o jurídico el que deba bosquejarse, al objeto de que volvamos sobre nuestros cauces constitucionales históricos. La verdad palmaria es que Venezuela – que al cabo somos todos, los hijos buenos y los hijos malos, y una mayoría que aspiramos a ser libres como debemos serlo – ha sufrido como nación y sociedad un severo daño antropológico. Ahora debe mirar hacia el porvenir, reparándolo, sin olvidarlo como ejemplaridad.

Urge saber y ser conscientes de la profundidad de la ruptura acontecida – en propiedad lleva tres décadas el proceso de fragmentación afectiva entre los venezolanos: 1989-2019, más un lustro, equivalentes al período dictatorial del castro gomecismo durante la primera mitad del siglo XX. Y considerar ese daño que crece en el ser y la esencia nuestras es impostergable. Es la premisa para rehacer el sentido cabal de nuestra nacionalidad. Nuestras raíces fundacionales – nuestras costumbres, virtudes y defectos – ceden y nos empujan hacia la anomia. Nos vuelven seres relativos y, lo peor, espíritus conformes: ¡Las cosas no están tan mal!, se dice y no solo lo dicen los cortesanos y sus enchufados.

Más allá de lo que nos es propio, en mala hora también vive el Occidente judeocristiano un severo proceso de desconstrucción cultural y de relativización ética que, si se afianza y generaliza, nos impedirá cualquier discernimiento moral. Será lo mismo el Buen Vivir – viviendo a los otros – que tener una Vida Buena. Me refiero, en el último caso, a tener conciencia de lo que significa el mal absoluto que hemos conocido, poniéndole rostro para inmunizarnos, apegándonos a códigos morales y hasta políticos en los que de poco sirven o no bastarían las enseñanzas sobre nuestras constituciones históricas civiles. Hemos de redescubrir las leyes universales de la decencia. Se trata, en suma, de restablecer el ser que somos sin avergonzarnos del mismo, pues Venezuela no es el clan despótico y criminal que la ha secuestrado hasta el presente.

Su permanencia y consecuencias, eso sí, siguen alimentando ora un complejo adánico: el querer rehacerlo todo desde el principio, sea el dejarse tragar por el síndrome de Estocolmo: transar con la maldad para que el déspota sea algo benevolente; el autoexcluirse y declararse apátridas, para conjurar la xenofobia que se expande en el extranjero y nos tiene por víctimas; o el usar como astrolabio a Eudomar Santos: ¡como vaya viniendo vamos viendo!

En el ahora, destruido como ha sido el Estado que nos dimos en 1811 y 1830, o en 1947 y 1961, y desmaterializado el texto de nuestra constitución pretoriana en vigor, obra de un «régimen de la mentira» de clara factura fascista, extraña, eso sí, que la Constitución Bolivariana como pecado original y germen de nuestros males aún sea defendida por una oposición que se dice "democrática"; que la desconoció al momento de su imposición, tras falsearse la democracia a partir de 1999.

Habiéndose afirmado el despotismo bajo la Constitución de la República Bolivariana, tras sus propias normas y la exégesis a la que ha sido sometida por los «escribanos» judiciales de la dictadura, debemos preguntarnos, si desasidos de nuestros valores fundantes por obra de ese gran quiebre epistemológico acontecido, ¿nos será posible discutir como antes acerca de los juicios y las tomas de postura morales, aun cuando se hayan desmoronado los consensos sustanciales de fondo, forjados entre 1811 y 1999? (Vid. Jürgen Habermas, *Ética discursiva*, Madrid, 2002).

El inédito esfuerzo reconstituyente que le espera a Venezuela habrá de ser normativo como lo creo, pues de allí emergerá un nuevo pacto constitucional. Sin embargo, para que tal descripción técnico-jurídica cuente con las virtudes de la exactitud y fidelidad habrán de ponderarse y escrutarse sus normas a la luz de su dimensión sociológica nacional, e identificar lo que permanece como escala de valores y principios de lo venezolano; sin mengua de nuestra inevitable cultura de presente, de ser seres permanentemente inacabados y, por lo mismo, siempre innovadores. Sucesivamente, para asegurar que las normas así constituidas posean la virtud de la efectividad y contribuyan a la gobernabilidad, ambas dimensiones, la social y la normativa-descriptiva habrán de conjugarse a la luz de una razón pura hecha práctica, con lo estimativo; en otras palabras, saber cuáles y cuantos de esos valores predicados como identitarios responden al principio ordenador, invariable y universal de la dignidad humana.

En fin, habremos de tener un claro entendimiento de la complejidad que implica la realización de tareas constituyentes como las indicadas, en un contexto como el actual, más allá de lo venezolano y lo occidental judeocristiano que nos interpela, inevitable por sus características globales. La cosmovisión dominante a escala planetaria tras las revoluciones digital y de la inteligencia artificial prescinde, por si no bastase lo anterior, del sentido de la localidad para imponer lo virtual e imaginario, y deshace al tiempo para cultivar la instantaneidad, lo momentáneo, lo que no arraiga y asimismo desprecia la memoria o raíces de toda nación.

El caso es que constituir – rehaciendo a la nación, como se lo propuso a los argentinos el entonces cardenal Jorge M. Bergoglio, S.J. – significa resolver sobre la discontinuidad o la solución de continuidad de la memoria, la relativa a nuestras bases constitutivas; valorizando para ello al tiempo y, asimismo, proveyendo sobre la discontinuidad o el desarraigo espacial a fin de favorecer la «lugarización» sin solución de continuidad, ajena, sí, a los localismos ermitaños.

Se trata de que los venezolanos volvamos a religarnos unos con otros, compartiendo como nación un mismo destino: "La voluntad común se pone en juego y se realiza concretamente en el tiempo y en el espacio", amasando una «ética constitucional común» que purgue en nosotros la lógica «schmittiana» del amigo-enemigo. Esta es deconstructiva de todo espacio liberal responsable, negadora de lo institucional, cultora de la política ubicua y 'desterritorializada', promotora de los egoísmos e insensible a las traiciones. Se reduce al ¡sálvese quien pueda!, y allí jamás podrá encontrar asidero una voluntad popular y democrática auténtica.

Vayamos, pues, al recorrido de lo venezolano y de su inserción en el ecosistema que lo trasvasa, a lo largo de las tres décadas de su reciente deconstrucción para que las consecuencias que hayan de determinarse hasta que recuperemos la «conciencia de nación» permitan, luego, restablecer nuestra plaza pública conjurando los simplismos y el voluntarismo que hoy nos anega.

Una Transición sin destino

Al concluir el año 2019 se cerró un ciclo histórico para Occidente iniciado treinta años atrás, a partir de 1989, cuando ocurre el llamado «quiebre epocal». Se agota la experiencia del socialismo real y llega a su término la Guerra Fría. Se abre la puerta de Brandemburgo en Alemania, permitiendo el flujo poblacional entre sus partes separadas desde la Segunda Gran Guerra, dando pie a fenómenos rezagados de fundamentalismo y xenofobias que se expanden a todo el suelo europeo. Es el momento en el que ha lugar un proceso paulatino de disolución de sólidos culturales, de cuestionamiento consiguientes de los nichos constitucionales de los Estados por parte de los causahabientes del marxismo, pero acelerados por la coetánea revolución digital y de las comunicaciones a la que nos hemos referido.

Venezuela, entre tanto, en ese marco o contexto del que no puede separarse conoce de la violencia intestina disolvente y sin dirección precisa, destructiva, a partir del denominado Caracazo, mientras en China ocurre la masacre de la Plaza de Tiananmén, cuando sus jóvenes demandan libertad.

Los signos de ahora, con los que arranca otro tiempo por venir y en forja y que acaso cubrirá a otras dos generaciones (2019-2049), son la pandemia universal del Covid-19, argüida como justificación para el acelerado desmantelamiento del Estado de Derecho y la restricción de derechos fundamentales en Europa y en las Américas, y el aldabonazo de la guerra de Rusia contra Ucrania, a partir de 2022. Venezuela se anticipa a estas desviaciones y las hace propias, abiertamente a partir de los finales de 2012, abonando el despotismo ya citado.

Vivimos, en suma, una suerte de parto en el marco de una Era Nueva en las relaciones internacionales tal como las postulan Vladimir Putin y Xi Jinping en febrero de dicho año penúltimo. Según estos, he allí la cuestión que nos desafía, las experiencias democráticas han de quedar restringidas al ámbito interno de cada nación y como «libertades al detal», mientras se avanza en la globalización tecnológica y económico-financiera en el mundo, anclada en el Pacífico y no más en el mundo Atlántico.

Este es el marco de condicionantes y no otro – más allá de las traiciones personales o de los enconos políticos domésticos como de los señalamientos de corrupción que han servido como factores inmediatos para disolver y hecho fracasar el esfuerzo de reversión política realizado por las víctimas de la dictadura venezolana, desde hace dos décadas y media.

Es el tiempo y el momento dentro de los que cabe ponderar y a la luz de los que habrá de analizarse como experiencia y en relectura el fracaso e inviabilidad de la llamada Transición Democrática, netamente formal, con miras a otro tiempo que no ha llegado, pero se encuentra en cierne, en estadio de «liminariedad» o de liminalidad; es un borde o límite que de suyo marca el fin de una etapa y el comienzo de otra, luego de un inédito «quiebre epocal» como el que mencionamos.

La lucha opositora partidaria para una vuelta al orden constitucional y democrático, en suma, concluye en Venezuela – si bien rige con relativa efectividad simbólica y con apoyo internacional entre 2019 y 2022 – con la eliminación de la señalada y manida "transición" conducida por Juan Guaidó. Otra etapa prosigue, como es propio de la *anacyclosis* o los llamados ciclos de las constituciones: "todo régimen político tiende a degenerarse", lo recuerda Polibio, de dónde ha de forjarse otro desde un plano constitutivo.

Dicha Transición, como experiencia sin destino que fue, hubo lugar justamente a partir de 2019. Se trató de un modelo institucional orgánico y sacramental de circunstancia, que se plantearan los factores de la oposición partidaria venezolana: rezagos de los partidos de finales del siglo XX con sus desprendimientos hacia el siglo XXI, sin que variase ni para unos ni para otros la concepción que los agotara como experiencias modernas, al asumirse como agencias de poder extrañas a valores e ideas. Como fue igualmente extraño para Venezuela el contexto de fragmentación y de pulverización cultural y política emprendido con la citada Constitución bolivariana de 1999.

Una vez como esos partidos, por vía electoral y sin identidad propia, logran controlar al poder parlamentario fundidos en el abstracto de la Unidad al finalizar 2015 – 112 diputados vs. 55 de la dictadura de Nicolás Maduro Moros – y cuando a partir de 2019 desconocen la legitimidad de origen democrático acusada por este, creyeron viable, con el apoyo de una comunidad internacional igualmente desmembrada, ponerle punto final a esa "dictadura del siglo XXI" desde un poder esencialmente sacramental y por lo demás virtual.

A la sazón aplican la norma constitucional del artículo 233 que le impone al presidente de la Asamblea Nacional el deber de asumir la Jefatura del Estado, como Encargado, mientras se convocan unas elecciones presidenciales legítimas; lo que no se hizo o no se pudo. Y, con fundamento en el artículo 333 de la misma Constitución, dictan el llamado Estatuto que rige la Transición a la democracia para Restablecer la Vigencia de la Constitución de la República Bolivariana de Venezuela, mediante escalas ordenadas: cese de la usurpación, gobierno de transición, elecciones libres; mismas escalas que eran una simple clonación del modelo de cese de una dictadura del siglo XX como la de Anastasio Somoza en Nicaragua, que al cabo tampoco pudo realizarse según dichos términos, entonces fijados por la Organización de los Estados Americanos (OEA).

Los objetivos democratizadores y electorales ordenados por la Constitución de Venezuela fueron puestos de lado por la misma Asamblea Nacional de 2015, al pergeñar un «gobierno parlamentario» ajeno a nuestra tradición constitucional y en violación de la misma Constitución que se buscaba restablecer; a la vez que limitándose a la cuestión de administrar los activos patrimoniales de los que logra hacerse, como si se tratase de un gobierno en condiciones de normalidad y no uno de carácter transitorio, a la espera de darse un titular elegido. Ese poder formal y ficticio, simbólico, mal podía sostenerse ante la efectividad del poder real del despotismo disolvente que se buscaba destronar, al aquel perder su foco como emblema movilizador de la voluntad popular, que debía mirarse en los ojos del venezolano común víctima del ostracismo.

Tal desviación de propósitos, ¿obedeció a una estrategia animada por la idea opositora de acopiar algún poder real más allá de su simbología constitucional, que fuese capaz de oponerse con efectividad a la dictadura de Maduro y contando con acompañamiento internacional? Ello es posible. La realidad fue otra, según lo dicho. De nada sirvió, menos ahora, después de derogada y enterrada en los hechos la Transición del caso – sosteniéndose luego una ficticia comisión parlamentaria representativa – por exigencia de Estados Unidos y, por vía de efectos, al luego recobrar Maduro una legitimidad de facto tácita.

Éste, sucesivamente, entretanto y a partir de entonces ha promovido (1) la fractura de las alianzas partidarias que sostuvieran al Interinato, corrompiendo a una parte de sus diputados miembros, llamados «alacranes» por la opinión pública; (2) evidenció, ante el extranjero, la ausencia de poder real del mismo Interinato, contraponiéndole su efectividad dictatorial, al punto de sumar a los mismos opositores al empeño para revertir las sanciones que le fueron impuestas al propio Maduro y sus colaboradores por Europa y USA; y (3), al término, con la ayuda de Noruega y del expresidente español J.L. Rodríguez Zapatero sedujo a la "oposición partidaria" – ahora Plataforma Unitaria de Venezuela – para sumarla a un proceso de negociaciones en una mesa desbalanceada como la que se instaló en ciudad de

México, al finalizar el año 2022. Al cabo, no se trataba de una verdadera negociación "entre los venezolanos" como lo repite la diplomacia global – retomada en París, reimpulsada en Bogotá, y que más tarde diera lugar a los Acuerdos de Barbados – sino de un diálogo entre el mismo Maduro y la Casa Blanca, como lo revela la calificada «reunión secreta» celebrada Qatar, en junio de 2023.

Los partidos de la Asamblea Nacional electa en 2015, al iniciarse el trasiego negociador que condujo hasta Barbados, firmaron con la delegación de Nicolás Maduro un Memorando de Entendimiento, cuya premisa era más que elocuente sobre la mirada miope que del país seguía imperando:

"Las partes designadas a efectos de este proceso como el Gobierno de la República Bolivariana de Venezuela y la Plataforma Unitaria de Venezuela, bajo el amparo de la Constitución de la República Bolivariana de Venezuela [Omissis] hemos acordado llevar a cabo un proceso de diálogo y negociación integral e incremental basados en una agenda, formato y pautas, acordados por el Gobierno de la República Bolivariana de Venezuela [el de Nicolás Maduro Moros] y la Plataforma Unitaria de Venezuela de manera previa al inicio de las conversaciones en ciudad de México...".

Los temas que encabezan a este reconocimiento tácito de un régimen hasta ese momento desconocido constitucional e internacionalmente, en la sede de unos diálogos acompañados por Rusia y Holanda y facilitados por Noruega, no son, ciertamente, los específicos del Estatuto para la Transición derogado, a saber, la realización de elecciones presidenciales; menos se atiende a lo citado y acordado por la misma Asamblea Nacional el 5 de febrero de 2019 mientras preparaba el piso para aprobarlo: "Cualquier intento de diálogo o contacto [tiene] como único objetivo ofrecer y acordar con el régimen usurpador, las garantías y condiciones para que entregue el poder de acuerdo a la Constitución". La agenda adoptada en Ciudad de México antes bien reza con claridad y jerarquizándolos sus objetivos: "3. Levantamiento de las sanciones. Restauración de derecho a activos [se entiende que son los del gobierno de Maduro reconocido]", a fin de puedan considerarse, en algún momento, los temas 1 y 2: "Derechos políticos para todos" y "garantías electorales para todos" y un "cronograma para elecciones observables".

La consecuencia o efecto palmario, al presente, fue la normalización del gobierno de dictatorial de Maduro, quien todavía gobierna mediante decretos. Su reconocimiento internacional llega y seguirá llegando fundado en el principio de la efectividad, hasta que se vaya. Se dejó atrás, por consiguiente, el principio democrático del reconocimiento de gobiernos, que se afirma sobre cláusulas democráticas convencionales e imperativas en la región, cuando menos, a partir de 2001, una vez como es adoptada la Carta Democrática Interamericana.

Además, habiendo llegado las primeras contraprestaciones obra del «acuerdo secreto» de Qatar y sucedido este por el avenimiento en lo político electoral de Barbados, de buenas a primera los desconoce Maduro. Se reitera en su comportamiento histórico luego de las numerosas negociaciones emprendidas en Venezuela a partir de 2003 con los conocidos «Acuerdos de Mayo» mediados por el Centro Carter y la OEA, siendo aquel representante de Chávez. Sucesivamente proscribe lo citado y ocurrido, la posibilidad de que María Corina Machado, seleccionada como candidata presidencial en elecciones primarias de la oposición y contando con el voto del 92,5% de los sufragantes, pudiese inscribirse como tal para los comicios de 2024.

La coyuntural unidad de criterio de la comunidad internacional alrededor del principio realista del poder detentado por Maduro, que es utilitaria, llegó fortalecida a su vez por las conveniencias geopolíticas que, según Estados Unidos, fueron determinadas `por la pandemia y la guerra de Rusia contra Ucrania. Pero ello no debe hacer olvidar, en todo caso, lo siguiente: Mucho antes de fenecer el "interinato" y mientras los países americanos del eje de la OEA desconocen a la dictadura de Maduro y le piden unidad a la comunidad internacional para exigir una transición hacia elecciones presidenciales y parlamentarias libres, el eje de los gobiernos europeos permaneció dividido. Y es lo que aprovecha la dictadura y que pesa sobre el fallido empeño democratizador del "interinato" del presidente Guaidó.

En efecto, mientras el Parlamento Europeo pedía castigo para el régimen por ser responsable de crímenes de lesa humanidad y le exigen elecciones generales libres, a la par, la cancillería de Josep Borrell relativiza tales términos. Señala como premisas irrealizables en democracia y bajo un despotismo abierto las siguientes, junto a sus prejuicios: (1) que la salida a la crisis la dicten los venezolanos, no la comunidad internacional, es decir, que los secuestrados se liberen por sí solos de su secuestrador; (2) que no hay unidad opositora, y de allí sus fracasos, obviando que en las dictaduras no hay oposición posible sino resistencias plurales; (3) aceptar cualquier elección, en la época y al caso las regionales y municipales, a fin de que la oposición partidaria se contentase con un espacio al lado de la dictadura.

En pocas palabras, propiciaba Borrell la «cohabitación», en fórmula que después hace suya y pone en práctica como tesis el gobierno norteamericano de Joe Biden. De allí que este no hiciese punto de honor el sostenimiento del Interinato y de la Transición a la Democracia nacidos como estrategia en 2019, ahora sustituidos por los pactos de Barbados citados y su titulado Acuerdo Parcial sobre la Promoción de Derechos Políticos y Garantías Electorales para Todos.

Según el tenor de este "las partes reconocen y respetan el derecho de cada actor político de seleccionar su candidato para las elecciones presidenciales de manera libre y conforme a sus mecanismos internos". En todo caso, desde entonces cristaliza la insurgencia del pueblo llano ya en avance bajo el liderazgo de María Corina Machado; venida ella desde la sociedad civil deconstruida, denostada por la dictadura, excluida por la Unidad que amalgamara a los partidos-franquicia regimentados por los jueces al servicio de Maduro, y apoyada aquella por un 80% de la población en elecciones primarias.

Es lo ahora inédito y que cabe escrutar para comprender en su significando profundo a tal insurgencia o movilización envolvente del conjunto de Venezuela, sin una parentela histórica y como posible expresión de esa «liminariedad» o "rito de paso" en curso; que no es mera liminaridad o liminalidad, entendida como umbral o límite vacuo, incluso a contracorriente del recorrido político de la Venezuela republicana. De allí que la dictadura no acepte a Machado y haya preferido desconocer al acuerdo barbadense en cuestión; lo que motiva el más reciente pronunciamiento, con vistas a lo palmario de ese fenómeno de limen que experimentan todos los venezolanos, de los líderes mundiales del G7:

"Estamos profundamente preocupados por la actual crisis política, económica y humanitaria en Venezuela y por la falta de avances en la implementación del Acuerdo de Barbados de octubre de 2023, en relación con los derechos de la oposición dentro del proceso electoral y la decisión de retirarse la invitación para una misión de observación electoral de la UE. Llamamos a Venezuela a implementar plenamente el Acuerdo de Barbados y garantizar elecciones competitivas e inclusivas el 28 de julio, que abarquen misiones de observación electoral internacional completas y creíbles. Exigimos además el fin del acoso a los miembros de la oposición y por la liberación inmediata de todos los presos políticos."

La incomprensión de lo venezolano

La realidad actual de Venezuela y su posible prospección por vía de consecuencias obliga a señalar que ella ha sido incomprendida como conjunto y en su complejidad tanto por los actores políticos partidarios y los observadores externos como por la comunidad internacional con la que estos se han relacionado: "Sólo estando adentro se la entiende", afirmaba en 2004 el secretario general de la OEA, César Gaviria, luego del «golpe militar de micrófonos» del 11 de abril de 2002 y tras el referendo revocatorio del mandato de Chávez Frías, del que le salva el Centro Carter.

Dentro de esa realidad sobreviven – no viven – todos los venezolanos, que forman una nación y una república severamente deconstruidas. De ordinario algunos la simplifican e incurren todavía en una grave falta de discernimiento, al reducírsela al comportamiento de los actores políticos y proyectarlo al conjunto social del país y en su anomia.

Así, se señala que se trata de un pueblo dividido y en el que pugnan agriamente dos facciones para hacerse del poder: una venida del pasado, que es rezago y no quiere ser recordada por la otra (1959-1999), y esa otra que habría emergido de sus cenizas bajo un signo redentor (1999-2024). Mas lo cierto es que la memoria del pasado, para renovarla o para conjurarla ya se alejó inexorablemente. Han transcurrido casi dos generaciones desde su final, en 1998, y sobre estas pesa el efecto modelador de la revolución bolivariana. Cosa distinta es, que, más allá de tal efecto, el venezolano es, genéticamente, un ser libre y adánico, difícilmente secuestrable en su perpetua voluntad innovadora.

La mayoría del pueblo venezolano sufre, sí, de un desencanto incremental con la política y con los políticos, no sólo con la democracia como arquitectura de la libertad, sin por ello perder su espíritu libertario;

VENEZUELA, EN LA ANTESALA DE LA HISTORIA

padece en su humanidad los efectos de una pérdida de identidad como víctima, lo reitero, de un daño antropológico. Ha sido la obra, tal desencanto, de ese proceso de deconstrucción sostenido y antes mencionado, que arranca en 1989 y lo profundiza la diáspora que le sigue, desde hace casi una década, acicateada por la pérdida de la calidad de vida y el bienestar dentro de un Estado que se hizo rompecabezas y cuyas fortalezas han menguado en proporción a la declinación de la riqueza petrolera. Ha sido y es una ficción ese Estado republicano, sostenido en el imaginario colectivo por la misma dictadura y sus asociados extranjeros para distraer a los oficiantes de opositores y dejarlos sin capacidad crítica, empeñados estos en sólo avanzar dentro de unas reglas constitucionales que se han desmaterializado y les separan de la realidad que avanza en acera opuesta, la de la insurgencia popular que anda a la búsqueda de su extraviado ser nacional.

Es verdad que hasta el año 2015, las banderías partidarias – la del partido único de la dictadura (PSUV) o la del "holding" de los partidos de oposición (G4): los originarios del Pacto de Punto Fijo o sus causahabientes, o los nacidos en el siglo XXI bajo la inspiración o la tutela de estos – lograban movilizar a la población para eventos electorales, o la protesta de calle. Unos atendían al llamado gubernamental convencidos de que sus penurias eran culpa de los políticos del pasado, en tanto que otros se nucleaban tras un símbolo de Unidad prometedor de un cambio que se ha frustrado (2016-2022); sin que esa adhesión pudiese ser reivindicada de forma individual por ninguno de los partidos políticos coaligados.

- 325 -

Al iniciarse el 2023, la palabra del sacerdote jesuita y exrector de la Universidad Católica Andrés Bello, Luis Ugalde, es lapidaria y magistral síntesis de lo reseñado: "Mire, este cuento se acabó... El pensamiento y la acción política deben subordinarse a la realidad que estamos viviendo. Un país mucho más empobrecido, al que se le acabó el dulce petrolero. Sin libertades, el talento y la productividad de los venezolanos no podrán proveer lo que antes nos daba la naturaleza... [los partidos políticos están inmersos en sus luchas internas. El gobierno del señor Maduro quiere cambiar de conducta, sin renunciar y sin esconder al cartelito del socialismo]... Y no sé si está claro que la Venezuela que fue no regresa... [De una oposición que, realmente, está en una situación lamentable... esta dictadura no sirve para nada, pero tampoco la forma de hacer política que tenían los partidos políticos antes]. En este momento, el mayor peligro que enfrenta el país es la desesperanza. Que digamos: Aquí no hay nada que hacer sino agarrar las maletas y nos vamos... si no hay otro liderazgo, tomamos la calle nosotros", dice la gente. "Y, si fulanito de tal, que está en la oposición llega al poder, con las categorías convencionales no hay nada que hacer".

La modernización alcanzada por el país a lo largo de la segunda mitad del siglo XX, ciertamente que ha desaparecido, como lo dice Ugalde. De sus activos materiales y humanos, como la ausencia de memoria – ya han pasado cinco lustros desde entonces, dos generaciones, como cabe repetirlo – restan los despojos o piezas para un museo. Se trata de un país calificado por Transparencia Internacional como el más corrupto de las Américas; el de más alta inflación según el FMI; el que encabeza el Índice Mundial de Miseria (Índice Hanke); con el peor índice de desarrollo humano en la región, sólo superado por Guyana (PNUD); la peor posición mundial en el Índice de Libertad Económica (Fraser Institute); con un sistema sanitario calificado entre los 10 peores del planeta (IGSS).

Desde los inicios del proceso de su desmantelamiento nacional, Venezuela no se ha sometido en su conjunto a ninguna prueba de evaluación de aprendizaje (PISA) y lleva una década sin realizar pruebas nacionales de aprendizaje. En la evaluación nacional realizada por la UCAB, de los estudiantes entre el Cuarto Grado y el Quinto Año de Bachillerato fue reprobado el 60,98% en habilidad verbal y 67,70% en matemáticas.

Cabe puntualizar, por lo demás, que la situación venezolana es la consecuencia directa de la adopción, todavía gobernando Chávez Frías, del modelo de socialismo marxista que este traslada al país desde la experiencia cubana, tal y como consta en los documentos de La Nueva Etapa: El Nuevo Mapa Estratégico de la Revolución Bolivariana.

A partir de estos se inicia en 2004 un proceso generalizado de confiscaciones de empresas industriales o de comercio privados y de haciendas agropecuarias e inmuebles en todo el territorio nacional, a lo que se suma la intervención del sistema financiero y la compra forzada de los medios de comunicación social más importantes, antes de decidir cerrarlos o confiscarlos. Desde entonces, el mismo Partido Socialista Unido de Venezuela (PSUV), en sus estatutos, asume

- 327 -

tal caracterización: es socialista marxista, léase, comunista. Y es a lo que no están dispuestos a renunciar, como asimismo lo recuerda Ugalde.

En lo inmediato y hasta 2013, cuando fallece Chávez y Nicolás Maduro es impuesto como gobernante desde La Habana, tras unas elecciones fraudulentas a la vez que inconstitucionales – Maduro, constitucionalmente, no podía ser candidato presidencial – la situación de expolio económico y de declive en el bienestar de los venezolanos no se hace tan evidente, pues el Estado, apalancado en los ingresos petroleros (2008: 139,83 US$/B, 2015: 27,76 US$/B), crea un artificio de bienestar; profundiza en un modelo de subsidios y transferencias dinerarias directas a la población y de importaciones de bienes esenciales por el gobierno, ante el agotamiento de la producción interna luego de la toma militar de las fábricas y la imposición precios a los comercios privados que lograron sobrevivir. Pero, como lo ha dicho el exrector de la UCAB, "se acabó el dulce petrolero".

El declive social y económico y su aceleración fue advertido en 2015, desde Panamá, por los exjefes de Estado y de Gobierno del Grupo IDEA, en el marco de la Cumbre de las Américas. Todavía no habían entrado de pleno las sanciones que la comunidad internacional, en lo particular Estados Unidos, le impusieron a la dictadura y a las que esta, aún hoy, pretende atribuir el cuadro de destrucción integral en el que se encuentra Venezuela.

VENEZUELA, EN LA ANTESALA DE LA HISTORIA

La traición de los mejores

El diagnóstico preciso de lo venezolano, por ende, será condición sine qua non para lo propositivo en lo social-afectivo y después en lo político y para la re-composición y reconstitución democrática como experiencia de ciudadanía.

A pesar de que no pocos se dicen cansados de las descripciones de lo pasado o de las quejas "sesgadas" sobre la realidad nacional, cabe decir que todas las opciones y alternativas políticas ortodoxas puestas en marcha a fin de revertir el cuadro de la dictadura a partir de 1999 – democráticas y hasta antidemocráticas – fracasaron. Y no por la predicada y mendaz mayoría que acompañase al régimen imperante desde sus inicios, sino por la misma naturaleza del modelo de destrucción construido para la sujeción autoritaria de la población; a la vez que soportado este sobre una estrategia regional puesta en marcha por los causahabientes del socialismo real a partir de 1989 y coincidente, para mal de males, con las grandes revoluciones tecnológicas, la digital y la de la Inteligencia Artificial. Una y otras, de conjunto, han sido deconstructivas de lo cultural y lo político.

La cuestión de las mayorías alegadas cae por su propio peso si se tiene presente que, en las elecciones de 1998, cuando Chávez Frías resulta electo con el 56% de los votos sufragados por el 63% del electorado concurrente, en la configuración del Congreso de la República los partidos que se alternaran en el poder desde 1959 – Acción Democrática y el Partido Social Cristiano COPEI – obtienen un 36,80% de los votos,

ASDRUBAL AGUIAR A.

mientras que el MVR de Chávez alcanza el 19,67%. Eran entonces poderes en equilibrio y el mensaje que enviaba la propia nación en su alcanzada madurez y al agotarse la experiencia de la república civil en 1998 era claro: Cambio en democracia y con equilibrios.

Sucesivamente, al convocarse la constituyente que destituye a dicho parlamento, en la elección de sus constituyentes y en un momento de quiebre agonal forzado ante la abulia de las élites, sólo acuden a las urnas el 46% de los electores, alcanzando el chavismo un 65% de votos; pero de los 131 escaños a llenarse se le dejaron a la democracia 6 asientos. Sucesivamente, al adoptarse la nueva Constitución – nuestro pecado original – diseñada por Chávez, es aprobada por un 80% de los sufragantes, sí, pero de un quorum electoral que sólo frisa el 36% del registro de votantes.

En el año 2013, el Consejo Nacional Electoral controlado por la dictadura anuncia que el candidato presidencial Henrique Capriles R. había alcanzado el 49,12 % de los votos sufragados, venciéndole Nicolás Maduro Moros por un 1,49%. Capriles, vicepresidente que fue del parlamento electo en 1998, voluntariamente renuncia a defender su triunfo y ello le cuesta su futuro político, a pesar de insistir en su liderazgo y haber decidido, para ello, cohabitar con la dictadura. Fue el crítico más abierto de la Transición hacia la Democracia y del gobierno interino, del que participara su propio partido, Primero Justicia (PJ), si bien se distancia de este intelectualmente al sostener su adhesión a la experiencia política de Lula Da Silva, dos veces presidente de Brasil.

El caso es que, tres lustros más tarde, llegado el año 2015, la oposición llamada democrática, cuando alcanza los 112 diputados referidos por sobre los 55 del PSUV – nuevo nombre del partido chavista – para la conformación de la Asamblea Nacional, incluso habiendo logrado situarse, por vez primera y desde 1999, en el centro del poder soberano de la nación, su mayoría no pudo remover a la dictadura.

La explicación plausible reside, entonces, en la consideración, como variable determinante de la estabilidad del statu quo del despotismo venezolano, la siguiente: la neutralización recíproca entre minorías sociales e identitarias como también políticas, consecuencia del proceso de fragmentación y deconstrucción de la nación y de su transformación, junto a la república, en un rompecabezas utilitario – para fines ilícitos y contrarios a la Constitución; y la igual deconstrucción que aqueja a la comunidad internacional del siglo XXI, en lo particular, la interamericana y la europea occidental, a la vez explica que sus comportamientos con relación a Venezuela todavía sean erráticos y espasmódicos.

De allí que los fogonazos electorales – por formales y sacramentales – no hayan alcanzado a amalgamar con sentido de compromiso a la opinión pública mayoritaria, durante las décadas precedentes. La situación ahora se revierte, es verdad, pero por efecto del consecuente e inédito estadio de «liminariedad» señalado y de la decisión de los venezolanos de volver a reencontrarse con su ser expoliado y en un contexto distinto del que ha conocido. Cabrá estar atentos y observar su desarrollo.

En suma, bajo la perspectiva de quien analice y reduzca la cuestión venezolana a la realización de un calendario electoral presidencial, que al cabo vencerá el 28 de julio del año en tránsito, día onomástico del fallecido Hugo Chávez Frías, o de quien, a la manera del gobernador zuliano Manuel Rosales, hombre con rostro de mármol, se inscribe como candidato en el último minuto para salvar "su" tarjeta sin haber participado en las elecciones primarias donde vence Machado, la corrección política les dirá que votar o no es un derecho político personal, así no se pueda elegir. Se repetirán que se trata de un acto de libertad dentro de un orden que, incluso siendo deficiente, les facilita realizar comicios y con ello la experiencia de la democracia, así sea falsificándosela.

No es casual que el excandidato presidencial Eduardo Fernández, quien se inmola ante el país para defender a la democracia tras el golpe de Chávez Frías contra Carlos Andrés Pérez en 1992, haya propuesto un "pacto de Estado" con los causahabientes de aquél. No le arredra que sean los responsables de la comisión crímenes de lesa humanidad, dado que lo importante, se comentará para sus adentros, es que los venezolanos podamos «vivir bien» a despecho de no tener una «vida buena», es decir, virtuosa. Ha corregido luego el rumbo, enhorabuena, tras decidirse por Edmundo.

El mismo Provincial venezolano de la Compañía de Jesús, ha declarado que bastan unas "elecciones mínimamente competitivas... para evitar una profundización de las sanciones", pues es lo que importaría y son sus palabras.

Por lo que me pregunto y le preguntaría a quienes me leen si ¿son válidas o justificables tales perspectivas?

Trillamos con una dictadura que no es tal y que tampoco es una tiranía o autocracia absolutista, menos militarista por no ser institucional como si lo fueron las dictaduras militares del Cono Sur latinoamericano. Estamos en presencia, antes bien y como he venido sosteniendo, de un «despotismo iletrado», genuino y zorruno. Y preciso el término para evitar equívocos. El despotismo expresa la relación entre el patrón y sus esclavos, cuyo ejercicio de dominio desafía códigos, leyes y costumbres, sean políticas o morales e incluso las relativas al sentido de humanidad.

Maduro no solo ha despedazado a la república y su Fuerza Armada, haciendo de ambas una caricatura y a esta incapaz de revertirle su estatus quo despótico. Ha desmaterializado al orden constitucional militar-cívico de 1999. Lo que es más grave, ha pulverizado a la nación que formamos los mortales nacidos en territorio venezolano, en diáspora y sus víctimas.

Al pueblo venezolano, que no a las élites políticas y empresariales funcionales al mencionado despotismo, se le ha irrogado – cabe machacarlo – una irreparable lesión obra del mal absoluto, personal e individualizable y como sociedad. Son datos objetivos y de la experiencia, que se omiten inexplicablemente en los análisis de la cuestión venezolana, y es dentro de dicho cuadro que los venezolanos desafían al régimen, acudiendo a unas elecciones presidenciales bajo el imperio de un despotismo disolvente.

Se insiste, aviesamente, en los paralelismos con las transiciones de países cuyos órdenes constitucionales de facto o segregacionistas se sostenían sin adulterárselos. Eran inhumanos, pues conjugaban a favor del Estado o el dictador. Pero el despotismo, antes bien, es el reino de la arbitrariedad y el asalto, todavía más en un contexto de deconstrucción ética y cultural, característico del actual y declinante Occidente; que, al paso, lo aderezan las revoluciones que deslocalizan y cultivan la instantaneidad, en el marco de una naciente religión pagana, el «dataísmo», que reduce a número y a consumo a su feligresía, a la persona humana.

¿Puede ejercitarse la ciudadanía, repregunto, salvo que se sufra de una severa distopía o trastorno cognitivo en el marco de una república imaginaria como la venezolana, donde hay ausencia de nación por deconstruida y migrante?

Su contexto casi que recrea – permítaseme la metáfora – la escena de nuestros indígenas a la llegada de los adelantados españoles durante la conquista. Vagamos como nómades por selvas posmodernas sin ataduras ni amarras de afecto que nos aproximen, anegados por la tristeza en soledad, signados, sí, por los enconos y la desconfianza, con padres y hermanos separados en lo interno y sus integrantes en procesión, que mejor se miran en el infierno de Darién.

Tras la disolución, el rito de paso

Existen premisas en esta historia de lo venezolano que se ha engullido a dos generaciones y media (1989-2019), cuyos hitos vertebrales deben ser revisitados varias veces para un verdadero juicio sobre las posibilidades de la reconstrucción; sobre todo para la cabal comprensión de lo que luego emerge como inédito – en la historia patria – a partir de María Corina Machado, sin que se la descontextualice o se la vea, erróneamente, como una pieza más del recambio político tradicional. Es algo que incluso la desborda, más allá de que los caminos se le cierren o se le abran generosamente – la misma historia siempre es caprichosa – en el titánico esfuerzo que adelanta para conducir al país hacia la senda de la libertad.

Por lo pronto, luego de derrotar al régimen con las elecciones primarias y al ver cerrados los caminos para su inmediata candidatura, se juega la carta de una sustituta, la de la académica Corina Yoris, tampoco aceptada por el dictador Nicolás Maduro. Una y otra, madre y abuela, enlazan con ese hilo de Ariadna que bien explica en su fondo a la fuerza resiliente actual de los venezolanos, situados en estado liminar. El país se levanta a partir de un código afectivo, no más político formal ni ideológico, para marchar hacia otro destino, en un momento de limen. La final selección del embajador Edmundo González Urrutia como candidato, por iniciativa de Machado, aceptada por los partidos de la Unidad, ha logrado descolocar a Maduro que no la pudo impedir, hasta ahora. Electoralmente está derrotado.

La aparición cierta y en escena de María Corina ha lugar, justamente, desde el instante agonal por el que transita el país desde 2019, en una forma que hemos subrayado de inédita y de umbral y en una hora en la que se pide, lo piden todos los venezolanos, "mantener junto aquello que debe estar junto, segregando aquello que no puede estar en un lugar ni en otro". Esto lo precisa como imagen, la del limen, Giobellina Brumana en su texto Sentido y orden: estudios de clasificaciones simbólicas (1990).

Es Machado un referente social, de «liminariedad» en lo político, que al tener como frontis a la moderación icónica de Edmundo, indica la emergencia en Venezuela de un rito de paso sin violencia que desde ya separa lo profano de lo sagrado y que ha sorprendido a los mismos políticos que la denostaban por su extracción, por provenir de la prosternada sociedad civil; siendo que logra Machado trasvasar a lo coyuntural y clientelar como a la democracia de fingimiento sostenida desde 1999 y que sólo es, por lo pronto y para los venezolanos, imaginería, vacuo ejercicio de narcisismo, en una nación urgida, antes bien, de reencontrarse y restablecer sus lazos de afecto a partir de dos variables, la familia, la diáspora, el crecimiento en libertad.

A lo largo de dos décadas, a María Corina Machado, el mundo formal de los partidos – que no existían bajo la dictadura de Pérez Jiménez y que, tras el agotamiento de la república civil todavía creen existir, acaso como franquicias que subasta la dictadura judicialmente – la ha preterido. Han usado de sus elevadas calificaciones, sí, para organizar eventos electorales, como el referendo revocatorio de 2004.

La cuestión es que, al decidir insertarse dentro del entramado de la vida parlamentaria, como actora de la sociedad civil venezolana, aquellos buscaron limitarla, tamizarla partidariamente, para tacharla luego por su manido «mantuanismo» – los Bolívar, los Toro, los Tovar, patriarcas de la Independencia sí que lo eran – o por su falta de «tolerancia». Empero, ella, consustanciada con el alma de nación e interpretándola adecuadamente les sorprende y renuncia a su candidatura, a favor de la otra Corina, Corina Yoris, al verla obstaculizada. Su incorrección política y el representar, supuestamente, a una corriente anti política que amenaza a los profesionales de la política que se sirven a sí y que mal le sirven al país, le ha pesado ante estos, acostumbrados a negociar los espacios de poder en pública almoneda.

Lo histórico y reseñable es que Machado, en soledad, fue quien elevó su voz para denunciar, intimándole en su cara y ante la Asamblea Nacional, a Hugo Chávez Frías, por el grosero latrocinio revolucionario que realizaba confiscando propiedades a diestra y siniestra. Y en soledad acusó los golpes que recibiera sobre su humanidad, en la cara, de manos de los esbirros del régimen mientras reía apacible el teniente Diosdado Cabello, cabeza del parlamento oficial. La oposición "partidaria" funcional, misma que finaliza su tiempo de manera deslucida con el final traumático del Interinato, al término la purga. La dejó fuera de la política formal para sumarla al país de los desheredados y de los emigrantes, quienes esta vez la acompañan. Es una esclava de los principios.

Así, ante el vacío republicano y el fingimiento democrático, en una nación que se ha desmembrado y cuya cruda imagen son los caminos del destierro, y que con tozudez se empina desde el territorio de la orfandad, Machado logra interpretarla en su señalada «liminariedad», algo más que su situación sobre un limen ambiguo. Mas que ofrecerles opta por acompañar a los venezolanos en sus propósitos resilientes, en sus decursos por espacios todavía desérticos y sin alma, con vistas a otro tiempo.

Este símbolo lingüístico, la «liminariedad», propio de la estética y recurso retórico, es el que mejor interpreta al país despreciado, engañado y manipulado durante el curso de los veinte años precedentes, tras una prédica mendaz de participación protagónica que aún busca sin alcanzarla. Se le había situado en el estadio – aquí sí cabe hablar de "liminalidad", del no-ser y el no-hacer – entendido como el escalón previo antes de trasvasar una puerta.

¡Y he aquí lo que sorprende a los que aún malquieren a la Machado!

Silenciado, esquilmado, frustrado, el pueblo venezolano despierta para volver a ser y hacerse por sí mismo. Se sucede, de tal modo, simbólicamente y en un momento de tensión y apremio para la patria como lo diría Mariano Picón Salas, ese mítico regreso de lo personal y colectivo "al vientre materno". Venezuela, casualmente, tiene nombre de mujer. En otras horas de oscurana le bastaba tremolar el mito bolivariano, pero se lo han prostituido. Se instalan los venezolanos, pues, sobre un odre protector que estiman puede ofrecérselo la mujer, una madre, sea la Machado o sea Corina Yoris, ambas seguidas hoy por Edmundo, dentro de ese tránsito dantesco entre círculos en el que hoy viven; para dejar atrás el "estado transitorio" de comunidad indiferenciada, socialmente deconstruida que le ha caracterizado hacia otro mejor estructurado, de libertad y de justicia.

Es la mujer, pues, la que lidera en la Venezuela del ahora, como un astrolabio para el restablecimiento de la conciencia de nación.

Esa «liminariedad» – construir y reconstruir para que cobre "importancia lo subjetivo y el compromiso libre" del condenado a la nada, algo más que un limen – es el paso ritual indispensable. Es "el suelo fértil de la creatividad cultural", es la situación que encierra "la semilla del desarrollo y del cambio social" que entre llantos y alegrías interpretan las Corinas en cada rincón de una patria que busca renacer y reencontrarse a sí con sentido de plenitud.

Ingrid Geist, cuyo ensayo "La liminaridad del rito: Un proceso de transformación óntica" (1999) resulta seminal, la entiende – de allí que optemos por la expresión sustantiva de «liminariedad» –como el momento de reflexión en vísperas del parto y cuando se "rompe la fuerza de la costumbre", la del hábito, la del acomodamiento a la tragedia insoluble; eso sí, salvando las raíces, las ideas éticas que legitimen al porvenir. Es algo que mucho molesta a las escribanías diplomáticas y al voluntarismo partidario del momento. O que no entienden, presas de la instantaneidad política.

Transición a la venezolana

Y cabe observar que el proceso de disolución humana que ha cristalizado en Venezuela, y lo frena en seco la yunta inesperada María Corina-Edmundo, lo hizo posible la vileza de un pueril ejercicio republicano y de ficción democrática inaugurado en 1999, que ha contado con el viento favorable del mundo

- 339 -

digital de los no-lugares y del no-tiempo. No por azar el régimen de Maduro conspira antes contra las primarias a fin de digitalizarlas con sus «cajas negras», descifrables sólo por los entendidos. Y Machado se le atraviesa en el camino.

También es cierto que, en esa fase liminar del «rito de paso» que se realiza y cumple entre María Corina y el pueblo venezolano en cada rincón de nuestra geografía, se están dando revelaciones. Sólo alcanzan a verlas las gentes más inocentes, las víctimas de la maldad dictatorial, al redescubrir que sí existe la "esperanza de una vida verdadera". La obtendrán, sin lugar a duda. Es el regreso a la patria y el reencuentro en los espacios y con tiempo, "tiempo y espacio sagrados" ajenos a la práctica política de los alacranes, cuya maldad y ficción sólo son hijas de las redes digitales y los laboratorios de Fake News.

Mas cierto es, por lo demás, que ha llegado a su final el mito del socialismo del siglo XXI en Venezuela, que sólo fue eso y sus predicadas mayorías un solemne engaño, lo hemos dicho.

La penúltima de las mentiras, obviamente, fue la de la inhabilitación forjada, celebrada por el régimen y sus contumaces contertulios para condicionar a la opinión y destruir la opción electoral de Machado durante las primarias. Pero la experiencia sigue demostrando que esta tiene límites y mal se puede inhabilitar a lo que está en el útero de la venezolanidad y en estado liminar, o de «liminalidad» o de «liminariedad», a punto de nacer, en el instante de volver a ser. Es lo relevante y de profundo calado. Cabrá hacerle seguimiento en su decurso, repito, a esa

VENEZUELA, EN LA ANTESALA DE LA HISTORIA

tendencia que aprecio de vertebral y con vistas a la etapa treintañera que se le abre a Venezuela – 2019/ 2049 – salvo que sus secuestradores decidan mantenerla en la antesala de la historia.

En resumidas cuentas, salvo que ocurran los imponderables que cuentan en toda historia y más en la dinámica específica de la política doméstica venezolana, si se acepta el diagnóstico esbozado con anterioridad, parece elemental que una transición en Venezuela ni podrá ser ortodoxa ni podrá resultar de una copia de experiencias comparadas y tomadas del siglo XX (Venezuela, Chile, Argentina, España, Europa oriental). En el caso de las iberoamericanas, se contaba con la institucionalidad jerárquica y el reconocimiento del estamento militar, como sólido garante de los ordenamientos constitucionales de facto, y en la Europa oriental sirvió de ariete la solidez de las culturas nacionales – no sin tragedias de por medio, como en Yugoslavia – que precedieran a los artificios de Estado forjados bajo el comunismo.

Empero, por situada esa posibilidad, la de otra posible transición política en Venezuela, en un contexto que, a pesar de su disolución social, cultural y política, tiene talante propio y especificidad, no huelga referir como precedentes o curiosidades de interés los siguientes:

(a) La transición de 1935, a la muerte del general Juan Vicente Gómez, la condujeron su ministro de la defensa, Eleazar López Contreras y luego el ministro de la defensa de este, Isaías Medina Angarita, hasta que ocurre el golpe militar – cooptado por los civiles antigomecistas que acaudillaba Rómulo Betancourt – el 18 de octubre de 1945.

ASDRUBAL AGUIAR A.

(b) La transición de 1958, a la caída de la dictadura del general Marcos Pérez Jiménez, la conduce el mismo estamento militar que lo acompañara hasta el día anterior, que luego de un interregno le abre espacio a los partidos políticos para que se organicen y preparen para unas elecciones democráticas que dan origen a la república civil (1959-1999).

El Pacto de Punto Fijo, que asegura luego la gobernabilidad en Venezuela fue un pacto unitario, pero no de unidad, por lo mismo no lo suscribe, aun cuando acompaña sus ideales, el partido comunista. Cada partido tuvo su candidato; los candidatos varios se avinieron en un programa común a ser respaldado por todos en su ejecución por quien ganase la elección presidencial; se dieron una constitución de consenso, la de 1961 – no impuesta como lo fue la de 1999 – que fue obra de todos los partidos integrantes del Congreso de la República electo en diciembre de 1958. Unidad hubo, sí, pero alrededor de un elemento crucial: impedir todos los partidos y sus líderes fundamentales, coaligándose, la vuelta del militarismo y del gendarme necesario.

La Junta de Gobierno, presidida por el Contralmirante Wolfgang Larrazábal y después por el doctor Edgar Sanabria, limitó su gestión transicional – sin derogar la Constitución dictatorial de 1952, que la mantiene el propio gobierno democrático hasta la aprobación de la sucesiva, la de la república civil – a lo que le correspondía como transición:

(1) Favorecer la reorganización de los partidos y el dictado de un estatuto electoral aceptado por todos; (2) neutralizarse en lo político y electoral. Larrazábal renuncia para ser candidato; (3) contener las ambiciones militares históricas; (4) organizar, en lo que se pudo, la cuestión fiscal en beneficio de la administración que le sucedería; (5) moderar la expectativa social de una población empobrecida, sosteniendo la esperanza en las elecciones (Plan de Emergencia); (6) rendir cuentas de la transición realizada, como lo hiciese el presidente Sanabria ante el nuevo parlamento democráticamente electo en diciembre de 1958.

Si se revisa la experiencia de nuestro primer siglo republicano, las alternancias jamás implicaron un paso de manos e inmediato entre gobernantes y opositores, como lo indican los ejemplos del siglo XX reseñados; salvo la transición impuesta por la guerra federal, que deja atrás al conservatismo e impone al Liberalismo Amarillo hasta los inicios del siglo XX, cuando se sucede otra transición sin real violencia, la de Cipriano Castro, que posteriormente tiene por causahabiente y sucesor a su vicepresidente, dando lugar a la larga dictadura del general Gómez mencionado.

Podría predicarse como probabilidad, entonces, que el cambio en Venezuela será posible y sólo será viable de emerger, sí, un recambio de piezas dentro del régimen dictatorial posiblemente acicateado por la urgencia de los cambios económicos que urge inducir a objeto de frenar la diáspora poblacional y revertirla; pero ello obviaría lo real, la deconstrucción sufrida por la nación y la república, y que, tras el liderazgo de Machado restablece como premisa fundamental la búsqueda de un estado de conciencia colectiva y de espíritu reconstituyente: que son previos para rehacer las raíces de la nación y empujarla hacia el plano de una nueva ciudadanía, en la que la justicia sea el nombre de la paz.

El predicado o postulado que sugiere lo anterior es elemental. Venezuela – sus poderes públicos y el pueblo – debe adquirir con urgencia y como prioridad, como desafío de corto y mediano plazo, cualidad de gobernable. Es una premisa o condición ante cualquier hecho electoral o de adquisición de legitimidad originaria por quien pretenda ejercer su gobierno en un tiempo distinto del actual y en condiciones de estabilidad; con vistas a otro proyecto generacional y, si posible, dentro de nuevos cauces constitucionales adecuados al siglo de las comunicaciones en curso. Y la gobernabilidad, previa a la posibilidad de la gobernanza, ancla en la reunificación cierta de la nación que es su soporte; y ello trasvasa al limitado ejercicio de una votación electoral y formal, aun siendo necesaria e impostergable, sobre todo por la ausencia de condiciones razonables para una elección que pretenda ser reputada como cabalmente democrática, a saber, la del 28 de julio.

Algunos datos conceptuales sobre la gobernabilidad y otros elementos de juicio históricos acerca de la experiencia de las transiciones habrán de ser tomados en cuenta, al momento de deducir comportamientos posibles o al trazar los cursos que puedan tomar las realidades dentro de Venezuela.

VENEZUELA, EN LA ANTESALA DE LA HISTORIA

— La gobernabilidad autónoma o consensual – léase democrática – es distinta de la heterónoma o autoritaria, que se sostiene, sea sobre la personalidad carismática del gobernante, la fuerza de policía, el pacto con la corrupción, o de uno y otros de dichos factores en su conjunto.

— Las medidas de alta policía – para afirmar la estabilidad o mantener la seguridad y el orden público en una democracia – exigen de legitimidad o respaldo social y de legalidad formal sustantiva; sólo permite el ejercicio por el gobernante de competencias regladas y sujetas al control ciudadano, y atadas a las finalidades de la democracia. Ello resulta complejo sino imposible a corto plazo en comunidades invertebradas o espontáneas, que abandonan o no alcanzan el estadio asociativo, como la venezolana del momento.

— El tema de la gobernabilidad, que es esencial para la renovación democrática de Venezuela y para la asunción de la democracia como derecho humano que han de garantizar los gobiernos, ¿acaso le preocupa a quien sólo se ocupa – Nicolás Maduro Moros – de permanecer en el poder y detentarlo no tanto como fuero personal sino como "administrador de un holding" de fuerzas propias y extranjeras inconexas que extraen sin controles la riqueza venezolana o con las que se llevan adelante actividades criminales transnacionales (narcotráfico, lavado de dineros producto de la corrupción), por encima de cualquier referente institucional integrador y libre de sujeciones a un orden social autónomo, incluido el electoral?

- 345 -

— ¿El hecho electoral se basta y es suficiente – lo hemos explicado – como estrategia para frenar o contener un propósito de poder personal abroquelado con estrategias varias para su conservación – donde la electoral es una mera alternativa – y sustentado por intereses propios y de aliados para quienes no cuenta la cuestión de la gobernabilidad democrática?

— Existe, sí, un liderazgo que cuenta con legitimidad indiscutida, el de María Corina Machado, producto ella de elecciones primarias, ahora unido a Edmundo, y capaces de amalgamar ambos a la unidad emocional y en «liminariedad» de un país como el venezolano, vuelto archipiélago; sin embargo, sujeto este a las amenazas externas e internas del narcotráfico y la colonización extranjera, con instituciones públicas y privadas débiles o inexistentes y necesarias para asegurar la gobernabilidad ¿al candidato electo – con toda probabilidad Edmundo González Urrutia – se le permitirá gobernar una vez elegido? ¿Se le cercará a través de los otros poderes que en lo inmediato seguirán en manos de la dictadura? ¿Serán evitables las amenazas de su derrocamiento a partir del momento de su instalación o se le impedirá asumir la Jefatura del Estado? América Latina muestra algunos ejemplos recientes, que no deben olvidarse.

Estas son preguntas y evaluaciones que habrán de responderse con apoyo en análisis serios, y no como consecuencia de conjeturas o prejuicios. Por ende, cabra, como lo hemos sugerido, ponderar, en primer término, la experiencia propia, luego advertir si pueden repetirse otras o si transitamos, como lo creo, por

VENEZUELA, EN LA ANTESALA DE LA HISTORIA

un tiempo inédito y radicalmente distinto del conocido, el de la «liminalidad» como estadio descrito e indetenible socialmente.

Téngase presente que a la caída de la penúltima dictadura – la del general Pérez Jiménez – sobreviene una situación de ingobernabilidad en Venezuela, pero diferente de la actual, que es despotismo sin reglas. El presidente Rómulo Betancourt llega al poder sin contar con la cooperación – antes bien padeciendo el rechazo – de las Fuerzas Armadas y la Iglesia Católica, como elementos primarios de vertebración social para la época.

Los partidos, capaces de ayudar a la gobernanza o gobernación, no cuentan entonces con la fuerza indispensable para asegurar la gobernabilidad pues vienen de una década de clandestinidad y aislamiento. El secretario de la Presidencia, Ramón J. Velásquez, se ocupa de tirar puentes con la milicia y el episcopado, y Betancourt acude a la plaza pública ante cada amago de golpe. Pacta la estabilidad social con las dos organizaciones mejor establecidas y de mayor peso social a inicios de la república civil, el empresariado y los sindicatos. Así, sobre tal piso, pudo gobernar conforme a las reglas y propuestas del célebre Pacto de Punto Fijo. Ninguna de esas hipótesis, sin embargo, es trasladable a la realidad venezolana que hemos evaluado hasta aquí.

La legitimidad democrática interna de un nuevo Gobierno – lo prueba la experiencia del finado Carlos Andrés Pérez (1989-1993) que recompone transitoriamente al elemento militar como lo hace Rafael Caldera (1994-1999), para sustentarse ambos en el poder

- 347 -

y mediando los amagos de golpes que se elaboraran bajo el interregno de Ramón J. Velásquez y que este conjura en silencio – ya no basta, por si sola; menos si se funda sobre una población huérfana de lazos sociales y afectivos, desarticulada y anómica. Aquél carecerá de estabilidad y será incapaz para la gobernación, de no encontrar o formar un basamento – orgánico y social – que sea relativamente sólido o adquiera una solidez más allá de las aspiraciones de coyuntura, mediante la articulación de las múltiples y distintas retículas o parcelas existentes, léase, demandas sociales y actores que hoy forman a la realidad geopolítica venezolana deconstruida.

El gobierno transicional de amplia portada que precediera al actual despotismo – lo han sido todos los gobiernos posteriores a 1989, desasidos de partidos – definió al país ora como algo superior a sus tribus clientelares (Carlos Andrés Pérez), ora como un "rompecabezas" (Rafael Caldera). El legendario maestro Luis Beltrán Prieto, actor del 18 de octubre de 1945 y presidente del parlamento a inicios de la república civil, observó que Venezuela era un «libro descuadernado». Acertaban al describirnos.

La represión, ¿final del «quiebre epocal»?

Por lo pronto, al término de estas notas, salvo la sostenida protesta de los gobiernos democráticos de Occidente incluidos los que han sido próximos al déspota venezolano, como Brasil y México en modo de que Venezuela pueda avanzar hacia unas elecciones auténticamente democráticas y sin odiosas exclusiones, el régimen de Maduro sostiene e incrementa la

VENEZUELA, EN LA ANTESALA DE LA HISTORIA

represión bajo la lógica arriba señalada del amigo-enemigo; ganado este, no cabe duda, por el pánico que le suscita el abandono de su poder despótico mirándose en el espejo del siguiente día.

En su discurso sobre El concepto de lo político destaca Carl Schmitt la necesidad del radicalismo en un marco realista, "identificado en la concepción conflictual, o mejor dicho polemológica, de la política", tal como lo reseña el prólogo de Michelangelo Bovero en la obra de Lorenzo Córdova V., Derecho y poder, Kelsen y Schmitt frente a frente (2009).

Así, la aprobación reciente de una ley antifascista, que proscribe a los movimientos políticos y a los adversarios de Maduro ejercer sus derechos de elegir y ser elegidos, inhabilitándoles, sólo se puede entender, a primera vista, como una ley para conjurar el fenómeno de María Corina Machado.

A Maduro – lo dice bien Carlos Malamud, catedrático de historia e investigador del Real Instituto Elcano, cuya opinión sobre nuestra democracia "inmadura" debemos endosar – le han dejado sólo y desnudo. Apenas le resta seguir en el ejercicio arbitrario del poder que ha secuestrado para sostenerse. No está dispuesto a medirse en unas elecciones libres con los venezolanos.

Caben, aun así, algunas consideraciones sobre dicha ley, que empujaría al país, de ejecutarse, hacia una deriva nicaragüense. Refiero, en primer término, lo que omiten los diputados miembros del PSUV que la han aprobado. Nominalmente, se califican de marxistas e invocan 41 veces el legado de Carlos Marx desde las páginas de su Libro Rojo y al adoptar sus estatutos proclaman a su partido "socialista bolivariano", en un menjurje difícil de desentrañar pues junta "los principios del socialismo científico, el cristianismo, y la teología de la liberación". Y al hacer parte del Foro de Sao Paulo, cuyos integrantes afirman seguir la corriente socialista del siglo XXI, así se tamicen en el Grupo de Puebla como "progresistas", al cabo son una caricatura totalitaria que ahora intenta condenar a su mellizo histórico, el fascismo, en Venezuela.

Condenándolo y criminalizándolo, pero desfigurándolo en la ley como lo ha hecho consigo mismo en sus regulaciones internas, omiten los 'pesuvistas' que su fuente matriz es el marxismo leninista-estalinista que asesinara a más de un millón de personas por motivos políticos y a otros 8 millones los dejó morir de hambre. Esta vez, lo que en realidad se proponen sin mirarse en sus íconos es declarar delitos al "conservadurismo moral" y al "neoliberalismo", no al fascismo. Es lo mismo que hiciesen los nazis con los judíos. ¿Buscan llevar a sus cárceles a los curas o a los rabinos, o a quienes practiquen el capitalismo privado?, pregunto.

He aquí, entonces, una primera clarificación que, con vistas a ese dañado caleidoscopio de ideas movilizadoras de ánimos contenida en una ley que falsifica nociones e ideas como las señaladas, nos hace Piero Calamandrei. Él describe al auténtico fascismo en su obra sobre El régimen de la mentira a partir de una pregunta que le calza al régimen madurista: "¿Era revolución o no lo era? Era, sí y antes bien, un sistema donde la "mentira política" que es común a no pocos regímenes es, en este, en el fascista, "el instrumento normal y fisiológico del gobierno", responde.

VENEZUELA, EN LA ANTESALA DE LA HISTORIA

"¿Era la igualdad de todos ante la ley o, mejor, se introdujo una distinción entre los inscritos como fascistas que gozan de todos los derechos y los no inscritos, que soportan todos los deberes?", repregunta el eximio maestro italiano de la posguerra: En el fascismo se desarrolla una "práctica política sistemáticamente contraria a las leyes", donde aquello que está escrito en las mismas nada importa, sino lo que queda entre líneas y tiene un distinto significado, vuelve a contestar.

De modo que, el uso arbitrario de los conceptos sobre el marxismo o el fascismo, ambos socialistas y que realiza el mal llamado socialismo bolivariano al legislar en contra del fascismo o de sus "expresiones similares" – como para que nada quede fuera de su ojo y arbitrariedad despótica – en nada se compadece con la realidad histórica de Venezuela. Sólo la ignorancia puede predicar la existencia entre los venezolanos de alguna "superioridad racial" entre sus gentes, menos la económica; pues a la par de ser la nuestra una sociedad integralmente mestizada, hecha de pobres que luchan por ascender, nuestros pocos ricos lo han sido de ocasión y no han durado más de una generación, y buena parte de ellos se hizo bajo la palmera de dictaduras y dictablandas. La siguiente siempre los ha despojado de lo mal habido y hasta de lo trabajado. Es la constante.

El único de prosapia, colonial, de cuna, heredero de fortunas, es, entre nosotros, el apellido Bolívar, descendiente del primer empresario autorizado para comprar 3.000 esclavos en África y traerlos al país, Simón de Bolívar el viejo. El resto son los hijos de la panadera, como los Miranda, o quienes fueran simples

- 351 -

dependientes de la Compañía Guipuzcoana antes de ser expulsada, trabajadores desclasados, pero al cabo hombres y mujeres de trabajo, nada más.

La única raza pura que se ha conformado a lo largo de las tres décadas precedentes son la élite de los «enchufados» y la corte del régimen despótico a la que aquella sirve con obsecuencia amoral y en línea diametralmente opuesta a la predominante decencia del pueblo venezolano, que es innovador y no le humilla trabajar a brazo partido. Lo saben nuestros emigrantes.

¿En qué quedamos, pues?

La condena y la criminalización que hoy se busca hacer, mediante una ley fascista que dice ser antifascista y en la que predominan sus entrelíneas, repito, es la de quienes, honrando los fundamentos de nuestra nacionalidad, adhieren a la cultura judeocristiana y son amantes de la libertad. Los venezolanos somos, en efecto, conservadores en lo moral y ahora se nos excluye por vía legislativa, mediante un apartheid, para enviarnos a las mazmorras.

El fascismo es patriotero, odia al disidente, es militarista, exige obedecer, elimina beneficios a quienes lo enfrentan, no respeta la dignidad humana, sus columnas son la corrupción y la mentira, controla fomentando el miedo, no rinde cuentas y ve a la religión y la cultura como enemigos a derrotar. Es la esencia de la ley antifascista, una vulgar aporía.

Creo, a pesar de ello y me repito, que lo que rige en Venezuela es un despotismo iletrado. En los totalitarismos marxista y fascista existe el Estado. Entre nosotros desapareció la república y la nación como su base necesaria se pulverizó, sustituyéndoselas por "el personalismo, la discrecionalidad, la hipocresía constitucional, la violencia, la corrupción, y el nepotismo", diría Linz, en el Diccionario de injusticias (Siglo XXI, 2022). Pero cabe oponerles, es de lo que se trata, el coraje de la desesperación. Es lo que ocurre en Venezuela, en su trance de paso.

Hacemos nuestra y a título epilogal, por ende y como llamado a la práctica del optimismo de la voluntad, la pertinente reflexión de Slavoj Zizek, filósofo y crítico cultural esloveno, para quien "el verdadero coraje no es imaginar una alternativa sino aceptar las consecuencias del hecho de que no hay una alternativa claramente discernible: el sueño de una alternativa es una señal de la cobardía teórica, sus funciones como un fetiche que evita que pensemos hasta el final de nuestro predicamento" ("Grecia, el coraje de la desesperanza", 2015). Todo está por hacerse y rehacerse en Venezuela.

Condado de Broward, 19 de junio de 2024

Asdrúbal AGUIAR A.

Miembro de la Real Academia Hispanoamericana de Ciencias, Artes y Letras de España, Cádiz

RECUPERAR A VENEZUELA*

* Texto editado y reducido de nuestra exposición virtual sobre Reencuentro social y reconstrucción de las instituciones, en el Seminario "El Humanismo Cristiano frente a los desafíos del presente", organizado por la Fundación Tomás Liscano y el Consejo Superior de la Democracia Cristiana para Venezuela.

Los odios y enconos entre quienes aspiran a dirigir a Venezuela sin antes destronar al mal que la posee y sin restañar lo que más importa, a saber, las heridas y laceraciones irrogadas a la nación que nos ha cobijado y nos desplaza en diáspora, son la prueba palmaria de su disolución.

La política doméstica es simulación en el teatro de la república, pues la democracia ni es arresto unitario de partidos coaligados para hacerse del poder, menos atropello de mayorías, así dominen en las justas electorales. Entre tanto, algunos creen resolver la disyuntiva entronizando memorias en una Venezuela que ha perdido la suya, o hacerlo a costa de maltratar o degradar otras memorias, como en un ajuste escatológico de cuentas con la historia. Huelga que cite nombres, pues todos los conocemos.

El diario de Sir Robert Ker Porter, que registra nuestro tiempo entre Carabobo y La Cosiata, revela que el clima de ayer se replica en el de ahora: "Poco respaldo se dan entre sí aquellos cuyo deber es el de ayudarse para hacer cumplir las leyes. Los celos, el egoísmo y la rapacidad pecuniaria son los motivos principales de la conducta de casi todos los empleados públicos", escribe el diplomático británico que diseñase el boceto de nuestro escudo patrio.

Se celebraba en esa Caracas de 1826 otro aniversario de la Independencia de la Colombia que nos integraba.

Reseña Ker Porter que todas las autoridades estaban colocadas frente al altar, y el prelado principal hizo un sermón político para la ocasión. Narra que en el centro de la gran plaza y en el friso que rodeaba a sus columnas pudo leer lo siguiente: "El 19 de abril trajo independencia, libertad, igualdad, tolerancia, justicia" y otras diez o doce virtudes más que supuestamente son los integrantes de una república pura", según lo estima el cronista. Y refiere líneas más abajo lo que le deja estupefacto: "Ni un grito de la gente". "En mi vida he visto semejante apatía en los espectadores de un festival tan importante y cuyas consecuencias, además, eran tan beneficiosas para ellos y para lo universal", dice.

No había nación, en efecto, como no la hay ahora. El proceso hacia Carabobo acabó con la que se mixturase durante los 300 años anteriores. La revolución bolivariana lo hace con la que rescatara de sus brazas y cenizas la república civil de Puntofijo.

En el año previo a lo descrito por la señalada crónica, en 1825, el Padre Libertador, Simón Bolívar, escandalizado y acaso contrito le escribe a su tío Esteban Palacios: "Ud. ha vuelto de entre los muertos a ver los estragos del tiempo inexorable, de la guerra cruel, de los hombres feroces... Los campos regados por el sudor de trescientos años han sido agostados por una fatal combinación de los meteoros y los crímenes". "Hasta 1936, la sociedad venezolana, el pueblo, era un personaje casi ausente, silencioso, que iba

VENEZUELA, EN LA ANTESALA DE LA HISTORIA

detrás del caballo del caudillo", comenta Ramón J. Velásquez. Y llegado el 2004, Hugo Chávez lo confirma: "Tenemos que demoler el viejo régimen a nivel ideológico... No son los hechos, no es la superficie lo que hay que transformar, es el hombre y empecemos por nosotros mismos".

Hablar de nación y plantearnos su reconstrucción como lo demandan los Obispos venezolanos, puede parecer una herejía. Significa hurgar en los valores que acaso nos han dado identidad o especificidad como pueblo de localidades, de diversidades culturales que hemos sido desde nuestro más lejano amanecer; realidades históricas que se fundieran en la noción de patria al momento de emanciparnos en 1810, ya que patria es saber ser libres como debemos serlo según la enseñanza de Miguel José Sanz. Y rehacer la nación, además, puede verse como un acto de suprema ingenuidad.

Un «quiebre epocal» estremece los cimientos de la civilización que nos da piso común y contiene nuestras diferencias, como también al proceso de civilidad democrática consensuado entre todas las vertientes del país, a partir de 1959. Vivimos, esta vez, en una hora y en un siglo signados por las ideas de la deconstrucción cultural y el final de los arraigos; de empeños por la totalización del género humano, en un contexto de virtualidad e instantaneidad que es negador del derecho a la cultura: que es arraigo, la cultura, en la localidad y culto por el tiempo que enlaza generaciones dejando causahabientes.

"De resultas se vive de hoy para mañana, se hace para deshacer, se obra para destruir, se piensa para embaucar", diría Cecilio Acosta si resucitase. Eso se lo expresa a Rufino J. Cuervo en su carta de 15 de febrero de 1878.

Rescatar nuestros valores y rehacer a la nación como posibilidad en la que creo, exige tener presente, entonces, que no se trata de la reconstitución de unos valores universalmente compartidos y que constan y se han repetido sucesivamente en nuestras constituciones, desde la primera, adoptada en 1811. Si ese fuese el caso, el cambiar o reformar nuestra horma constitucional, cabría decir que nos encontramos en la peor de las circunstancias. Quienes dicen representarnos y bregan por alcanzarnos la libertad que hemos perdido como pueblo sin lograrla, desde el plano de la república han hecho de la Constitución de 1999 su Talmud.

Bajo la Constitución de 1961 – lo dice su preámbulo – el propósito era "conservar y acrecer el patrimonio moral e histórico de la Nación, forjado por el pueblo en sus luchas por la libertad y la justicia y por el pensamiento y la acción de los grandes servidores de la patria, cuya expresión más alta es Simón Bolívar...". A todos podíamos rezarle. A don Andrés Bello o a Juan Germán Roscio, o al Precursor Francisco de Mirada o a todos los doctores de la Universidad de Caracas – la de Santa Rosa de Lima y del beato Tomás de Aquino – que hacían pleno en el Congreso que dicta nuestra Independencia; antes de que se lo maldijese desde Cartagena de Indias, en 1812.

La vigente, el pecado original de la generación que nos acompaña, en una suerte de regreso al limbo de nuestras tensiones agonales originarias o las de la guerra que justamente culmina en Carabobo – hitos ajenos a nuestra pacífica evolución reformista como nación de diversidades mixturadas hasta inicios del siglo XIX y durante la segunda mitad del siglo XX – privilegia el ejemplo histórico del Padre de la Patria. Invoca el sacrificio de nuestros aborígenes, como es legítimo.

Pero apenas alude a los precursores civiles y forjadores de una patria libre para luego purgarlos, por lo que prescribe a renglón seguido que el patrimonio moral y los valores de la república – léase bien, de la república, no de la nación – son los que predica "la doctrina de Simón Bolívar". El Estado es quien se ocupa de realizar ese mandato a través de los procesos educativos y, al efecto, es el llamado a desarrollarnos como personas. Nuestros proyectos de vida no nos pertenecen, de consiguiente. No por azar termina en frustración, a inicios del presente año y por ser un oxímoron, el intento de Transición hacia la Democracia, por presto a reivindicar los términos anteriores: "volver a la Constitución desde la propia Constitución para ofrecer un cauce ordenado y racional al inédito e inminente proceso de cambio político que ha comenzado en el país", prescribía el preámbulo de su derogado Estatuto.

A partir de 2019, con la pandemia que acelera y mineraliza nuestra única y explicable idea, la de sobrevivir y que provea el gobierno, que nos salve mientras la nación emigra, parece bastarle como habitáculo a las élites que se quedan y las que regresan, a saber, contar con una república de bodegones.

Enfatizo, por lo mismo, que sin nación no habrá república, menos experiencia democrática ni una electoral que sea posible por legítima. Vaciada de contenido humano, la república bolivariana es lo que es, únicamente, una vitrina para el narcisismo digital.

De allí mi primera consideración – base de mi discurso de incorporación a la Academia de Mérida que intitulé *La conciencia de Nación: Reconstrucción de las Raíces Venezolanas*. A sus párrafos me remito. Algunos, muy pocos, los releeré de seguidas, pues son un testimonio claro de mi acogida – con las enmiendas que sugiero – a lo que nos plantea la Conferencia Episcopal Venezolana, en Mensaje de su Presidencia de 24 de junio de 2021 que reza así:

"Refundar la nación, basada en los principios que constituyen la nacionalidad, inspirada en el testimonio de tantos hombres y mujeres que hicieron posible la Independencia, la tarea que nos concierne hoy y de cara al futuro es rehacer Venezuela, pero sin poner la mirada atrás con nostalgia. La herencia recibida nos permite seguir adelante y construir la Venezuela que la inmensa mayoría anhela y siente como tarea: donde predomine la justicia, la equidad, la fraternidad, la solidaridad, la unidad y la paz".

Estimo, así, que probablemente obligada por la fecha cuyo onomástico le sirviera de ocasión para su pronunciamiento, de seguidas, no sin provocar en mí una inicial reacción adversa, dicen nuestros Obispos lo siguiente:

VENEZUELA, EN LA ANTESALA DE LA HISTORIA

"Lejos de quedarnos sólo en los relatos y crónicas – sin duda alguna necesarios – se nos presenta la oportunidad de descubrir el significado de "Carabobo" para todos nosotros. En primer lugar, se trata de la reafirmación de un proceso anunciado el 19 de abril de 1810 e iniciado formalmente el 5 de julio de 1811 al firmarse el Acta de la Independencia. En segundo lugar, muestra la consolidación de la voluntad de hacer de Venezuela una Nación libre y soberana. A partir de ese acontecimiento comienza una etapa en la historia de Venezuela durante la cual se va construyendo la vida republicana que, con sus luces y sombras, desembocó en la experiencia ciudadana de la democracia".

A renglón seguido agrega el documento que, "desde el ayer hasta el hoy, Carabobo inspiró a muchos hombres y mujeres para diseñar los elementos constitutivos de la venezolanidad".

La cuestión se complica aún más después de la Exhortación Pastoral del Plenario de los Obispos, el 13 de enero de 2022. Titulada por los medios como "refundar la nación desde la ciudadanía", estiman los prelados que aquella implica "realizar negociaciones claras y justas en favor del pueblo; promover la familia y la educación; renovar los partidos políticos y los liderazgos que no han permitido un discernimiento político centrado en las exigencias actuales; todo esto haciendo uso de los mecanismos previstos en la Constitución Nacional y las leyes para resolver los problemas que humillan y cierran posibilidades de vivir con calidad y en Estado de Derecho".

Pues bien, como lo he sostenido y recalco, rehacer a la nación es una cosa y la más urgente. Otra es el debatir y hasta negociar los contenidos y cometidos de la república, sin mengua de que habrán de estar iluminados por valores fundantes e irrenunciables de la venezolanidad.

Este último comunicado del Episcopado, enhorabuena y en su párrafo de cierre, pone en orden al contexto y finalidades de su planteamiento clarificandolo al término: "Que Nuestra Señora de Coromoto, patrona de Venezuela, y el Beato José Gregorio Hernández, nos ayuden en la tarea de reeducar e inculcar los valores que nos identifican como nación, para que caminando juntos reconstruyamos el tejido social, que nos lleve a ser una Iglesia que promueva la cultura del encuentro, del amor, la justicia, la paz, la libertad".

Es este, justamente, el criterio rector de lo que a la sazón le propuso en 2005 a los argentinos el padre Jorge, entonces arzobispo de Buenos Aires, en su memorable opúsculo La nación por construir. Lo conservo dedicado, como si fuese un incunable. Desarrolla el Cardenal Bergoglio enseñanzas válidas para el momento agonal que atraviesa Venezuela y para la exégesis del planteamiento de nuestros Obispos.

"Un pueblo que no tiene memoria de sus raíces" pierde su identidad e importa programas de supervivencia", es su premisa. Agrega luego, que, al no poder hacer, por falto de raíces, "un análisis de la realidad que está viviendo, se atomiza, se fragmenta".

VENEZUELA, EN LA ANTESALA DE LA HISTORIA

Y sin raíces ni capacidad para entender su circunstancia, pierde el coraje ante el futuro, "es un pueblo fácilmente dominable".

La nación como idea y como realidad, en suma, la explica bien Fichte en la consideración que hace a sus compatriotas, los alemanes, en 1899, diluyendo, al paso el sentido excluyente de la raza, que en nuestro caso es – diría Vasconcelos y antes bien – un maravilloso mestizaje cósmico: "Quienquiera que crea en la cultura del espíritu y en su libertad y desee la eterna permanencia de esa cultura suprasensible mediante la libertad, ese, cualquiera sea el lugar de su origen y la lengua que hable, pertenece a nuestra raza y será nuestro", sostiene el discípulo de Kant.

No es sencillo, sin embargo, ayudar a una nación para que se reconstruya en sus raíces y avance luego hacia la ciudadanía en el marco de un ecosistema que hace presa de la Venezuela del instante. Al ser parte de la deconstrucción occidental, no pocos venezolanos han dado a Dios por muerto y todo lo relativizan. La maldad y la corrupción no le escandalizan.

Menos fácil lo es por cultivar nosotros la virtualidad y la instantaneidad desde mucho antes de que frisásemos a este siglo de Metaversos. Entre el fetichismo dinerario y la inmediatez de los logros que nos procurara el antaño Mito de El Dorado, renovado en el siglo XX, perdimos la memoria de nuestro ethos, de nuestro ser, aquél aquilatado y que hiciese posible nuestra emancipación en 1810.

He aquí, pues, la importancia actual de esta empresa que nos convoca, la de reconstruir a la nación. Y una imagen me basta y espero nos baste para entender de lo que hablamos, de su hondo calado espiritual y del alcance que habremos de otorgar a nuestro empeño.

Llegado a nuestras tierras hace más de 65 años, al recibir el Premio Sabino Arana Saria 2021 que se le otorgara en su país de origen al "hijo que se fue de casa", desde su experiencia euskera el sacerdote jesuita y antiguo rector de nuestra Universidad Católica Andrés Bello, Luis Ugalde, cuenta lo siguiente:

"Aquí aparece una gran deuda mía, el caserío vasco, que no es una simple construcción de piedra sin corazón y sin fuego de hogar. Ahí están mis raíces vividas desde niño en los años duros de la fratricida e incivil guerra y posguerra española… La economía del caserío vasco era una suma de muchos pocos para lograr la subsistencia con el trabajo de toda la familia… Ningún trabajo me fue ajeno… En ese caserío de corazón y de fuego aprendí a no rendirme ante las dificultades, sino vencerlas con trabajo y tenacidad… Por eso, en esta rendición de cuentas hoy, confieso que todo lo debo a mis raíces plantadas en el caserío de Moiua Torre de familia extendida, de 8 hermanos, padres y abuelos, y varios tíos…; raíces y tronco luego plantados por Ignacio y Javier con la savia de Jesús que nos ilumina y enseña sembrarnos como granos de trigo en tierra venezolana y renacer sin fronteras para en todo amar y servir".

Reconstruir la nación, en fin, no se reduce a un desafío constitucional, sólo resoluble convocando constituyentes. Se trata de facilitar el reencuentro entre los nuestros, alrededor del fogón de nuestras familias o de la dicharachera tertulia con los vecinos de siempre, nuestros amigos olvidados, mirando hacia atrás antes de que volvamos a situar nuestra mirada sobre el horizonte de la patria.

Refundar a la nación, reencontrarnos con nuestras raíces, con las formantes de nuestro ethos hecho conciencia, encarnado, y constatar si aquellas lograron afirmarse y trasegar o se conservan latentes por sobre el promontorio de nuestros desencuentros intestinos, tiene un propósito existencial. Es un acto de propósito subversivo, a saber, revertir, como lo creo, el daño antropológico al que hemos estado expuestos. Lo actual, gústenos o no, es como el río que llega al mar para diluirse tras su larga travesía.

Los libertadores nuestros – de quienes separo a nuestra Ilustración pionera – ven a esta como una desviación u obstáculo en el camino hacia la libertad, en los términos que ellos la entienden: como neta separación de la Corona.

El tránsito que nos conducirá desde la caída de la Primera República hasta Carabobo y desde Carabobo hasta 1830, será el arco temporal que conjurará a la república naciente y al liberalismo criollo originario, reduciendo la cuestión venezolana al cambio de monarcas por caudillos, a cuyo efecto se desmiembra la Gran Colombia una vez como el constituyente boliviano de 1826 – Bolívar ante la crisis – pide la presidencia vitalicia y a la vicepresidencia como una heredera forzosa. Hugo Chávez Frías y Nicolás Maduro Moros recrearán esta obra y la escenificarán 186 años más tarde.

Es este, pues, el nudo gordiano que cabe desatar y desentrañar como madeja a fin de redescubrir lo distinto de lo repetido y acaso desvirtuado o impreso de modo indeleble en los genes republicanos nuestros, ganados para los mitos y negados a la utopía; que nos hacen proclives, cabe machacarlo, al hombre prometeico y para afirmar con ello nuestros complejos coloniales. Estos nos niegan, aún, el vivir con plenitud la experiencia de una libertad social y política responsable, nos evitan ser nación y patria cabales.

Nuestra diversidad local, como espíritu que de hecho aún subyace en lo venezolano a pesar del renovado centralismo político que se nos ha impuesto, es la prolongación de la tormenta de miríadas de naciones originarias que fuimos al principio, luego recogidas en pueblos de doctrina y localizadas. Éramos naciones varias y nómadas, poseídas unas veces con pasión, otras con violencia, y entre ellas mismas, unas con las otras; luego se les sumarán las migraciones llegadas desde tierras lejanas: desde Hispania y el África. Esa es la base y la fuente, en suma, de nuestra cultura sincrética que nos sitúa como realidad de presente invariable y de un Ser que aspiramos siempre a serlo. Por lo mismo, repito, permanecemos inacabados, como adanes.

En línea con lo aspirado por la Conferencia Episcopal, la búsqueda de nuestras raíces ha de quedar atada a una clara postura antropológica, no desasida del salto tecnológico que todo lo condiciona en la hora. No por azar ha dicho esta – cabe reiterarlo – que la refundación de la nación debe realizarse sumando la praxis a las ideas, bajo "los criterios de la ciudadanía e iluminados por los principios del Evangelio".

No se olvide que nuestra primera constituyente histórica, lo afirmo así en mi poco conocido libro La mano de Dios: Huellas de la Venezuela extraviada, es la que se reúne en la Caracas de 1697, convocada por Diego de Baños y Sotomayor, en la Santa Iglesia Catedral, para el Obispado de Venezuela y Santiago de León. Al efecto se adoptan las Constituciones sinodales, una suerte de código de derecho canónico que abarca con su fuero al mundo civil, formándose asamblea con el gobernador y Capitán General de la Provincia y algunos diputados de aquella gobernación.

Esto me lleva a un epílogo necesario, a saber y para que haya "voluntad de nación" – que al cabo habrá de expresarse luego en nuestra Constitución, otra distinta de la actual – se requiere de nación, y ella ha desaparecido, debemos reconstruirla. Sin nación no hay república, repito, salvo una mendaz e imaginaria.

Finalizó con una pregunta necesaria, a la que habremos de encontrarle respuesta cada uno de nosotros, desde nuestros fueros íntimos y que la formulo en mi señalado libro sobre nuestros primeros 300 años desde cuando se nos bautizase como la Pequeña Venecia:

¿Existió – fuera del Estado y los partidos, o los cuarteles – una identidad o espíritu venezolano en algún momento de nuestro trasiego histórico multisecular, que nos sirva de ancla o sea émulo dentro de una realidad que como la nuestra termina sus días en una suma forzada o arrejunto de grupos, intereses, y egoísmos, donde la mayoría se hizo diáspora de desplazados, hacia adentro y hacia afuera?

Esa es la interrogante que en lo personal me mortifica a diario y la que todos, como venezolanos– hemos de responder ante nuestras conciencias, antes de asumir el sagrado compromiso de ponernos la patria al hombro y reconstituirnos.

Universidad Monteávila,
Caracas, 22 de febrero de 2023

Epílogo

Las páginas de este libro nos dejan la acuciante y en ocasiones brusca sensación de haber repasado los fogonazos de una historia, por lo demás tan reciente, tan brutalmente fresca, como que aún discurre sin acabar jamás, examen en el cual, con el más simple de los esfuerzos, o apenas sin él, se detectan, intactas, las huellas y hasta las claves para la comprensión de nuestro enrevesado presente venezolano.

Venezuela, en la antesala de la historia, del doctor Asdrúbal Aguiar, quien hace aquí, una vez más, gala espléndida de erudición, insomne capacidad analítica y entrañable amor por esta patria indecisa, imprecisa, tan por hacer, es, aparte de una obra literaria de excepcional valía, un ejercicio intelectual que no se queda en el éter exquisito de la idea, ni en el culto y por tanto selecto debate académico; completa, en cambio, el acierto de ir más allá, al descender como el Dante hasta los fosos donde se refocilan de sus fechorías los demonios que, aún en este día, imposibilitan con grotesco despliegue todo acceso a la modernidad, a la paz, y al progreso sostenido de una nación herida en lo más sagrado de su dignidad.

Es que eso de reservar espacio, y ánimos, para releer, o repensar, puestos de cara a los espejos y espejismos del pasado, a las liviandades del presente, y, sobre todo, con proyección al modelo de Venezuela que se nos asome ideal, hacia el futuro; en fin, meditar respecto a esa compleja visión de nuestro cosmos, y de nuestro destino, es, de entrada, en estos tiempos que corren, una tarea que ha caído en desuso, de forma dolorosa y dolosa.

No estamos, ahora, en Venezuela, más que para cavilar en torno a asuntos de doméstica y pedestre urgencia. Según el rabioso dogma oficial, hace rato dejamos de ser ciudadanos y el trato que se nos da, es el que corresponde a una masa informe, serial, sin identidad. El modelo de igualdad que nos imponen, a la fuerza, solo anticipa miseria, nos tira hacia abajo, o nos avienta al destierro. La ley, que en materia de derechos humanos no podría ser más regresiva, proscribe la inteligencia y el éxito que se apoya en el mérito y en el esfuerzo creador, para premiar, con todas las pompas del descaro, el golpe logrero que se escuda en la sumisión y medra en la connivencia del saqueo.

Y siendo ese, en el fondo, el marco de una de nuestras peores tragedias, sin embargo, permanece solapado por la cruda presencia de otros dramas, que parecen más cotidianos, más de carne y hueso. También el siglo XXI tarda en despuntar para los rehenes de un atajo de bestiales mafias globalizadas, atraídas y con carta de nacionalidad expedida por una tiranía que lleva un cuarto de siglo invocando una doctrina tantas veces desmentida, en diversas latitudes, a precio de hambre, atraso y exterminio.

VENEZUELA, EN LA ANTESALA DE LA HISTORIA

La generación de venezolanos que ahora se levanta, carente de toda referencia vivencial sobre las bondades de la democracia y lo esencial de la libertad, encuentra cada vez menos acopio argumental, crítico, para rebelarse ante ese cuadro espectral que ensombrece, en suma, nuestro acervo social, cultural. Los rasgos de esa fatalidad, siniestra como todas las fatalidades, se perfilan ahí, desafiantes; pero la entera conciencia ciudadana de semejante trance es postergada por el apremio diario, urgente, del acto de sobrevivir, en absoluta y lacerante indefensión, la solitaria gesta de sortear los avatares de una catástrofe económica programada desde el Estado, a punta de desalentar toda iniciativa de prosperidad y superación, en la deshumanizada hipótesis de que a los propósitos de la conveniente sumisión, el pobre debe seguir siendo pobre, ante el riesgo de que "se vuelva de derecha". Disimula la cara de esa vasta desolación, en una palabra, la encarnizada lucha por el pan material de esta hora, alternada con la desazón colectiva diseminada, día tras día, por la más reciente provocación del poder.

Está claro, entonces, que, eso mismo que a millones de compatriotas exaspera, y humilla, es el ambiente perfecto para las ambiciones sojuzgadoras del régimen. Porque a la ruina física sigue el agostamiento de toda empresa del pensamiento. La cadena inicia con el dramático colapso del sistema educativo. Según cifras del Instituto Nacional de Estadísticas, desde el año 2016 han cerrado 1.275 planteles, públicos y privados, mientras que el Observatorio de la Educación advierte que 59% de las escuelas presentan daños en su infraestructura. En tanto, la galopante

- 373 -

deserción de educadores y alumnos acaso merece una distraída mirada gubernamental. Es que la mala educación, la procacidad, la fobia a todo cuanto entrañe cultura y buen gusto, el desplante burlón y el más vulgar de los cinismos, parecieran signos distintivos de quienes detentan el poder, con impúdicos bríos de perpetuidad. El hostigamiento sistemático a la prensa, la consagración de la censura y el cierre incesante de medios, han condicionado la divulgación de la noticia y suprimido los espacios de opinión, reforzando la desinformación, lo cual a su vez despeja aviesos caminos a la verdad única, valga decir, a la mentira oficial. Aunado a ello, ahí está la penosa languidez de la industria editorial, que muere sin más cortejo que un indiferente silencio. Las librerías representan hoy en día un prehistórico milagro de ilustración. Ni que hablar de la preterida seducción plástica del teatro, de las ferias de libros. En la Venezuela revolucionaria pensar está prohibido, leer es cosa baldía y opinar, oficio temerario. Aquí no se lee más que los infamantes caracteres plagados de bulos que saturan las redes sociales.

En medio de ese desolador contexto, y particularmente en el curso de esta desguarnecida hora histórica, nos llega la prudente convocatoria del doctor Aguiar a la relectura de Venezuela. La recibimos, justo cuando nos encontramos inmersos en los procelosos desafíos de un hito electoral que, Dios así lo quiera, podría ser luminoso, la ansiada luz al final del túnel, o encaminarnos, al menos, en pos de ella. De manos tan diestras como las de José Gil Fortoul, Mariano Picón Salas, José Rafael Pocaterra, Fermín Toro y Arístides Rojas, entre otros notables intelectuales cuya

VENEZUELA, EN LA ANTESALA DE LA HISTORIA

sola mención refrenda la robustez del análisis, el autor de estos penetrantes ensayos y de un discurso de incorporación a la Real Academia Hispanoamericana, en el seno de esa Cádiz tan próxima a una herida venezolana que no ha sanado, nos ha puesto a escuchar, en ocasiones con turbadora nitidez, los ecos que devuelve la memoria histórica de este país secularmente "descuadernado", en la expresión del propio doctor Aguiar, animado como está, él, por la intención de indagar por qué somos como somos.

Sorprende la puntual recurrencia de coyunturas, así como la adopción de posturas parejas, ayer como ahora mismo. Las frases exactas, sin quitarle una coma, proferidas por Fermín Toro en carta al Páez dictador, para recriminarle los abusos perpetrados por un "poder absoluto, arbitrario y tenebroso, que todo lo demuele y nada crea", le ajustarían al déspota Nicolás Maduro, quien, en esta fecha, ni siquiera se toma la molestia de despejar las dudas que gravitan sobre su nacionalidad, tan entredicha como su legitimidad.

La sensación de compartir una patria inacabada, desmemoriada, ha echado raíz. Seguimos siendo, de alguna forma, ese "cuero seco" descrito por Picón Salas. ¿Feneció un solo instante la fuga, la evasión como cultura? ¿Ha perdido vigencia, acaso, el reclamo de Miguel José Sanz de aprender a ser libres? ¿O la sentencia lapidaria de Lisandro Alvarado, quien concluyera que el venezolano no tiene clara comprensión sobre el valor de la libertad y el sentido de la ciudadanía? ¿Se agotó ya la tendencia a buscar mesías para crucificarlos pronto? ¿Ha variado en algo la eterna busca de un culpable, anotada por Aguiar? Basta

- 375 -

alargar un poco la vista para tropezarnos, ahora, con la insepulta medianía oronda, con el mismo narcisismo, la misma feria de egos, el mismo mural de intrigas, denunciados desde cuando se forjaba nuestra nacionalidad, extravíos que han torpedeado también en estos tiempos presentes el arribo a la unidad necesaria, entre los demócratas, en aras de empinarse, deponer cálculos mezquinos y recobrar, mediante el concurso de todos, el extraviado y tantas veces retorcido Estado de Derecho.

Pero el ejercicio de releer a Venezuela, para que ciertamente sea fecundo, no ha de reducirse a la flagelante insensatez de acomplejarnos por causa de nuestros innegables lunares del pasado. El llamado de atención del doctor Aguiar a comprender, implica descubrir y cultivar las innúmeras fortalezas que abriga el alma del venezolano y reconocer, a conciencia, sin apelar a excusas y movidos más bien por sincera vocación de enmienda, aquello en que hemos fallado como sociedad. Nuestros anales ofrecen una riquísima provisión de señeros ejemplos, para la inspiración. Cada absolutismo ha encontrado respuesta civilizada. Cada Carujo ha tenido que vérselas con su Vargas. Cada Pérez Jiménez, con el pastor que le mande a decir: "El pueblo los odia, los detesta". La proverbial nobleza del hombre y la mujer de esta tierra, su propensión a la concordia, a la solidaridad manifiesta; la risueña chispa del común de nuestra gente, capaz de reír hasta de su propia desgracia; la resistencia que los jóvenes demostraron, llegando a la inmolación, en los escenarios decretados por la intolerancia oficial y al probar el amargo fruto de la diáspora; la religiosidad tan arraigada en la más ancha extensión de nuestra geografía, esa intuitiva pasión por la libertad alojada en nuestra psiquis, todo ese invaluable bagaje representa preciosa arcilla moral susceptible de que le sea insuflado aliento para el prodigio de la edificación definitiva de la patria irredenta, dejada pendiente, inacabada, portátil, desde nuestra génesis como república.

Formar al venezolano para el ejercicio pleno y consistente de la libertad, entendida como alhaja a ser labrada día a día, sin épicas ni fugaces relumbrones; educar con la palabra y el ejemplo al demócrata, al ciudadano en ejercicio, para que la democracia deje de ser el mismo tembladeral de siempre; sembrar desde el aula y en el hogar valores sin los cuales toda sociedad no pasa de ser una jungla; enseñar que el delito, el abuso, el uso de la fuerza y de la ventaja, no son procederes normales, aceptables; he allí la tarea que esta generación y las próximas tendrán por delante. El pueblo venezolano lo ha logrado cada vez que ha sido conducido con sabiduría y templanza. Hoy mismo, frente al compromiso comicial del 28 de julio, está latente aquello que en palabras del doctor Aguiar, sintetiza la "esperanza de hacer historia nueva sobre las cenizas de una tradición nunca acabada".

Barquisimeto, Lara, Venezuela, 1° mayo de 2024

José Ángel Ocanto
Periodista, exdirector de redacción del diario El Impulso

ÍNDICE ONOMÁSTICO

A

A. L. Guzmán, 119
Abel Romero Villate, 257
Adam Smith, 85
Aguilar Mawsdley, 221
Agustín de Hipona, 77
Alberto Fujimori, 32, 56
Alberto Ruiz González, 269
Alfredo Tarre Murzi, 276
Alí Chalbaud Godoy, 267
Allan R. Brewer Carías, 51, 52, 91, 156, 401, 402
Ambrosio Oropeza, 298
Américo Martín, 290
Américo Serritiello, 269
Anastasio Somoza, 235

Andrés Bello, 9, 78, 82, 88, 89, 138, 157, 185, 214, 238, 248, 360, 366, 403
Andrés Eloy Blanco, 54, 142, 236
Andrés Narvarte, 114, 138
Antero Rosales, 267
Antonio Arráiz, 96, 144
Antonio Leocadio Guzmán, 36, 87, 104, 113, 115, 137, 175
Antonio María Colmenares, 267
Antonio Pérez Vivas, 239, 261
Arbeláez, 234
Arcadio Delgado Rosales, 63
Argelia Laya, 263

Arístides Rojas, 35, 106, 107, 374
Armando Zuloaga Blanco, 277
Arturo Uslar Pietri, 185, 225, 240, 244, 284, 298
Asdrúbal Aguiar, 5, 6, 16, 17, 19, 371
Atilano Carnevali, 236
Aureliano Otañez, 235
Axel Capriles, 197
Azael Valero, 292

B

Baltazar Padrón, 87
Beato Tomás de Aquino, 23, 51, 75
Bettino Craxi, 38

C

Cantalicio Mapanare, 153, 154
Cardenal Baltazar Porras, 243
Cardenal Caggiano, 241
Carlos Andrés Pérez, 25, 38, 42, 43, 44, 45, 46, 47, 48, 53, 54, 57, 140, 152, 185, 195, 213, 215, 220, 221, 223, 229, 230, 233, 234, 235, 236, 237, 238, 239, 240, 245, 250, 251, 252, 254, 255, 256, 257, 258, 261, 262, 267, 278, 290, 291, 298, 376, 396
Carlos Delgado Chalbaud, 53
Carlos Eduardo Frías, 277
Carlos Febres Poveda, 298
Carlos Lleras Restrepo, 291
Carlos Navas Spinola, 92
Carlos Peña Uslar, 29
Carlos Quintero Florido, 267
Carlos Romero Zuloaga, 215
Carlos Soublette, 114, 176
Carlos Toranzo Montero, 235
Cecilio Acosta, 217, 360
Ceresole, 32, 59
César Camejo, 29
César Gaviria, 59
César Rondón Lovera, 295
César Zumeta, 132, 133, 177
Cipriano Castro, 69, 70, 80, 92, 130, 155, 165, 218

Clemente Sánchez
  Valderrama, 266, 267
Colin Crouch, 33
Cristina Kirchner, 68
Cristóbal Mendoza, 87,
  138

D

Dante Caputo, 33
De Coquille, 36
Delfín A. Aguilera, 204
Díaz Sánchez, 207, 223,
  227, 240
Diego Bautista Urbaneja,
  87, 137
Diego de Osorio Ville-
  gas, 106, 145
Diego Ibarra, 117, 260
Diderot, 85
Diosdado Cabello, 58, 63
Domingo A. Olavarría,
  104
Domingo Alberto Ran-
  gel, 260, 283, 290
Domingo Briceño, 87
Domingo Casanovas,
  207
Domingo Magnani, 112
Domingo Monteverde,
  81, 82, 91, 161
Donald Trump, 68

E

Edgar Duhamel Espi-
  noza, 266, 267
Edgar Trujillo Echeva-
  rría, 266
Edgard Sanabria, 53, 152,
  155, 251, 269, 270, 273
Edito Ramírez, 292
Elbano Provenzali Here-
  dia, 298
Eleazar López Contre-
  ras, 54, 214, 265, 297
Elías Pino Iturrieta, 35,
  167
Eloy G. González, 129
Eloy Torres, 295
Elpidio La Riva, 298
Elpidio Rodríguez, 292
Enrique Aristeguieta
  Gramko, 253, 255
Enrique Cabezas, 267
Enrique Capriles, 46
Enrique José Olaizola
  Rodríguez, 269
Erasmo Contreras Vito,
  94, 294
Ernest Hemingway, 129
Ernesto Mayz Vallenilla,
  210
Ernesto Wolf, 151

Esteban Palacios, 110, 247, 358

Eugenio Mendoza, 257, 265

F

F. Carsi Zacarés, 215

Fabio Larrazábal, 262

Faustino Rodríguez Bausa, 253

Felipe Tejera, 128

Felipe V 93

Félix Acosta, 292

Fermín Toro, 87, 88, 137, 173, 175, 274, 374, 375

Fernando de Peñalver, 87, 138

Fernando Vegas Torrealba, 62

Fernando VII, 107, 144, 158, 189

Fidel Castro, 12, 29, 40, 272, 275, 282, 293

Fortunato Herrera, 239

Francisco Arias Cárdenas, 46

Francisco de Miranda, 25, 106, 126, 185, 188

Francisco Espejo, 138

Francisco González Guinan, 92

Francisco Isnardi, 79

Francisco Javier Ustáriz, 87, 138

Francisco Pavón, 267

Francisco Xavier Yanes, 87, 137, 138, 146

François Ciavaldini Ortega, 258

Fulgencio Batista, 275

G

G.T. Villegas-Pulido, 215

Gabriel García Márquez, 242, 248

Gabriel Quintero Luzardo, 290

Gaviria, 60

Germán Briceño Ferrigni, 298

Germán Suárez Flamerich, 152

Giambattista Vico, 132

Gil Fortoul, 103, 104, 110, 111, 112, 113, 116, 117, 118, 119, 120, 121, 156, 161, 187, 204

Giulio Andreotti, 38

Godofredo González, 253, 298

Gonzalo Barrios, 204, 268, 298

Gonzalo García Bustillos, 253

Gregorio Rivas Otero, 263

Guillermo Burke, 171

Guillermo Cordido Rodríguez, 261

Guillermo García Ponce, 255, 298

Guillermo Morón, 126

Guillermo Pacanins, 261

Gumersindo Rodríguez, 290

Gustavo Machado, 260, 261, 298

Gustavo Petro, 30

Guzmán Blanco, 25, 36, 50, 104, 110, 175, 216, 217

H

Héctor D'Lima Polanco, 269

Héctor Parra Márquez, 131

Héctor Santaella, 276

Helí Colombani, 290

Herman Escarrá Quintana, 292

Hernández Chapellín, 242

Hippolyte Taine, 157

Hugo Chávez Frías, 27, 28, 29, 30, 31, 32, 33, 34, 35, 38, 39, 40, 42, 43, 44, 45, 46, 48, 49, 50, 54, 55, 56, 57, 58, 59, 60, 61, 63, 64, 65, 66, 67, 68, 69, 147, 158, 164, 184, 195, 197, 205, 292, 359, 368, 402

Hugo Trejo, 238, 252

I

Ignacio Andrade, 152

Ignacio Iribarren Borges, 276

Ignacio Luis Arcaya, 259, 268, 293

Irma Felizola, 259

Isaac J. Pardo, 277

Isabel Carmona, 263, 290

Isaías Medina Angarita, 54, 236

J

J. L. Silva, 117

J. M. Melo, 117

J. Muñoz Tébar, 101

J.L. Llamozas, 118

Jaime Lusinchi, 37, 195

Jerónima Ugueto, 262

Jesús Carmona, 253

Jesús Faría, 298

Jesús María Castro León, 255, 265, 290

Jesús Petit Da Costa, 253, 290

Jesús Sanoja Hernández, 127

Jesús Valdivia Celis, 292

Jimmy Carter, 59

Joaquín Balaguer, 292

Jorge Basulto Guillén, 235

Jorge Dáger, 290

Jorge Olavarría, 34

José Antonio Páez, 27, 35, 36, 47, 52, 87, 105, 111, 112, 114, 115, 116, 118, 119, 120, 121, 158, 166, 173, 174, 175, 176, 212, 216, 238, 239, 242, 261, 264, 375

José Cortés de Madariaga, 138

José de Vasconcelos, 143

José de Sata, 87

José Elí Mendoza Méndez, 266, 267

José Félix Sosa, 138

José Gil Fortoul, 95, 99, 101, 121, 135, 152, 155, 177, 185, 374

José Gregorio Contreras, 294

José Humberto Paparoni, 282

José Isabel Correa, 266

José Isabel Gutiérrez Rodríguez, 267

José Joaquín Palacios, 29

José Ladislao Andara, 178

José Lax, 89

José Luis Aguilar Gorrondona, 50

José Luis Rodríguez Zapatero, 68

José Manzo González, 295

José María de Rojas, 112, 119

José María Font, 103

José María Galavis Cardier, 269

José Maria Vargas, 47, 65, 87, 101, 112, 114, 116, 117, 137, 138, 142, 152, 253, 270, 376

José Miguel Insulza, 62

José Muci Abraham, 220

José Rodríguez Iturbe, 5, 11, 19, 253

José Tadeo Monagas, 25, 110, 111

José Trinidad Rojas Contreras, 267

José Vicente Fossi, 294

José Vicente Unda, 138

Josué López Henríquez, 266, 292

Jóvito Villalba, 37, 52 84,, 163, 250, 260, 265, 268, 277, 298, 299

Juan Antonio Rodríguez, 79
Juan Álvarez, 107
Juan Baillio, 111
Juan Bautista Calcaño, 87, 90
Juan Bautista Picornell, 88
Juan de Dios Moncada Vidal, 266, 267
Juan Domingo Perón, 235, 262
Juan Escalona, 87
Juan Francisco de León, 89, 109
Juan Germán Roscio, 84, 87, 138, 167, 209, 360
Juan Javier Mijares de Solórzano y Pacheco, 107
Juan Merchán López, 266, 267
Juan Pablo Rojas Paúl, 152
Juan Tomás Díaz, 292
Juan Vicente Gómez, 54, 84, 122, 130, 140, 154, 189, 261, 262, 277, 288
Juan Vicente González, 137
Julio Diez, 273
Julio Santiago Azpúrua,, 261, 264
Julio Vásquez, 215

Jürgen Habermas, 208
Juvenal Zabala, 292

K

Karl Schmidt, 83

L

Lander, 146, 147, 173, 260
Laureano Vallenilla Lanz, 36, 84, 109, 121, 156, 164, 177, 212, 261
Leonardo Altuve Carrillo, 263
Leonor Mirabal, 263
Leopoldo López, 46
Lino Martínez, 290
Lino de Clemente, 87
Lisandro Alvarado, 126, 129, 375
López Méndez, 87, 138
López Porras, 292
Lorenzo Fernández, 253, 259, 268, 297
Lorenzo Mercado, 292
López Méndez, 138
Luis Alberto Vivas Ramírez, 267
Luis Álvarez Veitía, 292
Luis Augusto Dubuc, 260
Luis Barahona Jiménez, 96

Luis Beltrán Prieto Figueroa, 285, 295, 297
Luis Cabrera Sifontes, 292
Luis Castro Leiva, 148
Luis Evencio Carrillo, 266
Luis Gerónimo Pietri, 214
Luis Guillermo Arcay, 215
Luis Hernández Solís, 298
Luis Herrera Campins, 195
Luis Ignacio Mendoza, 87, 138
Luis José Silva Luongo, 236
Luis Level de Goda, 105
Luis Miquilena, 204, 267, 298
Luis Sanojo, 203, 217
Luis Ugalde, 366
Luiz Inácio Lula da Silva, 29, 60, 68
Locke, 85

M

Manuel Alfredo Azuaje Ortega, 267
Manuel Azuaje Ortega, 266

Manuel Bustos Rodríguez, 51
Manuel Cadenas Delgado, 217
Manuel Cortés Campomanes, 89
Manuel Díaz Rodríguez, 178

Manuel Felipe de Tovar, 113, 152, 175
Manuel López Rivas, 268
Manuel R. Egaña, 259
Manuel Silva Guillén, 267
Manuel Valls, 66
Marcos Pérez Jiménez, 25, 44, 233, 239, 240, 245, 251, 252, 261, 262, 396
María Corina Machado, 46, 70, 77
Mariano Picón-Salas, 23, 24, 25, 26, 28, 34, 41, 42, 48, 70, 71, 137, 144, 153, 157, 169, 170, 218, 219, 374, 375
Mario Briceño Iragorry, 9, 95, 266
Mario Plaza Ponte, 29
Martí, 30

Martín de Tovar y
  Blanco, 87, 107
Martín Parada, 238, 252,
  266, 290
Martín Tovar Ponte, 107,
  138
Medina Angarita, 259
Michel Foucault, 49
Miguel Acosta Saignes,
  277
Miguel de Unamuno, 141
Miguel J. Sanz, 26, 75,
  76, 77, 78, 82, 138, 242,
  249, 359, 375, 387
Miguel Moreno, 263
Miguel Otero Silva, 240,
  259, 278
Miguel Peña, 138
Mijares de Solórzano,
  107
Moisés Gamero, 255
Moisés Moleiro, 290
Moncada Vidal, 266
Monseñor Hortensio Ca-
  rrillo, 243
Monseñor Jesús María
  Pellín, 243
Monseñor Moncada, 242
Montesquieu, 85
Muamar El Gadafi, 58
Muñoz Tébar, 103

N

Néstor Prato, 261
Nicolás Maduro Moros,
  30, 31, 39, 42, 63, 66,
  69, 147, 368, 375, 402
Norberto Bobbio, 288
Norberto Ceresole, 32
Numa Quevedo, 259,
  263

O

Octavio Lepage, 298
Orlando Araujo, 80
Orlando Tovar, 298
Oscar Mazzei, 233
Oscar Tamayo Suárez,
  293
Osvaldo Hurtado, 32,
  149
Oswaldo Graziani
  Fariñas, 266, 267

P

Pablo Rojas Paúl, 217
Pablo Salas Castillo, 261
Paco Cabrera, 284
Padre Álvarez, 242
Padre Barnola, 242
Padre Hernández Cha-
  pellín, 242

Padre Osiglia, 242
Pedro Carujo, 117, 142
Pedro Emilio Coll, 144
Pedro Estrada, 238, 240,
  255, 261
Pedro Grases, 89
Pedro Gual, 138, 152,
  203
Pedro Gutiérrez Alfaro,
  239
Pedro J. Rodríguez Ba-
  rroeta, 29
Pedro José Rojas, 137
Pedro Juliac, 29
Pedro Manuel Arcaya,
  121, 130, 177, 178, 220,
  266
Pedro Ortega Díaz, 298
Pedro Paúl Bello, 12,
  181, 183, 184, 186, 188,
  189, 190, 192, 193, 194,
  196, 197, 198, 199
Pino Iturrieta, 175, 176,
  177
Plácido Daniel Rodrí-
  guez Rivero, 131
Pompeyo Márquez, 261
Ponte, 36, 107, 138

R

Rafael Ángel Castillo, 29
Rafael Arias Blanco, 237,
  241, 282

Rafael Caldera, 37, 38,
  42, 43, 44, 45, 46, 47,
  48, 53, 56, 84, 95, 132,
  163, 165, 166, 177, 185,
  194, 242, 250, 254, 260,
  261, 265, 266, 268, 269,
  272, 275, 279, 293, 296,
  298, 299
Rafael Correa, 68
Rafael González Winde-
  voxchel, 267
Rafael Heredia Peña,
  263
Rafael Marcelo Pacheco,
  267
Rafael Pinzón, 261
Rafael Pizani, 264, 265
Rafael Pocaterra, 41, 154,
  185, 236, 278, 374
Raimundo Andueza
  Palacio, 152
Ramón Escovar Salom,
  298
Ramón Hernández Feo,
  217
Ramón Ignacio Méndez,
  87, 121
Ramón J. Velásquez, 38,
  46, 252, 280, 359
Ramón Rodríguez Cha-
  cín, 64
Raúl Leoni, 29, 53, 194,
  259, 260, 268, 277, 295,
  296, 297

VENEZUELA, EN LA ANTESALA DE LA HISTORIA

Raúl Ramos Jiménez, 295
Raúl Salazar Rodríguez, 65
Raúl Soulés Baldó, 239
Remberto Uzcátegui, 253
Ricardo Montilla, 29
Robert Ker Porter, 145, 357
Roberto Casanova, 257
Roberto Moreán Soto, 243
Roberto Smith, 92
Roberto Viciano, 68
Rodrigo Castro Orellana, 49
Rodríguez Iturbe, 255, 256
Rodríguez Rivero, 131, 132, 133
Rojas Pinilla, 234
Romero Villate, 258
Rómulo Betancourt, 29, 30, 36, 37, 52, 84, 152, 163, 164, 166, 185, 189, 194, 237, 244, 249, 254, 260, 262, 263, 265, 266, 267, 268, 269, 270, 272, 273, 276, 277, 278, 279, 280, 282, 283, 284, 285, 286, 287, 289, 290, 291, 293, 295, 296, 297, 298, 299

Rómulo Fernández, 238, 256
Rómulo Gallegos, 53, 79, 144, 152, 162, 185, 245, 260, 262, 265, 276, 297
Rómulo Henríquez, 290
Rosa de Ratto, 263
Rousseau, 85, 207
Rufino Blanco Fombona, 127, 178

S

S. Xavier, 107
Sadam Hussein, 58
Sanabria, 251, 258, 265, 269, 271, 272, 273, 276
Sandino, 30
Santos Michelena, 87, 137
Saverio Barbarito, 253
Sebastián Andrés, 89
Sebastián de Miranda, 36
Silvestre Ortiz Bucarán, 255
Silvio Gutiérrez, 261
Simón Alberto Consalvi, 141, 277
Simón Betancourt, 29
Simon Bolívar, 25, 26, 29, 30, 36, 55, 59, 61, 63, 81, 82, 105, 106, 107, 110, 116, 119, 121, 127, 128, 130, 139, 143, 144,

145, 146, 150, 157, 158, 160, 161, 162, 164, 169, 171, 172, 189, 192, 247, 260, 290, 358, 360, 361, 367, 395
Simón Sáez, 290

T

Teodoro Petkoff, 295
Tomás J. Sanabria, 113, 138
Tomás Lander, 87, 113, 137, 146, 173, 180
Tovar Blanco, 36
Tricófero, 69
Tulio Chiossone, 214, 219

U

Umaña Bernal, 241, 244, 247

V

Valentín Espinal, 87, 137
Vallenilla Lanz, 159, 238, 254, 255, 267
Valmore Rodríguez, 29, 235
Velásquez, 46, 47, 48
Vicente Melo de Portugal y Heredia, 107
Víctor Gabaldón Soler, 267
Victorino Márquez Bustillos, 152, 156
Voltaire, 85

W

W. Beinhauer, 227
Walter Pecly Moreira, 60
Wolfgang Larrazábal, 53, 251, 257, 262, 268

ANEXO

VENEZUELA EN CIFRAS
(1945-2019)

— En 1945 existían 2 universidades oficiales en Venezuela, y en 1955 las universidades eran 5 (3 oficiales y 2 privadas). En 1998, cuenta el país con más de 200 centros de educación superior, sin agregar los núcleos de las universidades; siendo éstas 33 a lo largo de su geografía. a) En 1997, la Universidad Simón Bolívar contaba con 165 programas de investigación; programas que se redujeron a 26 en 2018. b) Para 2019, aproximadamente el 50% de los profesores de todas las universidades venezolanas abandona el país, al igual que el 30% de los investigadores. c) Los índices de libertad académica, que eran de casi 1,00 en 1998, caen a una puntuación de 0,28 sobre 1,00 (una clasificación "D"), lo que sitúa a Venezuela cerca del quintil inferior de los 140 países de América Latina y el Caribe evaluados. d) La migración de investigadores dejó al 77% de los laboratorios en Venezuela, incluidos los laboratorios que hasta hace poco eran importantes contribuyentes al sistema de salud pública del país, hoy paralizados o abandonados.

— En 1945, suman 5.016 km. las carreteras del país, habiéndose asfaltado 1.293 km. En 1955 alcanzan a los 19.927 km. encontrándose asfaltados 4.490 km. Esta última cifra subió a 5.500 km. en 1958 y a 11.000 en 1963. La red vial nacional, para 1998, alcanzó a 95.529

ASDRUBAL AGUIAR A.

km., encontrándose asfaltados o con granzón 61.819 km. Para 2019, apenas sube a 96.200 km., con deficiencias y en mal estado.

— El número de camas hospitalarias oficiales era de 20.100 para 1955. De los 228 hospitales 89 son privados. Los centros de salud, en poblaciones entre 5 y 15 mil hab. eran 11 para 1955, y 396 las medicaturas rurales. Para 1998 Venezuela contó con 39,6 profesionales de la salud (23,7 médicos) por cada 10.000 h. (Censo 2001: 22.688.803 h.). y unas 50.815 camas hospitalarias. Los hospitales generales se elevaron a 927 (344 del sector privado) y los ambulatorios sumaron la cifra de 4.027 (3.365 rurales). Entre dicha fecha y 2010 la disponibilidad de médicos en Venezuela se redujo, pasando de 17,4 médicos/10 mil habitantes a 12,3 médicos/10 mil habitantes. Llegado el año 2017, el 39% del total de 16.238 camas de los hospitales públicos se encuentran inoperantes, así como el 51% de los quirófanos disponibles. Y, la tasa de camas por mil habitantes cae de 1,3 a 0,73 entre 2007 y 2015.

— En 1945 suman 80 km. los acueductos y 70 km. las cloacas o canalización de aguas servidas. En 1955 llegan a 1.971 km. los acueductos y a 2.030 km. las cloacas, sirviéndose a 60 poblaciones a nivel nacional. Las letrinas o pozos sépticos construidos bajo la dictadura de Marcos Pérez Jiménez alcanzan a 149.654 para la última fecha, en una Venezuela que, salvo en algunas de sus capitales, todavía no se conoce el retrete o inodoro. El crecimiento de la cifra de acueductos fue de 65% entre 1958 y 1964, momento éste en el que se sirven de acueductos urbanos 2.968.000 personas y de acueductos rurales 1.415.000 personas. Para 1958 sólo se servían de agua potable 1.600.000

VENEZUELA, EN LA ANTESALA DE LA HISTORIA

personas. El INOS lleva su producción de agua desde 32 millones de m³ en 1958 hasta 400 millones de m³ en 1963. El agua facturada para 1997 era de 1.223.267.000 de m³. El agua producida alcanzó en 1997 a 3.033.899.000 m³. Para 1998, las cifras de población servida son las siguientes: a) Acueductos: 19.142.910 personas; b) Cloacas: 15.220.686 personas.

— Las reservas internacionales eran de 736 millones de Bs. para 1945, en tanto que, para 1955, al 30 de noviembre, alcanzan a 2.343,29 millones de Bs. Las reservas internacionales para 1998 son de 17.818 millones de dólares (US $) y para 2019 caen a 8.833 millones de dólares.

— La producción de petróleo era de 325 millones de barriles al año para 1945 (1.000.000 promedio aprox.), y para 1955 sube a 2.155.000 b/d con 60 campos en producción. Para 1998 los pozos de producción llegan a 695, para una producción estimada de 3.804.000 b/d. La producción en 2022 alcanza sólo a 723.000 b/d, en una caída del 78% de su capacidad.

— La producción de hierro fue de 199.000 t/m para 1950. Para 1955 es de 8.439.450 t/m, en tanto que, para 1998, sube a 19.932.000 t/m. Luego, para el 2017 cae a algo más de 6.980.000 t/m.

— La producción de energía eléctrica, para 1945, es de 254.000 kw, en tanto que, para 1955 será de 1.165.000 y, en 1963, llega a 4.000 millones de kw. La generación de electricidad alcanzó a 80.665 gwh en 1998, siendo las ventas por 62.112 gwh y el n° de suscriptores de 4.156.000. No obstante, para 2019 se produce en Venezuela la mitad de electricidad de la que se consumía una década antes.

- 395 -

— El PTB para 1958 fue a precios corrientes de 24.585 millones de Bs.; para 1963, 32.186 millones de Bs-; para 1998, de 500.130 millones de Bs. En 2017, desciende a 2.008.918.494 millones de Bs., pues Venezuela le ha quitado 14 ceros al bolívar durante los últimos 13 años. Sólo entre 2020 y 2021, una taza de café que costaba 290.000 Bs. ascendió a 7.662.898 Bs.

— El coeficiente de natalidad era 36,8/1000 en 1945, y 46,6/1000 en 1955; en tanto que el de mortalidad fue de 15,3 y 9,8, respectivamente. La mortalidad infantil fue de 127/1000 y 66/1000 en los períodos correspondientes, bajando en 1998 a 17/1000. Lo cierto es que en 2016 la tasa de mortalidad sube a 21,1/1000. En la actualidad no se suministran cifras, por instrucciones oficiales. La expectativa de vida, en 1943 fue de 46,4 años; en 1955, pasó a 51,4 años y, en 1998, a 72,8 años. Para 2020, la expectativa de vida se estanca y sitúa en 71,1 años. El número de nacimientos en 1998 fue de 558.749 personas, con una rata de 24,5/1000 h., bajando en 2019 a 17,57/1000 h. El número de defunciones llega a 107.866 personas, lo que implica una rata de 4,6/1000 h., que sube en 2020 a 7,22 muertes por 1000 h.

— Los estadios deportivos eran 5 para 1945, y 52 para 1955. En 1998, las instalaciones deportivas del país suman 4.919.

— En 1945 existían 28 estaciones radiodifusoras, las que se incrementan hasta 68 para 1955. El número de estaciones de radiodifusión (AM/FM) para 1998 es de 474 emisoras. Las estaciones de televisión eran sólo 3 para 1958. Los periódicos suman 82 para un número de 4.200.000 lectores. Entre 1999 y 2019 cerraron 233 emisoras de radio en Venezuela y desaparecieron 70 periódicos. Fue confiscada Radio Caracas Televisión (Canal 2) y vendida al gobierno Globovisión (Canal 33).

— La población laboral activa en 1967 llegó a 2.699.749 personas, encontrándose desocupadas 224.447. Para 1973 la población laboral subió a 3.297.439 personas, siendo las desocupadas 168.890. Para 1997, la población activa laboral fue de 9.894.201 personas, encontrándose desocupada un 11% (1.091.081). La población laboral ocupada se distribuyó así: a) Sector público: 1.405.574, de las cuales 1.267.504 se dedicaban a servicios comunales, sociales y personales; b) Sector privado: 7.054.333 personas. Veinte años después, en 2021, la cifra es de 10.244.756 personas, habiéndose reducido el empleo formal en 4,4 millones de personas, y siendo la cifra anterior equivalente (50%) a la población económicamente inactiva. De donde, el índice de pobreza alcanza al 94, 5% y el de la pobreza extrema a 76,6%, dado que el trabajo activo es elevadamente precario en cuanto a ingresos.

— Los 4.550 homicidios registrados en Venezuela para 1998, suben a 11.025 en el año 2003, a 21.692 en 2012, bajando a 16.506 en 2019, en el marco de un acentuado proceso migratorio hacia el exterior, que casi frisa los 8.000.000 de habitantes.

* * * *

— Otros libros del autor sobre Venezuela

- *Pérdida y recuperación del Esequibo (Del Laudo de París al Acuerdo de Ginebra)*, Miami, Cátedra Mezerhane sobre Democracia, Estado de Derecho y Derechos Humanos, Colección Cuadernos N° 7 /Editorial Jurídica Venezolana International, 2024 (120 pp.)

- *La cuestión del Esequibo*, Colección Historia, Editorial Jurídica Venezolana International, 2023 (360 pp.)

- *El final del Encargado de la Presidencia y el gobierno parlamentario en Venezuela,* con Allan R. Brewer-Carías (Editores), Miami, IDEA /Editorial Jurídica Venezolana International, 2023 (406 pp.)

- *La conciencia de nación: Reconstrucción de las raíces venezolanas*, Academia de Mérida/EJV, 2022 (151 pp.)

- *La mano de Dios. Huellas de la Venezuela extraviada*, Caracas, Editorial Jurídica Venezolana International, 2020 (307 pp.)

- *De la pequeña Venecia a la disolución de las certezas*, Panamá, Editorial Jurídica Venezolana International, Colección Estudios Políticos N° 23, 2020 (411 pp.)

ASDRUBAL AGUIAR A.

- *Crónicas de Facundo* (Bajo la usurpación de Nicolás Maduro, Panamá, Editorial Jurídica Venezolana International, Colección Estudios Políticos N° 22, 2020 (663 pp.)

- *Crónicas de Facundo* (Bajo el régimen de Hugo Chávez), Caracas, Editorial Jurídica Venezolana Internacional, Colección Estudios Políticos N° 21, 2019 (1194 pp.)

- *La independencia y el estado constitucional en Venezuela: como obra de civiles* (Obra colectiva con Allan R. Brewer Carías y Enrique Viloria V.: Coordinadores), Miami/Caracas, Miami Dade College /Editorial Jurídica Venezolana, 2018 (726 pp.)

- *Civilización y barbarie: Venezuela 2015-2018*, Caracas, Editorial Jurídica Venezolana, Colección Estudios Políticos N° 16, 2018 (417 pp.)

- *Génesis del pensamiento constitucional de Venezuela*, Cádiz/Caracas, Real Academia Hispano-americana de Ciencias Artes y Letras de España / Editorial Jurídica Venezolana, 2018 (187 pp.)

- *El problema de Venezuela* 1998-2016, Caracas, Editorial Jurídica Venezolana, Colección Estudios Políticos N° 10, 2016 (837 pp.)

- *Memoria de la Venezuela Enferma* 2013-2014, Caracas, Editorial Jurídica Venezolana, 2014 (256 pp.)

- *El golpe de enero en Venezuela: Documentos y testimonios para la historia*, Caracas, Editorial Jurídica Venezolana, 2013 (314 pp.)

- *Historia inconstitucional de Venezuela* (1999-2012), Caracas, Editorial Jurídica Venezolana / Fundación Ricardo Zuloaga, 2012 (591 pp.)

- *De la revolución restauradora a la revolución bolivariana: La historia, los ejes dominantes, los personales* (Obra colectiva), Caracas, Coedición El Universal/ Universidad Católica Andrés Bello, 2009, Reimpresión 2010 (582 pp.)

- *Revisión Crítica de la Constitución Bolivariana*, Caracas, Libros de El Nacional, 2000 (128 pp.)

VERBA VOLANT, SCRIPTA MANENT

Printed in the USA
CPSIA information can be obtained
at www.ICGtesting.com
CBHW030516310724
12435CB00013B/93